HAKI STËRMILLI

BURGU

Lumnia, ma fort se kurdoherë,
kuptonet kur je i mjeruem
dhe liria kur je i robnuem.

BURGU
Haki Stërmilli
1935

ISBN 978-2-39069-024-5

© RL Books

https://www.rlbooks.eu
admin@rlbooks.eu

Bruksel, Korrik 2022

Parathanëje

Sot po ju paraqitem si i burgosun dhe po ju vej para sysh "Burgun".

Burgu i ngjan nji planeti të sokulluem prej reve të zeza. Prandaj asht si nji botë e huej për ju. Për disa të ndeshkuem asht Purgatori dhe për disa Ferri i kësajë jete. Mjerë ata mëkatarë që bien mbrenda.

Burgu duhesh të përmblidhte në gji të vet gjith ata - dhe vetëm ata - që janë sëmunë nga shpirti e nga mendja dhe, si nji institusion i tillë, të bahej spitali i tyne, por fatkeqsisht s'i përgjigjet, plotësisht, këtij qëllimi dhe shoqnia njerzore ende nuk ka mrritë n'atë shkallë sa me i shërue këta të mjerë. Të pakë dhe të rrallë janë ata që dalin të përmirësuem e të shëruem.

Në burg, pikësëpari, do t'a shifni autorin e kësaj vepre dhe mandej kini për të pamë tipa të ndryshëm të shoqnis njerzore që dergjen në të.

Këndojeni dhe gjykoni.

Haki Stërmilli
Burgu i Tiranës, më 17-IV-1929

1929

17 Mars.
Isha në Manastir.
Isha në shtëpi, i shveshun dhe i zgaçun si gjith ata që dëshërojnë të prehen në çerdhen familjare larg kontrollit t'etiketës kapricioze e hipokrite. Isha ulë mbi nji karrike druni dhe përpara kisha nji tryezë drrase. Kjo tryezë më shërbente për të shkrue, për të studjue dhe, po t'i a kisha ngen, për tualet. Ato copa drrase që trajtojshin nji krijesë katër kambëshe të dorës së njeriut ishin shokët e jetës s'eme të mjerueme prej emigrasionit. Në kurris të sajë kishte cingërue, me orë, pena e eme dhe e kishte vjellë vënerin e zemrës së gandueme; në shpinë të sajë kisha studjue, me orë, për t'a paksue mërzin e pakufizueme dhe në krahnuer të saj e kisha ngjye kafshatën e bukës së kollomboqtë në langun pa yndyrë që përbante drekën ase darkën t'eme vorfanjake.

I gërmuem mbi tryezën bujare e kisha mbështetë kokën mbi dorën e majtë dhe po mendohesha: Përpara syvet të mendjes kisha nji libër të math prej tridhet e disa volumesh. Ky ishte libri i vuejtjeve të mia, pasqyra e shëmtueshme e jetës s'eme. Kisha nisë me i hapë fletët e tija dhe po i këndojsha me vërejtje të posaçme. Parathanëja e këtij libri ish kot erdhe, përmbajtja vuejtje e mjerim dhe mbarimi kot u lodhe. Hodha nji veshtrim andej e këndej por shpejt u mërzita dhe desha t'a shqyej e t'a flak për toke, mbassi nuk m'a kënaqte as syn as edhe zemrën. Me gjith këtë e mbajta vetëhen. Ndërkohe nji rrëqethje nervoze m'a përshkoi shtatin dhe nji krismë e vrazhdët më vërshëlleu në veshët. Ç'qe kjo gjamë që ushtoi me kaq forcë? Mos ishte kërcëllima e ndonji stuhije? Jo. E ç'farë qe? Ndoshta paralajmërimi i ndonji kobit të ri që do të më binte mbi krye si rrebesh. Atëhere mokna e mendes s'eme nisi me u rrotullue me shpejti. Syt e mendjes dojshin me këqyrë ma andej për me e zbulue t'arthmen, por kot. Sa lakmi e paargëtueshme. Tejqyra e mendjes s'ishte e zoja me i shbirue ret e zeza për me e zbulue yllin e padukun.

Ndërkohe syt e mij ndeshën n'orën q'ishte mbështetë në nji kand të tryezës. Ky aparat q'e mat kohen me kut ase me metër ishte tue e avitë grepin më dhetë e gjymës edhe bante tik - tak me nji tingull të pandryshueshëm dhe gati mërzitës për mue.

- Sot asht e Diellë. Asht edhe festë Karnavalesh. Po të dal me shëtitë pak mbas dreke disi munt t'a lëbyer kohen, thashë me vetëhe dhe prap u zhyta n'oqeanin e mendimeve. Tue u përplasë në mes të tallazeve të rrepta t'atij deti, trokullini porta dhe u ndigjue nji za i çjerrët q'u rras deri në thellësit e kthinave. Në fillim kujtova se mos ishte nji murmuritje shtaze, por kur u përsërit dallova se që ligjërimi i nji të hueji që flitte, egërshëm, në gjuhë të vet. Vuna veshin e ndigjova, por s'kuptova gja veçse përmendjen e emnit t'em, për shkak se gërmazi i të panjoftunit gjante sikur vuente nga shpira. Kureshti më nxiti të ngrihem, por at ças u hap dera dhe u duk eme shoqe, e zbeme.

- Kush asht Hamijet? pyeta.
- Nji... gjindarmë, tha tue bëlbëzue. Në fëtyrën e sajë dalloheshin, fare lehtë, shenjat e tristimit.
- Ç'do? pyeta.
- Ty të kërkon.
- Mue? Përse?
- S'dij. Tha se të kërkojnë në polici, përgjigji.

Zbrita poshtë dhe dola në portë, ku më pritte gjindarmi Sërb. Sa më pa më njoftoi, me nji gjuhë t'ashpër, se at ças duhesh të shkoj në polici. Atje më pritkish Drejtori.

- Prit të mvishem, i thashë.
- S'ka kohe. S'asht e mundun, përgjigji.
- Mirë po s'munt të dal jashtë pa u mveshë; po s'pate besim m'u shoqno naltë, i thashë.
- Për pesë minuta, gjegji zymtas.
- Po, i thashë dhe u ngjita naltë.
- Përse të kërkojnë? pyeti eme shoqe me nji zë të dridhshëm.
- S'dij. Më thrret Drejtori i policis, kush e din se për ç'far pune, i thashë me nji za q'e trathtonte gjindjen t'eme të shqetsueme.
- Kam frigë se...
- Ç'ke? Përse trembesh? S'kam bamë ndonji faj që...
- E dij, por Sërbët t'urrejnë, më tha me nji za që dilte shkulma shkulma.
- Ani, ani.

Kur i mbarova këto fjalë isha mveshë ma.
- Po shkoj. Ti mos u shqetso, se do të kthehem shpejt, i thashë si pa të keq, por kur bana me u kthye i hodha, tinëzisht, nji veshtrim lamtumire, sepse e ndijsha se ajo thirrje s'ishte nji grishje miqsore. Kur po ulesha shkallëve më pushtoi nji dëshir i zjarrtë për me e përshëndetë t'eme shoqe e me e puthë t'em bir, Fikun. E mbajta vetëhen se drashta mos zhgrehem në vaj e u kall tmerin. Kjo ishte nji fatkeqësi e dyfishueme, për shkak se s'po mundesha me e argëtue edhe at dëshir aq natyrel.

Ma në funt dola nga shtëpia, ku nuk u ktheva ma.
Sa e kapërceva prakun e portës u përballa me gjindarmin e ngrysët e të zymtë si Shën Mitri. Tue shkue rrugës po mundohesha me e gjetë shkakun e thirrjes. Nji copë herë u mendova.

Do të m'internojnë, thashë ma në funt dhe u binda se e kisha gjetë shkakun e thirrjes. Me gjith këtë, si vetëtima, shkrepshin në qiellin e trunit t'em mendime të ndryshme e shemra me njeni tjetrin.

Arrina në polici, ku më priti, në vend të Drejtorit, polic Nikolla, i cili më kapi për krahu dhe më futi në zyrë të vet. Polici zeshkan u ul para nji tryeze dhe zu me shkrue. Kur e la punën më muer e më mbylli në nji kthinë tjetër të shveshun nga mobilat dhe e vorfën nga pastërtia. Më la vetëm dhe iku. Mbas pak u hap dera dhe hyni mbrenda Nikolla bashkë me nji fotografist.

- Zotni Zhupani don të ketë nji fotografi prej teje, tha polici dhe u tërhoq mbassi futi mbrenda edhe dy gjindarmë me bajonetat mbi pushkë. S më shkonte ndërmend, natyrisht, se Zhupani1 kërkonte prej meje, me këtë mënyrë, nji kujtim miqsije. Më fotografuen në katër poza: Ulun, në kambë, djathtas dhe majtas. Mbassi u fotografova, në ç'do pozë nja dhetë herë, më çuen rishtazi ke polic Nikolla, i cili i urdhnoi gjindarmët që të më çojshin në burg.

- Përse më burgosni? Ç'faj bana? i thashë policit, i cili, në vend që të më përgjigjesh, u dha urdhën gjindarmëve që të më marrin. Më shtyen gjindarmët dhe më nxuerën jashtë tue gërthitë:

- Bërzhi, bërzhi!

Rruga qysh nga policia e deri në burg asht ajo ma e lëvizëshmja e qytetit, për shkak se andej janë magazat e kafenet ma të mëdha. Kur po kalojsha un, i rrethuem prej gjindarmëve t'armatosun, u duk nji lëvizje e papandehun dhe grumbullimi i turmave ndëpër anë të rrugës. Me mija sy Shqiptarësh u ngulën mbi mue dhe më përcuellën, më gjajti, me atë dhimje që përcillet vëllau për në banesën e funtme.

Ma në funt mbrrina në burg, ku u riapën dyert me nji herë si t'ishin të nji shtëpis bujare. Ma parë më kontrolluen dhe m'i muerën gjith shka kisha ndër xhepa: Letra, laps, brisk, dhe kuletën me gjith të hollat. Mbas kësajë plaçkitjeje zyrtare më futën mbrenda si nji thi në tharkë.

Në kthinën ku më futën kishte njimëdhetë vetë: Dy Bullgarë, tre Shqiptarë, dy Turq, dy Grekë dhe dy Vlleh. Në kët kompozision elementesh u futa edhe un dhe e plotsova dyzinën.

Sa e muerën vesht Shqiptarët se isha nga gjaku i tyne u afruen dhe më përshëndetën. Pyetje të parreshtuna më drejtuen për t'a marrë vesht fajin që kisha bamun. U dhashë të kuptojnë se s'isha fajtuer, por kur u thashë se isha refugjat politik u mpinë fare. Me nji herë i mbuloi nji hij e e zezë fytyrat e tyne dhe më veshtruen me dyshim. U larguen dhe s'më folën ma. Natyrisht u pezmatova nga qëndrimi i tyne. Shum herë ngjet që Sërbët gjejnë e fusin në burg Shqiptarë shpirt-shitun - se në ç'do popull, sado fisnik që të jetë, ka njerës të liq - për të përgjuem në dam të bashkëkombasve të burgosun e në fitim të pushtuesve. Edhe mue, pa dyshim, si të tillë më pandehën.

M'ora dy mbas dreke u hapën dyert dhe duelëm jashtë, n'oborr. Edhe un u përzjeva në mes t'atyne fatzijve dhe zuna me shëtitë, poshtë e përpjetë, si <u>nji hije e zezë e mordjes</u>. Ndërkohe erdhën të tre Shqiptarët e kthinës s'eme

---

1 *Zhupani në Serbi asht sundimtari i nji krahine të përbame prej disa perfekturash, plotsisht si Valiu i Turqis.*

bashkë me nji Shqiptar tjetër, të cilin e kisha pamë e njoftë jashtë burgut. Mbassi më përshëndeti ky më pyeti mbi shkakun e burgosjes. Ashtu bana edhe un.

- Ju lutem të na falni Zotni, më tha njeni nga ata të kthinës s'eme, që ju gjykuem për njeri të lik, por Selmani na dha të kuptojmë se cili jeni.

- Kini pasë të drejtë me dyshue, mbassi nuk më kini pasë njoftë, i u përgjigja.

Kur po më lypte ai ndjesë, të them të drejtën, ndiva nji kenaqësi të madhe dhe më gjajti sikur po më lehtësohesh shpirti nga nji barrë e randë.

Nji kohë u endëm së bashku dhe bisëduem mbi çashtje të ndryshme. Herë herë, tue shëtitë, ndigjohesh brohoria gazmore e popullit që festonte karnavalet. Ky za që dilte prej disa mij gërmazësh, mbassi spërdridhesh n'ajr, vinte e rrasesh në veshët t'onë si fërshëllima e nji murranit të dobët.

- Oh sa të lumtun janë ata që janë të lirë. Qeshin, luejnë, kangëtojnë, dëfrejnë dhe zbaviten si u ka anda. Oh, liri! Tash nisa me të çmue ma fort se kurdoherë, thashë me vetëhe.

Që të mos dukesha i ligështuem vazhdova të kuvendoj me Shqiptaret, por mjerisht isha aq turbull sa s'bahet mbassi s'e dijsha se ç'farë fati më pret. Tue shëtitë më pyeti njeni prej Shqiptarve:

- A i njef këta?

- Jo, i thashë, mbassi e ktheva kryet dhe pashë dy vetë që po endeshin krahas.

- Ky në këtë anë, spjegoi Shqiptari, ka qënë avokat dhe asht rreshtue pse e ka vramë dhandrin e vet. Ai tjetri ka qenë Drejtor i Financës. Asht burgosë për vjedhjen e arkës e për shum abuzime.

E ktheva kryet dhe i pashë rishtazi. Avokati dukej i mendueshëm, por financieri kusar po zgërdhihej tue folë me vetëhe. Më gjajti sikur po e numëronte grumbllin e të hollave që kishte vjedhë dhe zgërdhihej nga përfundimi i mirë i llogaris.

Shqiptarët, si t'ishin Maitre de ceremonie, po m'i prezantojshin, për së largu, të gjithë ata q'ishin mbyllë aty, tue m'a rrëfye edhe shkakun e burgosjes së tyne.

- A s'ka ndonji komitë Maqedonas ase Shqiptar? pyeta mbas pak.

- Jo, gjegji njeni.

- Çudi!... Asnji komitaxhi?!... thashë, me gjymës zani, tue i shkue ndër mend të gjitha kryengritjet e Maqedonis dhe lëvizjet e Shqiptarve.

- Komitaxhi? Jo, Zotni, jo. Rruga e tyne s'arrin deri këtu. Ata sosin ma shpejt në vorr se sa në burg. Të rralla janë rasat që të duken në mes t'onë për pak orë, m'u përgjigj shoku i vuejtjeve, të cilit edhe nashti druej me i a përmendë emnin.

- Eh Maqedhoni! Sa banorë ke ti sot, sigurisht aq dëshmorë i ke true liris, por s'e fitove. Ndaje pezmatimin t'and me Kosovën e mjerueme, se edhe ajo at fat ka pasë, thashë me vetëhe dhe zuna të mendoj mbi këtë padrejtësi që ka bamun dipllomacia Europiane n'emën të qytetnimit.

Ma në funt më rrëfyen Shqiptarët se në kthinën t'eme dergjeshin katër vrasësa, pesë kusarë dhe dy bixhozçij.

- Oh sa fjalë të hidhta për mue. Sa muzikë e vrazhdët për veshët e mij. A thue se më ka dënue fati të mbetem në mes të këtyne fajtorve e të mos ndigjoj tjetër veçse vrasje, presje, vjedhje, grabitje e të tjera si këto? A thue se, mbas sodi, muzika e përditëshme për mue ka me qenë zhurma e randë e prangave? Oh kob, thosha me vetëhe dëshpërueshëm.

Sa herë që kthehesha me fëtyrë kah porta syt e mij kërkojshin të shofin ndonji dashamirë, por më kot. Kurr-kush nuk dukej. Ma fort se kurdoherë tash kisha nevojë për t'afërmit e zemrës e për ngushullimet e tyne, por mjerisht ata s'dukeshin gjëkundi.

Mbas dy orësh na mbyllën ndër kthina. Shqiptarët më muerën në mes dhe më dhanë kafe e cigare. Në mbrame m'ulën edhe në darkë. Që të mos u a prishja qejfin u ula dhe bana sikur hangra. S'më shkonte buka, se m'ishte zatekë gërmazi me nji lamsh vëneri që ishte furrë prej zemrës së helmueme.

Mbas darke dikush po e këndonte kangën Shto mije merak, dikush Qanak kalanën içënde, dikush Kathe me galiteron dikush luente bixhoz dhe un thithsha duhan. Dikur mbaroi konserti i paharmonizuem. Të gjithë u shtrinë me flejtë. Natyrisht edhe un rashë, por s'më muer gjumi. Bana sikur flej. Vonë ndigjova nji pështpëritje. Dy Shqiptarët që kishin ramë afër e bri meje po kuvendojshin kadalë. Vuna veshin e ndigjova:

- E! A po flen ti? e pyeti njeni tjetrin.
- Jo. Nuk më merr gjumi prej këtij të shkretit.
- Eh mor po më dhimset tepër i gjori.
- Kam frigë se do të na e marrin sonte dhe do t'a vrasin rrugës ashtu si u a kanë bamë shum Shqiptarve tjerë.
- Edhe un atë po druej. S'din gja i ngrati dhe po flen i qetë, si t'ishte në shtëpi të vet. S'e din qyqari se ç'e zezë e pret.
- Kur t'a marrin, mbas mesnate, ka për të kujtue se, përnjimend, e kërkojnë në polici për t'i bamë pyetjet e para dhe s'ka për t'i shkue ndër mend se kanë për t'a vramun afër Drahorit[2] tue e qëllue mbas shpine.
- Edhe të nesërmen kanë për të thanë, pa pikë turpi, se deshte me u arratisë,
- Po.
- Ç'me i ba, pra, rrezikziut, tha tjetri tue fshamë.
- Kurrgja besa. S'kemi gja në dorë, përgjigji shoku, veçse...
- Ç'fare?
- N'asht se futen mbrenda gjindarmët për me e marrë...
- Eh sikur të gabojnë me u futë mbrenda...
- Ç'mendon të bajmë?

---

[2] Drahori asht nji lum i vogël q' e ndan Manastirin më dysh tue përshkue ndërmjet zyrës së policis dhe të burgut.

- T'u sulemi dhe t'u a marrim armët.
- Mbassi të armatosemi arratisemi bashkë me të.

Ky bashkëfjalim që paralajmonte mordjen t'eme më gjajti si rëpama e pashijëshme e kumbanës së kishës që bije në rasë vdekjeje. Prandaj nuk desha t'i ndigjoj ma. Lëviza në shtrat, si përgjumshëm, që t'a presin bisedimin. Me të vërtetë, me nji herë, u këput zani dhe s'u ndi ma ai katrrim i bamun përpara vdekjes.

Nata s'kishte të sosun. Randonte mbi mue si nji ankth i mnershëm. Nji kërcëllimë e vogël, nji zhurmë fletësh ase letrash m'a shtangte zemrën dhe m'a ngrinte gjakun. Ndodhesha përpara vdekjes, të cilën e prita, ças e më ças, si nji shtrigë të tmershme. Të gjithë e dijmë se do të vdesim dikur, por s'e dijmë se kur. E s'ka gja ma të keqe se kur t'asht njoftue apo caktue koha në të cilën do të vdesish. Gjith natën u përpusha dhe u shkëpurdha në shtrat që të më kapullonte gjurai, por më kot dhe mëngjezi vononte të vijë. Oh sa të gjata qenë ato orë! Sa kadalshëm ecte nata plakë! As nata e vorrit s'kujtoj të jetë aq e trishtueshme! Të gjithë të burgosunit që dergjeshin në kthinën t'eme po flejshin tue gërhitë randë e randë.

Ma në funt nisi me ague.

18 Mars.

Zbardhi drita. Bashkë me dritën e mëngjezit nisi me më argëtue nji farë shprese. M'ora tete u hapën dyert për me dalë n'oborr. Ndërkohe më thirrën në zyrë të burgut, ku kishte ardhë polic Nikolla. E përshëndeta, por ai nuk m'u përgjiq dhe filloi me m'i marrë shenjat e fëtyrës. Mbas shum pyetjeve e lutjeve denjoi me më thanë Javeri i Sërbis se do t'udhtojsha, por për ku? Nuk tha gja dhe iku.

- Do të m'internojnë ndokund, thashë me vetehe, por edhe ky mendim s'pajtohesh me logjikën, sepse s'kishte arsye të më burgosin po të dojshin me m'internue. Kot u mundova për me e zbulue këtë tinëzi.

Zhurma e prangave dhe poterja e të burgosunve m'a shtojshin shqetsimin. S'isha mësue me atë jetë.

M'ora nandë më muerën dy gjindarmë, natyrisht me bajonetat mbi pushkë, dhe më çuen në polici, ku më priti polic Nikolla, simboli i mordjes. Më futi në nji kthinë dhe hyn më tha me nji za që tregonte se sa i pamëshirshëm ishte. Mbas disa çastesh erth fotografisti dhe më bani edhe nji grumbull fotografina në poza të ndryshme, ashtu si kishte bamë nji ditë ma parë. Mbasandaj m'i muerën shenjat e gjith gishtave, të duervet dhe shëpullat e të dyjave. Kur u krye edhe kjo punë më nxuerën jashtë, në koridor, ku hasa prap në Nikollën, i cili u dha nji letër gjindarmëve dhe i porositi të më çojnë e të më dorëzojnë në nji postë të qytetit. E hapa gojën të flas, por s'munda se Nikolla u shduk, si lugati në terr të natës, dhe gjindarmët më shtyen përpara tue më bërtitë:

- Bërzhi!... Bërzhi!...

Më çuen në nji stasion gjindarmerije mbrenda në qytet. Më thirri komandanti i stasionit dhe mbassi më pa, çuditshëm, më dëboi tue i urdhënue gjindarmët që të me mbajshin nën roje të fortë. Mbas nja tri orë më çuen në nji stasion tjetër gjindarmerije. Rrugës e pashë, për së largu, Sotirin, të birin e nji mikut t'onë. Djaloshi ishte i zymtë. Më bani nji shej me dorë dhe u duk se dishka donte me më thanë. E ku kisha mend un me e gjetë atë parolle? Me gjith këtë më pëlqeu t'a gjykoj si nji shenjë ndihme e shpëtimi. M'u ngjall shpresa, pasunia e pambarueme e njeriut në botë, miknesha besnike e robit në jetë, shoqja e pandame e ç'do frymori dhe ngushullimtarja e të mjerëve që lejne e vdesin bashkë me të. I argëtuem, pra, prej kësajë ëngjëllushke mbrrina në nji kand, ku kryqëzoheshin gjashtë rrugë. Aty ndesha në t'em nip, Enverin, të cilin e përshëndeta me kokë dhe i thashë me nji zë që, sigurisht, gjante si gjamë pikëlluese:
- Mos u tremb Veri.
Nuk m'u përgjiq fare. Vetëm më shiqoi me sy të turbulluem e u zhgreh në vaj.
- Bërzhi!... Bërzhi!... gërthitën gjindarmët tue m'u kërcnue anmiqsisht.
Arrimë në stasionin e rrugës së Dibrës, ku më dorëzuen. Këtu më tha nji gjindarmë Malazias se, me sa kishte kuptue ai, do të më çuekan në Resne. Ma tepër s'dinte gja.
- Përse më çojnë në Resne? Resneja s'asht vend internimi, mbassi asht afër kufinit të Shqipnis.
- S'dij, tha Malaziasi dhe heshti.
- Sigurisht që të më vrasin, thashë me vetëhe dhe u zhyta në nji pellg mendimesh.
Mbas pak erth em vëlla Haliti, i cili më përshëndeti me nji të luejtun të kokës dhe s'më foli me gojë. Dukesh i raskapitun prej brengut e pezmatimit. Kur e mbloth vetëhën më tha se kishte pasë ardhë nja njizet herë në burg, por s'e kishin lanë me u takue me mue. Më dha pesë napolona flori dhe njiqind dinarë letër që t'i kisha për spenxime udhtimi. Automobili që pajtova erth mbas pak dhe u bamë gati për me u nisë. Dola jashtë. Eme shoqe, em bir dhe em nip më pritshin në rrugë. Eme shoqe, për aq orë, ishte tretë dhe kishte mbetë si nji ndërtesë karte që nji erë, sado e lehtë, e rrëzon për dheu: syt i ishin rrasë e gropue për mbrenda; dridhesh si thupër prej tmerit. Em bir, Fiku, ishte zvogëlue edhe ma tepër dhe kishte mbetë sa nji grusht. Em nip, Enveri, ishte ajë sysh prej vajit. Syt e mij u terratisën dhe zemra m'u shkri fare.
- Mos u trembni. Po shkoj në... Shqipni, u thashë tue u mundue të mos diftohem i shqetsuem. S'dij se kush më mësoj që t'u thojsha se po shkoj në Shqipni, por vuna re se shkëlqeu, në ças, në fëtyrat e tyne nji dritë shprese si ajo e vetëtimës që shduket me nji herë.
- Edhe un do të vij me ty babë, më tha em bir dhe u sul. Më rroku për qafe, me krahët e tij të brydhta, dhe më shtrëngoi. E shtrëngova djalin

ndër krahë, por i kafshova buzët që të mos qaj. M'u rrotullue bota para syve si nji lamsh zjarri. Ishte çasti ma delikat i jetës s'eme. Ishte çasti që do të ndahesha, për jete, prej atyne që zishin vend në zemrën t'eme. M'ishte lidhë në fyt nji nye dhe s'po mundesha me folë. Me zi e mblodha vetëhen.

- Hamijet, i thashë s'eme shoqe tue u kthye kah ajo, banu trimneshë e mos u ligështo se je Shqiptare.

- Kiji ndër mend kshillat e mia, Enver, dhe mbaje mirë t'yt amë, i thashë nipit.

- Ti, Fik, shko në shkollë dhe banu i urtë, i thashë t'em bir dhe desha të ndahem prej tij, por djali ishte kacavjerrë në mue dhe nuk shqitesh.

- Jo, babe, jo, un do të vij me ty, tha foshnja tue qamë dhe tue më shtrëngue për qafe.

Oh mënxyrë e pashoqe! Ku t'a çojsha djalin? Ta merrnja me vetëhe? Mirë, por un po shkojsha drejt vorrit.

E humba fare. Po të mos më vinte vëllau në ndihmë, sigurisht, do të zhgrehesha në vaj.

- Eja me mixhën ti Fik, i tha vëllau dhe ma rrëmbeu, mbassi e putha nja disa herë e për të funtmen herë.

- Me ty, me ty do të vij babe, thirri kalamani tue u mshue fjalve si me dashtë të protestojë kundër asajë padrejtësije dhe tue qamë me ngulçim të math.

O fëmi e dashtun! Kush e din se ç'ka përgatitë e rezervue fati për ty. Ndoshta dora e Destenit ka tjerrë nji jetë të shkelqyeshme e të lumnueshme për ty, por ndoshta ka endë nji rrojtje të mundimshme e të mjerueshme. A un bana krim që të solla në këtë jetë apo këta që të ndanë prej meje. Kush e din e kush munt t'api nji përgjigje të pagabueshme.

- Mos i rrëfeni motrës se... ç'pësova. Vonë e lajmoni, i thashë vëllaut me nji anë.

Të gjithë qajshin. Edhe un qajsha, por jo me syt e ballit. Qajsha me syt e zemrës dhe në vend të lotve po derdhsha gjak. I shtrëngova dorën vëllaut, grues e nipit. Mbasandaj hodha nji veshtrim lamtumire mbi turmën e njerësve q'ishte grumbullue aty për t'a pamë atë sqenë dramatike apo tragjike.

Lamtumirë, u thashë me za të mbytun dhe u futa n'automobil, i cili më gjajti si karroca e vdekjes që të shpije në vorr. Kur u ula pashë se gjith njerëzia, mashkuj e femna, po qante e po më përcjellte me lotët e syve. Ulërima e gjama e familjes s'eme, sidomos ajo e çunit, më ligështuen tepër. Prandaj urova që të nisemi sa ma shpejt e të mos i shof ma. Për fat të mirë u nis automobili dhe i lashë mbrapa të gjithë ata e ato që qajshin për mue.

Kur mbeta vetëm qava nji copë herë, qetësisht, dhe e nxora dufin e zemrës. Fati i em i lik s'kishte se si me më luftue ma ashpër. I tronditun nga grushtat e fatit dhe i dërmuem nga shqelmat e njerësve të lik u shemba si nji ndërtesë që rrëzohet prej nji tërmeti të fortë. Qava për t'eme shoqe që do mbetesh e vejë, për t'em bir që do të mbetesh bonjak, për t'em nip që do të mbetesh pa kujdestar, për motrën e vëllaun që do të mbeteshin pa vëlla, për far' e fisin, për shokët e miqt dhe, ma në funt, qava për vetëhe pse po largohesha nga kjo jetë pa e shijue dhe pa e krye, plotsisht, misionin t'em.

Automobili ecte me shpejti dhe tue bamë zhurmë. Gjindarmët më syzojshin si me dashë të më përpijnë. Nji lëvizje e vogël e kambës ase e dorës s'eme i shqetsonte fare.

Mbas nji gjymës ore sosëm në Kazhan, nji katund i rrënuem prej Sërbëve. Në stasion të këtij katundi qindruem nja dhetë minuta dhe mandej u nisëm tue u ngjitë Gjevatës përpjetë, qafa e Pelisterit. Gjegvata kishte ma se nji metër vdorë. Për ket shkak udhtimi qe mjaft i vështirë.

Aty kah ora katër mbas mesdite mbrrimë në Resne. Deri në mbrame më mbajtën në nji kthinë të Nënprefekturës. Kur filloi me u errë më zbritën poshtë që të më mbyllshin në burg, i cili kishte qenë në bodrumet e ndërtesës. Këta bodrume ishin si vorre të gropueme në gji të tokës, ishin plotsisht si katakombet e Romës së Moçme. Nji gardian printe para dhe dy gjindarmë t'armatosun më rrijshin për anë. Kur shkela në prak të derës së bodrumit shtanga dhe u trondita. Nji dritare e vogël fuste n'atë pellg t'errët të mbetunat e dritës s'asajë dite për t'a pasqyrue fytyrën e shëmtueshme të tij.

- Bërzhi!... Bërzhi!... më bërtitën gjindarmët tue më shtye prej mbrapa.

Kur u rrasa mbrenda vuna re se bodrumi ishte ndamë në shum koridore q'ishin si llogore dhe këta e kryqëzojshin njeni tjetrin. Diku u zhyta në baltë dhe m'u shqit këpuca. Ma andej pashë se shumica e këtyne llogoreve ishin mbushë me ujë dhe sejcila gjante si nji Akeron në vetëhe.

- Oh mbarova! Këtu do të më torturojnë sonte Sërbet dhe do të më therin ashtu si i kanë masakrue shum Shqiptarë të shkretë, thashë me vetëhe dëshpërueshëm. Për pak qeshë tue u rrëzue prej tmerit që më pushtoi. Djersë të ftohta zunë me m'a squllosë shtatin. Rrafje të forta nisën me m'a goditë zemrën. Gjithë forcat m'u mpinë e m'u shkrinë. Qe nji ças, përnjimend, kritik dhe aq kritik sa e luta mordjen që të më merrte befas e të shpëtojsha nga torturat e anmiqve të mij. Ndërkohe ndigjova nji zhurmë e nji kërcëllimë. E ngrita kryet dhe pashë. Ishte hapë deriçka e nji qelis, e cila vuna re se vjithte nga jashtë pak dritë për t'u paraqitë ma e shëmtueshme se vorri. Kur u avita dallova se lëvizën, përmbrenda, tri hije të zeza. Sa e vuna kambën në prak lëvizën rishtazi hijet dhe ushtoi nji zhurmë hekurash, nji rëpamë e vrazhdët dhe e randë. Pa dyshim u tremba dhe u friksova aq fort sa nuk m'u besue se jam në këtë jetë ma. U binda se ndodhem në thellësinat e errta të Ferrit. Desha të prapsem, por s'munda se më shtyen gjindarmët. U përplasa mbrenda.

Nji bishtuk vojguri, nga nji kand i qelis, përhapte nji dritë të mekët që valvitesh n'ata mure të zeza e të ndyeme. Qelia ishte nja dy pash e madhe.

Afër tavanit kishte nji dritare të vogël, por edhe kjo ishte zanë me thasë e me lecka për me e pengue të ftoftin. Në njenin kand ishte nji teneqe vojguri për të shdukë nevojën dhe m'anë tjetër ishte ndemë nji fletë dere, e cila u shërbente këtyne tre të burgosunve si shtrat. Tri hijet që pata pamë ma parë me syt e mij të mjegulluem, kishin qenë të këtyne tre të mjerëve q'ishin mbyllë këtu. Më pyetën dhe u thashë se pse isha burgosë. I erth keq. Ai ma zeshkani ndër ta, kur e muer vesht se isha Shqiptar, më foli Shqip dhe më njoftoi se ishte i racës s'onë: Nji nga jevgjit Shqiptarë të Resnes. Më tha edhe, me nji tingull ankimi, se pandehesh për nji vjedhje njiqind dinarësh dhe më siguroi se s'ishte fajtuer. Mbasandaj më rrrëfeu se dy shokët tjerë akuzoheshkan se gjoja paskan qëllue me pushkë nji Sërb.

- Këta, më tha jevgu tue e ulë zanin, akuzohen si vrasësa, por me sa kuptoj un i kanë burgosë vetëm pse janë Bullgarë, se kurrkush nuk asht qëllue dhe asnjeri nuk asht vramë. Mbassi u përtyp nja dy herë dhe mbassi hodhi nji veshtrim kah dritarja shtoi: Sërbët i vrasin Bullgarët e Shqiptarët.

Edhe jevgu e kishte kuptue taktikën e shfarosjes që përdorshin Sërbët për elementin Maqedonaz e Shqiptar. Mendimi i tij nuk më pëlqeu e m'u duk si nji dush i ftofët vetëm nga fakti se edhe un isha njeni nga ata që do të martirëzoheshin. S'fola ma se më rrëmbyen mendimet dhe më kapulloi nji mërzi e pakufizueme. Kur isha tue cingërue nga forca e mendimeve shemra u hap dera dhe u rras mbrenda nji tym i dendun. Shtanga dhe, për nji ças, besova se duen me na djegë. Drojen m'a forcoi flaka e kuqe që shkëlqeu, në mes të tymit, si gjaku i dëshmorve t'onë.

- Na dogjën, thashë me vetëhe dhe hova në kambë për të bamun dishka, por at ças hyni mbrenda gardiani dhe përplasi për tokë nji tagar të përbamë prej nji gjymës teneqeje vojguri. Disa hunë që ranë andej e këndej i mbloth jevgu, por tymi e mbushi qelin si nji mjegull. Kur u largue gardiani vuna re se tagari ishte mbushë me copa drrasash të shkepuna kush e din se prej cilës shtëpi. Që të shpëtojshim nga tymi i fikëm hunët, por mbetëm pa zjarm...

Shokët hangrën darkë. Un thitha duhan, se s'më shkonte buka. Mbas darke biseduen shokët mbi çashtje të ndryshme dhe aty kah ora dhetë ranë me flejtë mbi fletën

e derës. Më liruen edhe mue nji pëllambë vend, por un s'rashë se e dijsha se s'do të më merrte gjumi, se më duhej t'a pres vdekjen. Ata, me nji herë, i muer gjumi dhe zunë me gërhitë. Ma në funt mbeta vetëm. Oh sa kisha nevojë për nji shoq që të më ngushullonte e të m'injeksiononte me forcë. Nisa me u endë poshtë e përpjetë dhe me mendue.

Dikur u shkërrye jevgu për drrase, si nji mushkë topash, dhe zu me u krue, por gjumi nuk i u prish fare. E pashë me lakmi dhe thashë:

- Oh sa i lumtun asht ky njeri. Vetëm brengu i njiqind dinarve të vjedhun e trazon. Me gjith këtë s'ka as ndonji vuejtje shpirtnore dhe as s'i kërcnohet vdekja. Ma mirë të kisha qenë ai se sa un.

Preferojsha të këmbehem me jevgun vetëm e vetëm për të shpëtue nga thojt e mordjes. E përse gjith kjo shkëpurdhje apo shushravitje? A vlen me u hutue njeriu kaq fort për nji punë që, heret a vonë, do të kryhet me doemos? Përse trembemi kaq tepër prej vdekjes? A asht aq e hidhët? Kush na tha? Po në qoftë se ajo i gjason të zgjuemes mbas nji andrrës së tristueshme? Ndoshta vdekja asht shpëtimi nga vuejtjet dhe nisja e nji jetës së re e plot lumni, por na e druejmë. Lidhjet e forta që kemi me jetën na kanë bamë që t'a urrejmë mordjen, por asht gabim të besojmë se kjo asht e vrazhdët deri sa të mos ringjallet ndonji njeri dhe nji njeri i ndershëm e të na sigurojë se, me të vërtetë, asht e neveritëshme. Veç kësajë un nuk duhesh t'a urrej vdekjen aq tepër, mbassi nuk isha e nuk jam i kënaqun prej jetës. Jeta për mue s'ka qenë tjetër veçse nji vuejtje e nji mjerim që nisën dikur dhe, ndoshta, s'kanë për të mbarue kurrë. Atëhere përse me e drashtë e me mos e dashtë? Me gjith këtë s'e dojsha dhe s'e dojsha fare. Shkurt nuk më pëlqente të futem nën palët e tokës së zezë edhe sikur të më siguronte ndokush se do të prehesha e do të lumnohesha po sa t'i mbyllja syt. Vall përse asht jeta kaq e shijëshme dhe vdekja aq e neveritëshme? Ndoshta asht dyshimi q'e ngacmon njeriun në qenjen e nji jetës tjetër ase mosbesimi i tij në profecit e bame rreth sajë. Njeriu, përgjithësisht, asht skeptik dhe në nji rasë të tillë ka të drejtë. Un kujtoj se po t'ishte sigur njeriu në qenëjen e nji jetës tjetër dhe po të besonte se do të ringjallet e do të lumnohet, sikundër thonë fetarët, me kënaqësi do t'a pritte vdekjen dhe s'do t'i shtëmangesh, ashtu si nuk e neverit gjumin mbas lodhjes së nji dite. Sidoqoftë lypset të ketë nji jetë tjetër, ku të shpërblehemi prej Atij që na krijoi, natyrisht, me nji mision në këtë jetë. Të paktën kështu më pëlqen mue, se për ndryshe do të shkonte kot gjith ajo letërsi fetare prej miljona volumesh që vazhdon të pasunohet prej mija vjet e këndej. Jo vetëm që do të shkonte dam gjith ajo letërsi që ka trillue fantazia e mendjes së njeriut rreth Zotit e stabilimenteve të tij qiellore - Parrizi, Ferri, Purgatori etj. - por asht edhe probabël që të tallen brezat e ardhshëm me naivitetin e njerësve q'e kanë vizitue lamshin e Dheut qysh nga Adami e deri më sot. Mundet që të na quejnë edhe si sklavët e nji klasit parasit dhe të thonë, me përbuzje, se u ekspluatuem shpirtnisht dhe u drejtuem verbnisht në këtë jetë. Me gjith këtë mue më pëlqen t'ekzistojë nji jetë tjetër dhe nji gjykatore e naltë, ku t'ankohemi, të patkën, për padrejtësinat q'i kemi bamë njeni tjetrit këtu dhe ndonji guximtar për ato q'i ka bamun vetë Perëndia. Përse? Si kujtoni ju? A s'ka te drejtë me u ankue i shëmtueshmi ase e shëmtueshmja? Në mos paçin kurajo këta, sigurisht zezakët e Afrikës ase verdhacakët e Azis do të kërkojnë t'i dijnë shkaqet e inferioritetit të tyne, mbassi nën két pretekst qesharak u munduen dhe u ekspluatuen pa mëshirshëm në këtë botë prej bardhoshëve mizorë t'Europës e t'Amerikës.

Atëhere, pra, kur kisha hymë, plotsisht, nën pushtetin tmerues të vdekjes nisi me u dremitë bishtuku, se po i mbaronte voji i gurit. Ma në funt u shue drita dhe mbeta në terr, si në nji vorr. I ftofti i Dimnit acarues, i shoqnuem prej frigës, m'a akulloi krejt shtatin dhe më bani të lëkundem prej drithmave të parreshtuna. Më gjante sikur po më shtrëngojshin muret e ftofta dhe po më merresh fryma. Më dukesh sikur po enden mbi kokë t'eme shpirtnat e të vdekunve dhe po pritsha të më shfaqen fantazmat e prindëve të mij. Më vinte sikur i ndisha fërshëllimat, kangët dhe vallet e shpirtnave të liq. Më luejti mendja dhe u sula drejt dritares që t'iksha, por thuprat e saja të hekurta ishin shum të trasha dhe të papërkulshme. U prapsa i dëshpëruem. E mora kryet ndër duer dhe i shtrëngova tamthat që më rrifshin me hof. Me këtë mënyrë desha t'a mbledh vetëhen dhe mandej të mendoj me zbulue nji shtek tjetër për t'u arratisë. Por pa kalue as edhe nji ças kërcëlleu dhe u lëkund dera me forcë. Shtanga.

- Qeh erdhën me më marrë, thashë me vetëhe dhe e vuna dorën mbi zemër, se zu me më rrafë me forcë e pa regull. Për herën e dytë u lëkund dera, por s'u hap. Nji kohe, besoj mjaft të gjatë, prita i tristuem e i tmeruem.

Dikur e mblodha vetëhen dhe e pashë orën. Gjymës ore kishte kapërcye nga mezi i natës. Nuk rrëshiste fare koha, kurse ndër gëzime ik me vrap dhe pa u ndal as pak. Minutat e kësajë nate ishin baras me vjetët dhe orët me shekujt. Më gjante sikur s'do të gdhinte kurrë.

Përafrisht mbas nja nji ore prap u përsërit kërcëllima e derës, por prap s'u hap. I shtangun e pa marrë frymë e prita vdekjen që të futesh nga dera si nji kulshedër përpise.

Isha bindë se kjo natë ishte e funtmja për mue dhe se ajo do të mbaronte vetëm mbassi të kryhesh tragjedia e eme. Për këtë shkak i kujtova, për herën e funtme, miqt, shokët, far' e fisin, familjen dhe i përshëndeta me zemër. Dëshirova të shkruej dishka për t'a lanë si nji testament, por s'kisha as laps as edhe letër. U ktheva shpirtnisht, ma në funt, kah Zoti dhe i u luta përvujtnisht nji kohe të gjatë. Tue u lutë e prita vdekjen, ças e më ças, deri sa nisi me ague.

19 Mars

U habita kur zbardhi drita. U çudita se qysh kisha shpëtue atë natë. Nji grumbull mendime, mandej, m'a msyen banesën e truve, si sorrat nji shtëpi të shkretë, dhe solla bindje se vdekja e eme do të kryhesh në dendësin e vetmin e ndonji pylli që të mos mbetesh as ma e vogla shenjë. N'imagjinatën t'eme, me nji herë, u shfaq pamja e atij pylli që do të bahesh sqena e tragjedis s'eme dhe më gjajti sikur i shifsha bajonetat që nguleshin mbi trup t'em. Ndërkohe u zgjuen dhe u ngritën shokët. Vetëm atëhere u shlyen nga imagjinata e eme soditjet e shëmtueshme. Shokët më njoftuen se kërcëllima e derës që kishte ngjamë natën ishte shkaktuem prej nji derrit t'ushqyem aty nga Nenprefekti!... Thiu, më thanë ata, e paska pasë tharkën në nji kand të bodrumit dhe shpesh herë natën ardhka e shkrryheshka në derë të qelis. S'u thashë se ç'kisha pësue, por mue shpirti m'a dinte se sa isha trembë prej tij.

Mbas nja nji ore erdh gardiani i shoqnuem prej dy gjindarmëve. Më muerën. Më çuen naltë në nji zyrë gjindarmerije. Kur hyna mbrenda më tha nji kappter që gjante të jetë shef i zyrës se do të më nisshin për në Kostenjë. E pyeta se ku ishte Kostenja dhe përse do të më çojshin atje. Më tha se Kostenja asht afër kufinit Sërbo-Shqiptar dhe do të më çuekan atje që të më dorëzojnë në Shqipni.

- A asht e vërtetë? e pyeta vetëhen me dyshim. Jo, s'asht e mundun. Dorëzimi i nji refugjatit politik, n'at shtet prej të cilit asht arratisë, asht në kundërshtim me dispozitat e së drejtës ndërkombëtare dhe nji punë që s'ka shembull në historin e shteteve. Nuk m'a merr mendja që Jugosllavia të bajë nji gabim kaq trashanik. Veç kësaj po t'ishte e vërtetë se kanë vendosë me më dorëzue në Shqipni do të më njoftojshin qysh në Manastir dhe nuk do të më përcjellshin me roje të forta e burg në burg si ndonji kriminel të rrezikshëm.

Kështu mendova dhe besova se kjo ishte nji rrenë e trillueme për mos me m'a paralajmue kobin që më pritte.

- Eh, kanë të drejtë të më vrasin Sërbët, mbassi un kam qenë dhe jam kundërshtar i tyne, por jo në nji kohë kur ndodhem në tokën e tyne i refugjuem politikisht me nji varg të drejta hospitaliteti, thashë me vetëhe dhe mandej i thashë kapterit që të më sillte nji automobil për t'udhtue. Nuk u bind kapteri, por i shtrënguem nga insistimi i em shkoi me e pyetë komandantin e vet. Edhe këtu dëshirojsha me e zbatue planin e Manastirit: të kisha nji shofer si dëshmitarin e kobit që do të pësojsha. E shoferi, mendojsha, ka me e zbulue dikur ngjarjen e kobëshme. Mbas pak u kthye kapteri dhe më njoftoi se munt t'udhtojsha me automobil, por me konditë që t'a paguejsha shoferin edhe për gjindarmët që do të më përcjellshin. Natyrisht u binda. Suellën nji shofer dhe u ba pazari. Shkoi shoferi me e bamë gati automobilin dhe na porositi që të vejshim në nji shesh të qytetit, ku do të vinte me na marrë. U çova në vendin e caktuem i shoqnuem prej nji rreshtari, nji tetari dhe nji gjindarmi. Shoferi kishte edhe nji ndihmës. U gëzova se me disa qinda dinarë kisha sigurue dy dëshmitarë. M'u dyfishue gëzimi kur mora vesh se shoferi ishte Shqiptar nga qarku i Korçës i ardhun në Serbi për të punue.

U nisëm. Koha ishte e mirë. Vdora q'e kishte mbulue faqen e tokës vezullonte e xixëllonte nga rrezet e Diellit si t'ishte gatue me brumë diamanti, por mue më gjante si nji qefin i ndemë mbi gjymtyrët e satërueme të Shqipnis së ngratë.

Sosëm në stasionin e parë, ku më mbajtën nja nji ore e gjymës e mandej më nisën. Tash rruga shkonte buzë liqenit të Prespës. Liqeni me gjith që ndodheshim kah mbarimi i Marsit, ende ishte i ngrimë dhe ma i bukur se parandej. Nji pamje vjersharake shfaqesh para syve të njeriut por un nuk e shijojsha nga q'isha i tristuem.

Deri sa arrimë ke Mali i Zojës, ku ishte kufini, u ndaluem në disa stasione gjindarmerije. Komandanti i secilit stasion më thërriste në zyrë të vet dhe më pyette egërshëm tue i theksue rrokjet simbas aksantit Serb:
- Tisi Haki Stërmilli?
- Jes gospodin, i përgjigjesha i mpimë dhe pritsha se çdo të më njoftonte.
- He, bante komandanti sikur hingëllon nji kalë i tërbuem dhe më shiqonte, me urrejtje, qysh nga kambët e deri ke koka. Mbasëndaj m'i ngulte syt si dy gryka pushke dhe mllef:
- Idi ebemu...

Më kapshin krahësh gjindarmët dhe më nxjerrshin jashtë, ashtu si bajnë për ata q'i çojnë me i vue në plumb.
- Dobër danj, i thojsha setëcilit komandant kur paraqitesha, por asndonjeni nuk më përgjigjesh.

Tash e kuptoj se un përshëndetsha ma se përvujtnisht: robnisht. Besoj se edhe blegërima e qingjit përpara kasapit nuk do të jetë ndryshe. Besoj se ajo blegërimë s'do të ket ndonji kuptim tjetër veçse me e lajkatue e me e lutë kasapin shpirtzi për t'i falë jetën.

Kur mbrrimë në stasionin e Kostenjës na thanë se nuk punonte rruga e malit dhe se ishte zatekë prej vdorës. Natyrisht un s'e besova kët lajm dhe mendova se n'at pyll të shpeshtë do të masakrohesha. Prandaj i quejsha rrena ato që thojshin për rrugën e keqe. Që të mos më dukesh vdekja tepër e vrazhdët piva disa gota raki në të vetmen pijetore q'ishte aty dhe u torrullosa. U bamë gati të nisemi në kambë, por shoferi na hypi mbi automobil dhe na tha se do të na çonte deri ku t'ishte e mundun. U ngjitëm përpjetë malit të Zojës dhe erdhëm deri në nji vend që s'munt të shkonte ma automobili. Këtu zbritëm dhe u nisëm në kambë. Edhe shoferi, si t'a kisha lutë, erdh me ne. Shoqnimi i tij, pa dyshim, më gëzoi shumë. Tue ecë kisha kujdes që të mos më rrëshiste as ma e vogla lëvizje e gjindarmëve.

Me të vështirë sosëm në maje të malit, ku ishin stasionet e rojeve kufizore: I Sërbis në të djathtë dhe i Shqipnis në të majtë të rrugës, nja dhetë metro ma tutje.

U habita kur e pashë vetëhen buzë kufinit dhe disa hapa lark nga stasioni Shqiptar, ku valvitesh flamuri kuq e zi.
- U penduen apo harruen që s'më vranë? thashë me vetëhe dhe mora frymë lehtë.
- Arrimë Zotni; qeh flamuri i jonë, më tha shoferi dhe m'a diftoi flamurin me nji shej syni.

Nuk mundem me e përshkrue gëzimin që ndiva kur e pashë vetëhen të shpëtuem, mbassi isha afër bashkëkombasve të mij. E përshëndeta flamurin me zemër dhe u futa n'oborr të stasionit Sërb. U ula mbi nji shkamb dhe prita deri sa u kryen formalitetet e dorëzimit. Ndërkohë erdh nëpunsi i doganës dhe kërkoi të m'i ndrrojë në dinarë tre napolonat flori që më kishin teprue, por me qenë se deshte me bamun nji skorito njizet dinarshe për napolon i a muer nji gjindarmë dhe m'i këmbeu me kursin e tregut. Më habiti luajaliteti i gjindarmit. Prandaj e pyeta se nga ishte. Më njoftoi se ishte Kroat. Ky më gostiti me kafe dhe më dha dhetë dinarë që t'i pijsha venë në Shqipni për kujtim të tij. Nga droja se mos i ndjell ndonji rrezik nuk i a pyeta as emnin, gja për të cilën më vjen shum keq.

M'ora 12 e 20 minuta, don me thanë njizet minuta mbas mesdite, u përshëndeta me të gjithë, sidomos me gjindarmin Kroat e me shoferin Shqiptar, dhe e kapërceva vijën e kufirit i shoqnuem prej nji graduatit.

***

I kapërceva caqet e pushtetit të vdekjes dhe u hudha në prehnin e jetës së voksueme me shpresa e andrra të kandëshme. Krejt droja që m'a turbullonte mendjen dhe dyshimi që m'a brente zemrën tash m'ishin shdukë ma, sepse kisha shpëtue nga duert e armiqve mizore. Me gjith që m' a merrte mendja se edhe në Shqipni më priste nji dënim dhe ndoshta nji dënim i randë që munt t'arrinte deri në vdekje, s'kisha frigë ma dhe as q'e përfillsha hidhësi nën këtij ndëshkimi. Sepse edhe vdekja në Shqipni, si mbas mendimit t'em, do t'ishte ma e lehtë se përbuzja ma e vogël e armikut. Prandaj zemra e eme ndinte gëzimin e atij që shkon në dasmë e jo në burg.

Komandanti i kufinit t'onë, i lajmuem ma parë prej komandantit Sërb, kishte dalë në mes të rrugës në mes të dy stasioneve dhe po pritte. Mbassi u përshëndetën dy komandantët tha ai i Sërbis tue më tregue mue me nji shenjë dore:

- Ky, Zotnia asht Shqiptar. Ka qenë refugjat politik në shtetin t'onë. E mbajtëm deri më sot. Tash po e nxjerrim jashtë kufinit dhe po ju a dorëzojmë.

- Mirë, përgjigji komandanti Shqiptar dhe u kthye kah un e më pyeti: Shqiptar jeni Zotni?

- Po, Shqiptar jam, i thashë.

- Fort mirë, tha dhe m'a shtrëngoi dorën me buzë në gaz. U përshëndet me komandantin Sërb dhe më tha:

- Urdhëroni të shkojmë në zyrë?

Shkuem. Sa hymë mbrenda më përqafoi shqiptarisht e vllaznisht dhe, mbassi m'uroj q'e kisha shpëtue jetën prej Sërbëve, më prezantoi me Z. Jusuf Çamin, nëpunës i doganës. Më gostitën me cigare, me raki e me drekë. Mbas tri ditësh po hajsha bukë, se kur isha në duer të Sërbëve m'ishte zanë fyti prej tmerit të vdekjes. Në kohë të zamrës erdhëm në katundin Goricë, ku ishte zyra e doganës dhe ku bujtëm atë natë.

20 Mars.
Kur këndun gjelat e mëngjezit u ngrita prej shtratit me gjith që s'isha ngopë me gjumë.

U ndava i kënaqun prej Z. Kapter Sulës, komandant i kufinit, dhe prej Z.

Jusuf Çamit, nëpunës i doganës. Sjellja e tyne fisnike m'a mbushi zemrën me mirnjoftje dhe më bani të më duket se sikur kombi mbarë po më pritte n'Atdhe me mall e dashuni mbas kaq vjetsh mërgimi.

I përcjellun prej dy ushtarve u nisa për Bilisht. Mbas nji udhtimi jo edhe shum të gjatë na u shfaq para sysh liqeni i bukur i Prespes. Nji pjesë të këtij liqeni e kisha pamë edhe nji ditë ma parë mbrenda kufinit Sërb, por atë here s'isha kënaqë nga shkaku se isha i tristuem nga droja e mordjes. Dje ai m'u duk si nji kënetë e mbushun me lotët e Shqiptarve të robnuem kurse sot më gjan si të jet mbushë me nektar për t'u dhanë jetë e lumni të pasosun të gjithë atyne që kanë fatin me e shijue. Rruga zgjatesh rranzë maleve të ngarkuem me vdorë dhe buzë liqenit, i cili disa herë më gjante si nji pasqyrë e thyeme apo e plasarueme, sepse në shum vise ende nuk ishte shkri akulli e diku ishte çamë. Kund kund shifeshin hunda, gjina e ishuj të bukur. Un imagjinojsha veligjiatura të bukura e fole dashunije mbi ishujt e vegjël. Vegojsha çifta të rijsh e fatbardhë që lundrojshin mbi liqenin shkumë-bardhë. Liqeni, me fjalë të tjera, ishte nji magje e begatshëme për shkrimtarin dhe nji burim i pashterrun inspirasionesh për vjershëtarin.

Kur arrimë në Qafë të Zvezdës na u shfaq para sysh fusha e Korçës e pasunueme me të tanë bukurin natyrale e artificiale. Atje tej dukesh qyteti i Korçës tue u krenue për veprat kombëtare e përparimtare të zhvillueme në gji të tij e prej bijve të vet. Në fushë, mbi kodrina, në rranzë të maleve e në faqe të tyne shifeshin katundet e Korçës të grumbulluem e të ndertuem në mënyrë që me e kënaqë mikun dhe me e spicue armikun. Nji veshtrim i hedhun mbi at rreth të bante me u bindë se aty, me të vërtetë, ishte bartë qytetnimi nga jashtë me krahët e forta të puntorëve Korçarë të mërguem gati në të pesë kontinentet. Ishte nji qenëje, me të vërtetë, madhështore. E bukur ishte fusha, të bukur ishin malet. Ndoshta mue dhe vetëm mue më gjajshin kaq të bukura viset t'ona. Ndoshta, por ata qenë tepër tërheqëse dhe të kandëshme. Kush nuk beson le t'a shofi Korçën nga Qafa e Zvezdës, por me syt e mij.

Afër mbrames mbrrimë në Bilisht.

Në Bilisht u takova me Z. kapiten Abaz Hamza, nga Dibra, toger Rexhep Radomira nga Luma, Fuat Xhomo nga Leskoviku dhe Qamil Dushi nga Kosova. Ky i fundit qe sekretar i Nënprefekturës. Të gjithë më nderuen sidomos Z. kapiten Abazi. Ky më gostiti sa kohë që qindrova në Bilisht dhe i pagoi edhe të hollat e hotelit e të kafes. Ai, natyrisht, u suell zakonisht mbas asajë bujarije e fisnikije q'e karakterizon Shqiptarin, por un e quej për detyrë t' jem mirnjoftës. Edhe në këtë rasë konstatova se fisnikria e Shqiptarit asht nji virtyt që shkëlqen në ball të setëcilit Arbën si nji yll i pavenitun dhe më ban të them: Lum ai që asht Shqiptar.

21 Mars.

Vonë u ngrita. Kisha flejtë plot dhetë orë dhe isha shlodhë mirë. Vetëm kisha pak dhimje koke e shkaktueme prej gripës.

Prej Bilishti deshta t'i telegrafoj familjes s'eme në Manastir që t'a njoftojsha se isha gjallë, por më pengoi Nënprefekti Z. Stavro Xhaho, i cili s'pat kurajo me m'ardhë në ndihmë për me e shpëtue familjen nga ajo gjindje e pikëllueshme, në të cilën ndodhesh prej aq ditësh.

M'ora tri e gjymës mbas dreke u nisa për Korçë i shoqnuem prej nji gjindarmi dhe i ngarkuem me kujtime të paharrueme.

M'ora pesë e gjymës arrina në Korçë dhe u dorëzova në polici, ku bujta atë natë.

Në kohë të darkës erdh nji katundar në polici dhe u ankue në nji jevg, që ndodhesh aty nën verejtje. Katundari ankohesh se jevgu e kishte dehë dhe i kishte marrë tre napolona me zotim se do t'i dhanka nji grue. E suellën jevgun në zyrë dhe e pyetën, por ai mohoi kryekëput. Jevgu dredhonte, lakonte dhe rrëshiste si nji njalë që nuk kapet me dorë. Fshatari torrullak e spjegonte rishtazi ngjarjen dhe përfundonte tue thanë se jevgu e kishte mashtrue. Jevgu, m'anë tjetër, me një elokuencë të shqueme e mpronte vetëhen dhe nuk pranonte të jetë... faqe zi.

Ma në funt katundari galenten u bind të heqi dorë nga të hollat, por nga grueja e premtueme kurrë. Prap jevgu protestoi. Kur panë policët se kjo ishte nji çashtje e ngatrrueme e lanë për të nesërmen.

Sa muer funt kjo komedi që shpesh herë bahesh mërzitëse u ndigjue nji potere që vinte nga koridori. Polici i rojes, me nji herë, duel jashtë për t'a hetue ngjarjen. Mbas disa çastesh u hap dera dhe u fut mbrenda nji djalosh nja 23-24 vjetsh dhe mbas tij hynë disa policë. Djaloshi i kishte helmue trut me alkool në nji kopleraj dhe kur ishte dehjë kishte thye disa poça, gota dhe dritare. S'ishte kënaqë me këtë trimëni, por i kishte gjuejtë edhe kurvat me poça për me e nxjerrë dufin e pijes. Natyrisht ishte njoftue policia, e cila e kishte arrestue. Djaloshi hofte, vërvitesh me ikë, bërtitte dhe shante me nji gjuhë tepër të ndyet. Policët nuk e humbën gjakftohtësin dhe u përpoqën me e urtësue. Ai, përkundrazi, llastohesh ma keq. I çorri robet dhe i hodhi tej të hollat që kishte në kulete. Mbasandaj nisi me u ankue kundër policëve, për të cilët tha se e kishin rrafë, se i a kishin grisë petkat dhe se i a kishin vjedhë të hollat. Për të gjitha këto shpifje kërkoi të më bante mue dëshmitar. Kur panë policët se ai s'do të shpëtonte, ndoshta gjith natën, prej zgjëdhës s'alkoolit, nuk mbajtën proces atë natë dhe e lanë për të nesërmen. Kurvat u suellën dhe u muerën në pyetje. Djali u çue me bujtë në shtëpi të vet.

Alkooli, e ama e të gjitha të ligave, burimi i fatkeqësive e kishte skataritë e shkallitë djalin. Musllimanizma dhe bota e sotme e qytetnueme, për këta shkaqe, e kanë ndalue përdorimin e tij. Ky farë helmi, që na e përdorim tue i dhanë emna të ndryshëm simbas shijeve, ka fuqi të shembi, në pak kohe, ndërtesën madhështore të përdoruesit dhe të rrezikojë edhe jetën e tjerve. Alkooli asht ma i rrezikshëm se murtaja, sepse mjeksia mundet me e luftue këtë me mjetet e veta, por marrëzis së të dehjunit s'ka se ç'me i bamun as mjeku as edhe polici. Trut e të dehjunit janë burimi i mendimeve ma të liga që munt të sajohen. Ai vret, pret, vjedh, djeg, përmbys dhe mbyt pa drashtë as ndonji forcë. S'i tutet syni as edhe nga grykat e kobureve që i drejtohen, pse e ka humbë fuqin e gjykimit që t'a masi rrezikun. Shkurt asht ma i trenuem se i marri.

Përdorimi i alkoolit, ma shum se gjetiu, asht përhapë në vendin t'onë në mënyrë të çuditëshme dhe po e damton popullin mbarë e veçanërisht brezin e ri. Ky helm që po i mpin forcat e reja të kombit, kjo armë e padukëshme e vdeksuese që i kërenohet krejt qenëjes s'onë, asht ma e rrezikshme se nji anmik i jashtëm që munt të na msyen në kufijt. As tuberkulozi, as sifilizi, as malarja as edhe ndonji sëmundje tjetër nuk na damton e nuk na dërmon sa alkooli. Ai asht si nji gjarpën i padukshëm që të helmon tue të ledhatue. Un besoj se Dreqi selin e vet e ka në gotën e rakis dhe prej andej shpërngulet në trut e alkoolistit, të cilin e nxit dhe e shtyen me krye, natyrisht, djallëzi. Damet e alkoolit, pa dyshim, munt t'i spjegojë ma mirë mjeku e gjykatsi, por un due të them se ata q'e përdorin janë, me të vërtetë, të marrë dhe e blejnë rrezikun me të hollat që kanë fitue me shum mundime. Viktimat e kësajë marrëzije janë të panumërueshëm. Edhe djaloshi Korçar ishte nji nga këta.

Që t'i pritet hovi këtij rreziku lypset të formohen shoqnina antialkooliste. Djelmënia intelektuale e vendit t'onë duhet t'a marri çashtjen në konsiderasion dhe t'i përvishet punës. Ajo nuk duhet të rrijë me duer të kryqëzueme si spektatore përpara kësajë tragjedije të vazhdueshme. Pikësëpari ajo vetë lypset t'a neverisi alkoolin dhe mandej të nisi me e luftue tue u grumbullue në gjinin e nji organizate.

Po t'i kishim pasë në regull statistikat do të lemeriseshim nga numri i math i vrasjeve, i therjeve, i mbytjeve, e vetvrasjeve, i djegëjeve, i vjedhjeve, i shkallitjeve, i shkunorëzimeve dhe i të tjerave si këto që janë shkaktue prej këtij helmi kaq të dashun prej nesh. Po zakoni i pijes me dollia që në disa krahina të Shqipnis vazhdon të nderohet, sidomos ndër dasma, a nuk asht nji ndjellje që, vullnetarisht, i bajmë mordjes?

U pezmatova pa masë nga sjellja e marrë e djaloshit Korçar që kishte shkahitë me dëshir e vullnet të vet. Më rrëkonte shpirti tue e pamë atë bimë të re që ishte farmakosë me dorë të vet. Më dukesh sikur e shifsha, me syt e mendjes, rrokullisjen e tij në greminë dhe për këtë arësye rrëqethje të forta m'a përshkojshin shtatin. Vraga që më la kjo ngjarje besoj se nuk ka me m'u shdukë për shumë kohe.

Edhe atë natë s'flejta fare me gjith që policët më propozuen të bije në ndonjenin nga shtretnit e tyne. Gjith natën e kalova tue kuvendue me policët mbi detyrat e tyne.

22 Mars.
Më thonë policët se sot do t'ardhka këtu Imzot Visar Xhuvani, kryetar i kishës Orthodhokse Autoqefale të Shqipnis. Po bahen përgatitje për pritjen e tij.

Policët e Korçës duken të shkathët e të zotët në detyrë. E presin mirë at që drejtohet për ndonji punë, të cilën i a mbarojnë me nji herë.

Mbas dreke, i shoqnuem prej Z. Demir Dërsnikut, sekretar i policis, shkova n'agjenci t'aeroplanave dhe mora biletë udhtimi. Këtu u hasa me Z. Fazli Frashërin, i cili m'u zotue vetë se do t'interesohesh për çashtjen t'eme.

Me nji veturë t'agjencis shkuem n'aerodrom, ku kishte edhe disa udhtarë tjerë e nji grumbull përcjellsa. Disa minuta para trish u ngjita n'aeroplan. Ishim katër udhtarë. Në radhë të parë e në të djathtë u ula un, në të majtë u vendos nji Zojushë 17-18 vjeçare dhe mbas nesh zunë vend dy Zotnij në moshë të re. I zumë veshët me pambuk që të mos na shqetsonte zhurma e motorit.

Asndonji herë nuk kisha udhtue me aeroplan. Për kët shkak më nxitte kureshti dhe s'më pritesh që të fluturojsha sa ma parë.

U nis aeroplani. Në fillim eci për tokë si ndonji automobil e mandej zu me u ngritë dalë nga dalë. Mbassi u naltësue nja disa qinda metro bani nji rrotullak mbi qytet. Mbasandaj u drejtue kah Perëndimi dhe ma vonë kah Veriu. Në pak çaste u zhduk prej syvet t'onë qyteti i Korçës. Naltësimi ahtohesh nga nji minut në tjetrin. Ky farë fluturimi nuk na shqetsonte fare, por ulja e papritun, që ngjante nëpër zbrazësinat e ajrit, na shtangte e na tristonte. I ulsha syt përposhtë dhe mundohesha t'a mas naltësin. Rrëqethje të imta m'a përshkojshin shtatin, pse më dukesh se ishim naltësue dy, tri mij metro. E kthejsha kryet kah piloti dhe i ngulsha syt n'aparatet, por nuk kuptojsha se sa naltë ndodheshim. Zhurma e motorit shtohesh, herë mbas here, për së tepërmi dhe disa herë shafitesh në ças e mbas nji krismës që gjason me atë të nji motorit që prishet. Në rasa të tilla shtangsha prej frigës të ndonji aksidentit.

Toka rrëshiste ndër ne si nji gur mulliu. Shpesh herë aeroplani zhytesh në turmat e reve, të cilat, për nji ças, na sokullojshin me krahët e tyne të mjegullta. Mbas pak shpendi i shkencës mrekulluese na shpiu mbi nji vend që dukesh krejt ujë. S'e kuptojsha se ku ndodhemi dhe se ç'ishte ajo hurdhë e madhe. Më ranë ndër mend prrallat që kisha ndigjue në fëmini dhe, për nji ças, pandehva se jam djaloshi mitologjik që fluturonte mbi këneta e detna në korris të falkues. Bashkudhtarët më njoftuen se ajo hurdhë ishte liqeni i Ohrit. Atëhere i solla syt, për herën e dytë, kah liqeni dhe e pashë me lakmi at thesar Shqiptar të grabitun prej Sërbëve. I rrotullova syt në të djathtë dhe e pashë Shën Naumin që paraqitesh me fëtyrë të zymtë e hidhnake; e kundrova mandej Ohrin e Strugën që dergjeshin prej robnis dërmuese. At ças m'u kujtuen betejat e shkëlqyeshme që patën ba pesë shekuj ma parë stërgjyshnat t'onë në fushë t'Ohrit e n'ato gryka. Më ra ndër mend Zaharia Gropa, princi kreshnik i atij Ohri që sot asht dënue të lëngojë nën thundrën e huej. E sodita heroizmën e atij luani dhe gjakun që derdhën stërgjyshnat t'onë për t'a mprojtun atë principatë Shqiptare nga mizërit Turke që vërsuleshin herë mbas here. Nji hofkëllimë e thekshme q'u këput nga thellësit e shpirtit t'em muer hof e duel jashtë për t'u përzi me disa miljonë të tjera që nxjerrin ç'do ditë Shqiptarët e Shqiptaret e krahinavet t'ona të robnueme.

Tue u përshëndetë me liqenin e Ohrit, q'atë ditë gjante si pasqyra e kupës qiellore, kaluem mbi malet që janë në shpinë të Pogradecit. Mbas pak ishim largue e po fluturojshim mbi malet e grykat që shtrëngojnë ndër krahi Rapunin e Shkuminin.

Pjesën ma të madhe të Shqipnis, prej këndej, po e kundrojsha ma së miri dhe po shmallesha. Edhe kjo qe nji kënaqësi e veçantë për mue, mbassi prej kohësh nuk e kisha pamë Atdheun. Me këtë mënyrë e kisha përqafue krej Shqipnin dhe po ngopesha me fëtyrën e sajë të kandëshme.

Asokohe kur un isha tërhekë prej bukurinave të rralla të vendit t'onë kërsiti motori dhe bani: krik!... krak!... Mbasandaj, me nji herë, u ul me rrëmbim nja 40-50 metro. Oh u prish, mbaruem, thashë me vetëhe i shtangun dhe i tristuem. Më gjajti sikur më rrëshiti shpirti nga goja e më fluturoi. Bana të mbahem diku, por ku se?!... Ishte e kotë ç'do masë për vetë-mbrojtje. Për fat të mirë nuk vonoi të regullohet aeroplani, se po të vazhdonte rrokullisja, sigurisht, do t'isha lemerisë e do t'i kisha shkallitë. Me atë kadalësi që m'impozonte droja se mos e prish drejtpeshimin e aeroplanit e ktheva kryet kah Zojusha që kisha në të majtë. Dëshirojsha të marr vesht se në ç'gjindje ishte ajo. Edhe në këta çaste delikate e kritike dishka më tërhiqte kah ajo. Hëdeh!... Vuna re se ajo ishte zbemë. Kishte marrë hijen e nji tyberkulozes që dergjet në shtratin e vdekjes dhe asht tue i kalue minutat ma kritike të jetës së vet. I fërkonte duert, me shqetsim, dhe merrte frymë dendun si t'ishte lodhë nga nji vrap ikjeje i bame prej tmerit t'anmikut. Buzët i dridheshin dhe po kapërdihesh si me dashtë t'a mbajë në vend shpirtin q'i gjante se po i rrëshet nga goja bashkë me frymën. Nuk e kthente kryet më asndonji anë, e kishte livarë përposhtë. Syt i kishte ngulë në nji pikë dhe kambët i kishte ngjitë e puftue aq tepër sa të bahesh me besue se i ka gozhdue.

- Piskë e paska, thashë me vetëhe, por n'u dashtë të thuhet e vërteta, edhe un nuk isha ma mirë se ajo, me gjith që përpiqesha të mbahem e t'i ap vetëhes kurajë.

Për nji herë m'u shfaq para syve të mendjes Titaniku tue u mbytë n'oqean dhe m'u përfëtyrue heroizma që treguen burrat për me e shpëtue jetën e femnave e të foshnjeve. Edhe un dëshirova t'i imitoj ata kreshnikë dhe e mblodha vetëhen me pahir. E ktheva kryet kah Zojusha dhe u mata t'i flas ndonji fjalë, ashtu si u ka hije trimave. U kolla që t'a nxjerr zanin ma të kthjellët dhe e hapa gojën, por atças ajo nisi me vjellë. Mbeta me gojë hapët! Me gjith këtë ishte rasa ma e mirë që t'i ndihmojsha, por pësova vetë se po më pështjellohesh edhe mue. Pikërisht n'atë kohe që desha të diftohem kavalier plasi nji revolusion i ashpër mbrenda barkut t'em dhe qeshë tue i nxjerrë zorrët. Asaj i ishte dyndë vëneri dhe përpiqesh tue bamë: O! O! O! O!, por edhe un nuk mbetesh mbrapa dhe bashja: U! U! U! U!

- T'a marri nama kët fat të keq, thashë me dëshpërim dhe e mblodha vetëhen. I zgjata nji kokër limon dhe i thashë:
- Urdhënoni me thithë pak limon, Zojushë, që të mos ju dyndet vëneri?

As e muer limonin, as m'u përgjiq, as edhe më shikoi. Shum randë m'erdh. M'u duk sikur edhe ajo e kishte kuptue se un isha trembë dhe nuk dëshironte me pranue ndihmë prej nji frikacakut. Më gjajti sikur e pashë, me syt e mij, frigën t'eme që shfaqesh si nji trup i raskapitun dhe i dërmuem. Hëde! Ç'të bajsha? Hall me rrue e gjyç me vdekë, thotë populli. E un nuk dojsha të vdes, por, për kundrazi dëshirojsha të rroj. Vetëm se dojsha që t'isha edhe trim.

- Hajt more se un jam njeri dhe nuk më pëlqen vesi shqyes i atyne që mbahen për trima, vërejta mbas pak dhe mandej shtova: Si njeri lypset t'a përhiroj njerëzin e t'a lakmoj drejtësin dhe jo shpirtin barbar t'asajë turme që asht krye për dam të njerëzis. Erdhi koha ma që të shkëputet njeriu nga verigat e mëndsive të vjetra. Ai e ka kuptue se atij i ka hije urtësia, drejtësia, njerëzia dhe jo marrëzia shtazarake që përfundon, për herë, në mjerime të gatueme me gjak e me lot. E un kush jam? Mos jam... Sul Hupi që të baj... marrëzi? Ç'më duhet mue kapadailleku?! Ik ore! thashë me vetëhe dhe e ngushullova zemrën që m'ishte pezmatue nga mungesa e trimënis.

Me të vërtetë bana padrejtësi tue i cilësue trimat si të liq, por e kënaqa vetëhen. Kështu gjykova për vetëhe e për tjerët dhe disi u qetova, por prap harrova, ase ma mirë me thanë, nuk desha t'i a impozoj vetëhes at vendim.

Po. S'më pëlqente, natyrisht si gjithkuj, që të diftohem si jam. Aq ma tepër kur puna qëndronte në mes t'em e të nji femne. Me u ba për pesë pare e me u koritë fare?!!! Jo.

Nuk m'a pranonte sedra kët poshtnim. Prandaj vendosa t'a mbaj vetëhen. Zuna me luejtë me spagën e paqetës që kisha ndër duer. Nji copë herë i rashë më qafë spagës dhe zuna me shique për anë me atë sedrë e madhështi që kanë trimat, por edhe në kët rol, të luejtun me aq mjeshtëri për me i shdukë shenjat e frigës, falimentova dhe falimentova likësht. Trap!... Krak!... bani motori befas dhe u rrëzue aeroplani nja 60-70 metro përposhtë. Ngrina e shtanga prej tmerit. Nji drithmë vdekjeje m'a përshkoi shtatin dhe shpirti m'erdh në maje të hundës. Për pak qeshë tue bërtitë me të madhe: Ore kuje!... Klithmën e mbajta e nuk e nxora, por më ngeci në fyt nji gja si lendë dushku dhe s'po mundesha me marrë frymë lehtë. U kolla disa herë për me e nxjerrë nga gërmazi shukun e frigës dhe mandej, me qëllim që t'i shduk shenjat e friksimit, qita dhe e pashë sahatin. Edhe ai m'a shtiu lëngjyrën, sepse me gjith që kishim plot 35 minuta q'ishim nisë nga Korça ende ndodheshim mbi vise të panjoftuna.

- E humbëm drejtimin si nji ballon që shkon kah t'a çojë era, thashë me dëshpërim, mbassi un e mbajsha mend fjalën që më kishte thanë agjenti i Korçës e simbas asaj lypseshë të sosim në Kryeqytet për 35 minuta. E ku ishte Kryeqytetit? Kurrkund s'dukesh. Ai më kish pas thanë për 45, por un e kisha marrë vesht për 35. Gabim trashanik, mosmarrveshje e kushtueshme.

I tronditun dhe i dobsuem moralisht zuna me e kërkue Elbasanin, por ai nuk shifesh kund. Lëviza disi, në vend, që të përtrihem në forcë, por u dridha prej tmerit, sepse pjerri aeroplani me nji anë dhe më gjajti se po rrëzohet.

- Eh taksirat! Qoftë mallkue ajo orë që, me mend në krye, hypa në këtë karrocë dreqi, thashë me vetëhe dhe mendova se sa trim i marrë ishte Lindbergu që, fillkat vetëm dhe pa hangër e pa flejtë, kapërceu oqeanet dhe erdh nga Amerika n'Europë.

- Në qoftë se besohet theoria që thotë se njeriu dikur ka qenë shtazë, sigurisht, Lindbergu do të ket qenë shqipe, thashë për me e pajtue guximin e tij me gjindjen e njeriut.

Tue u mundue t'i mbledh fundërinat e forcës morale që të mos koritesha edhe ma tepër, u duk Dajti dhe në rranzë të tij Tirana, dikur e kuqe e tash e bardhë. Mbas pak aeroplani zu me u ulë mbi qytet. Atëhere mora frymë lehtë. U kolla dhe lëviza si ata që nuk e përfillin frigën. E ktheva kryet dhe e pashë Zojushën që të kuptojsha se si më kishte blemë. Ajo prap kishte nisë me vjellë. I a zgjata limonin dhe i thashë me nji zë të pastër që s'kishte fisni me frigën:

- Dëshironi me thithë pak limon Zojushë?

Për çudi e zgjati dorën e zbeme dhe e muer. Ma në funt duket se edhe ajo e kuptoi se un s'isha nga ata që tremben, me gjith që mue shpirti m'a din.

Tash ma po uleshim, dalë nga dalë, tue bamë nji rrotullak mbi Tiranën e shartuemen e të krastitun simbas planit të zbatuem. Kur zbrita n'aerodrom e shiqova me adhurim shpendin e plumbtë, por thashë edhe:

- N'udhtofsha edhe nji herë me ty paça vetëhen më qafë.

N'aerodrom prita pak, deri sa erdhën policët me më marrë. Më çuen në qendër të policis, ku me mbyllën në nji kthinë të vogël. Mbas pak erdh Z. Xhafer Preza, komiser i policis, dhe mbassi u prezantue më tha se do t'a kisha nën dispozision për ç'do nevojë. Sjellja e tij njerëzore më habiti, sepse un kisha ndigjue se ky asht i egër, nopran, egoist dhe njeriu i torturave. Un, sa për vetëhen t'eme, nuk kam se si të mos e falenderoj dhe të mos jem mirnjoftës kundrejt këtij njeriu që më priti me buzë në gaz dhe më nderoi si të mos kisha qenë i arrestuem.

Mbas darke, i shoqnuem prej Nënkomiser Z. Ali Casllit, u çova në burg, ku u mbylla për me mos dalë, ndoshta, për shum vjet ase pa vdekë. Më futën në banesën e fajtorve që t'i laj mëkatët dhe të dlirem. Në kthinën e vogël, ku më vendosën, kishte edhe katër të burgosun për faje ordinare. Këta më liruen vend dhe më nderuen shumë.

U zgjova i raskapitun fare. Kisha flejtë mjaft dhe isha ngopë me gjumë. Vetëm se jam i dërmuem nga shregullimi i jetës që kam pasë gjatë javës. Veç kësaj ende nuk kam shpëtue nga influenca e gripës.

Kthina apo qelia, ku më kanë mbyllë, asht nja dy pash e gjatë dhe aq e gjanë. Kjo kthinë përdheske asht nja katër a pesë herë ma plakë se un. Ka dy dritare të vogla, si dy syt e macës. Me anë të këtyne pseudo-dritareve vidhet ajri dhe hyn drita e Diellit demokrat që ka mirësin me i vizitue, bashkë me pallatet, edhe kasollet e banesat e të mjeruemve. Pesë vetë dergjemi në kët vënd, ku s'besoj se mund të plehnohen dy kuaj ase katër derra. Un e kam shtratin bri dritares që shef n'oborr, i cili paraqitet i mykët me fëtyrën e tij të shtrembët. Ky, oborri, asht si nji kënetë me shum hunda e gjina; asht në nji trajtë të çuditëshme që prodhon nji problem të ri për gjeometrin.

Që të kuptohemi ma mirë po e përshkruej, me sa m'asht e mundun, këtë banesë që shtrëngon në gji të vet nji grumbull njerës për faje të ndryshme. Kur hyn njeriu nga porta e madhe ndodhet në nji koridor, në të dy anët e të cilit janë kthinat e flejtjes së gjindarmëve. Sa të kapërcehet praku i këtij koridori dilet në tjetrin. Ky i dyti ban nji të kthyem në të djathë. Mandej mbështetet në mur dhe kthehet kah e majta, ku mbaron me nji portë të dytë dhe prej ku dilet në nji oborr të vogël. Mrenda dhe për anë të këtij koridori janë zyrat e Drejtoris së burgut e të post-komandës së gjindarmeris të pandriçueme mirë, ashtu si u ka hije zyrave të nji burgu. Sa të vesh kambën mbi prakun e portës s'oborrit të vogël, të përballon e të përshëndet, zymtas, pusi legjendar i burgut me kryet e rrumbullaktë që e ka ngritë naltë, nja nji pash mbi tokë. Çikriku i murrmë bashkë me litarët e me teneqen e vojgurit q'e zavendëson kovën rrijnë pezull, të mvarun mbi dy shtylla, pak të shtrembta, si armët e pusit plak e bujar.

Eh, ky pus! Eh se ç'asht ky! Ky u a ka shue etjen sa e sa nëpunsave të qeverinave të ndryshme gjatë shekujve të robnis e të vetsundimit; ka lagë e ka fladitë sa e sa fytna gjindarmësh e gardianësh; ka njomë sa e sa buzë e gërmazë fajtorësh q'e kanë pritë vdekjen me të tanë tmerin e sajë. Ai asht, me fjalë të tjera, dëshmitari i pagabueshëm i sa e sa ngjarjeve dhe kobeve, por nuk flet dhe asht ndrye në nji heshtje të pathyeshme sikur të ket frigë kënd. Ai ka pamë, me syt e vet, asish që kanë hymë tue qamë në këtvend të mallkuem e kanë dalë tue qeshë; ka pamë asish që kanë hymë të ngrimë e kanë dalë të mpimë; ka pamë djelm të ri që kanë dalë pleq të gërmuem e të dërmuem; ka pamë të shëndoshë që kanë dalë të sëmunë; ka pamë të mendshëm që kanë dalë të trenuem; ka pamë kufoma të burgosunish që kanë mbarue mbrenda këtij Ferri; ka pamë të dënuem që janë çue për t'u mvarë në trikambshin; ka pa, e ka pa sa s'thuhet ma, por s'flet e s'rrëfen kurrgja. Ky ka me më pamë, ndoshta, edhe mue tue qamë ose tue udhtue drejt asajë jete që të mos kthehem ma.

Oborri, me gjith që i vogël, asht i gërmuem e i kodruem. Ndokush munt të pandehi se nergut asht bamë kaq i shëmtueshëm që t'i përshtatet banesës së fajtorve. Ndoshta. Tue ecë drejt derës së tretë të burgut mbesin mbas shpine nevojtoret dhe në të majtë nji kthinë e vogël, e caktueme për t'u dergjë ata që mbahen nën vërejtje ase për detë.

Dera e tretë e burgut asht ma e vogël se dy të parat. Ajo hapet shpejt për të hymë, por çilet rrallë ase nuk hapet kurrë për të dalë. Plotsisht asht si dera e kasës së kopracit. Sa t'a kapërcejsh prakun e kësaj deriçke ndodhesh n'oborrin e math të burgut. Në të majtë asht kthina e eme për të cilën fola ma naltë. Në të djathë asht nji kthinë e madhe dhe ngjit me këtë asht bamë nji strehë e gjanë, nën të cilën janë vendosë nji numër të burgosunish. Për kundrejt deriçkës, ngjit në faqen e murit për ball, asht nji kthinë tjetër. Kjo ndriçohet me dy dritare të vogla në nji masë 50-60 santimetër për së nalti e nja 20 për së gjani. Bri kësaj asht kthina ma e madhe. Edhe kjo ka dy dritare si ajo e para dhe të dyja këto kthina gjajnë sikur kanë nisë me u fundue mbrenda gjinit të tokës si të përpime prej sajë. Ngjit me të asht nji kthinë tjetër nja dy pash për së gjati dhe nji për së gjani. Fqi me të asht kthina e vogël e gardianve.

Në mes t'oborrit asht nji rrajë mani. Në të majtë, atje poshtë, janë katër nevojtore. Njena prej tyne përdoret si banjë. Ç'banjë se! T'a kesh zili me e pasë në shtëpi!!...

Randësin ma të madhe burgu e fiton nga pozita e vet gjeografike. Njena nga kthinat e tija asht pjesa e pandame e ndërtesës, ku asht Ministria e P. të Mbrendëshme e Kryeministria. Dritaret e Ministris, kah lindja e kah veriu, për herë të parë, shofin në burg. Në perëndim dhe ngjit me burgun asht pallati i Nanës Mbretneshë. Kah jugë-perëndimi asht legata Italjane. Nji rrugë nja dhetë metrosh e gjanë e ndan këtë prej burgut. Atje tej, nja dyqind metro lark, asht pallati Mbretnuer.

Ditëlindjen e burgut munt t'a dijnë vetëm stërgjyshat e Tiranasve. Pullazet janë përkulë. Strehet janë gërmue dhe i kanë mvarë buzët si me e ndi lodhjen që kanë pasë gjatë moteve. Si muret e oborrit ashtu edhe ata të kthinave janë të zeza, drrasat e trenët janë nximë prej tymit e prej pluhnit. Ujt dhe këlqerja, sikundër duket, kanë qenë hidhnue me këtë godinë. Ndoshta ato vetë - ujt e këlqerja - s'kanë dëshirue me u futë këtu për me mos u bamun shokë me fajtorët.

Prej oborrit të burgut duket mali i Dajtit, ashtu si ka qenë gjithmonë, i vranët dhe i ngrysët. Shifen prej këndej edhe krenët e selvijave të Nemazgjahut. Gjithashtu duken krahët e rrapave peseqind vjeçarë të Tabakhares. Këto krijesa - rrapat - janë, pa dyshim, moshatarë me Skender Beun dhe dëshmitarët e nji epokës historike të vendit t'onë. Ata, sigurisht, do t'a kenë pamë Skender Beun tue kalue s'andejmi si ngadhnues, do t'a

kenë pamë Ballabanin me shokë që e trathtuen kombin e vet, do t'a kenë pamë katastrofën e robnimit të kombit hero prej sulmuesave t'Azis, do t'i kenë pamë Pashallarët e Sulltanve tue dhanë urdhna për t'a përkulë kombin e pamundun, do t'i kenë pamë veglat e verbta të sundimit të huej tue u endë andej, do t'a kenë pamë popullin që herë mbas here ngrinte krye kundër regjimit të huej për të shpëtue nga zgjedhia e randë, do t'i kenë pamë fituesat e luftës Ballkanike tue bredhë nëpër Shqipni me mburrjen e burracakut që të vret në gjumë, do t'a kenë pamë flamurin kuq e zi që ngriti Ismail Qemali më 1912, do t'a kenë pamë rrebeshin e rebelizmës që shkaktoi aq mjerime, do t'i kenë pamë barbarizmat e pashoqe që banë Sërbët, Grekët e Malaziasit në vendet t'ona, do t'i kenë pamë ushtërinat okupuese të fuqive të hueja në kohen e luftës botnore që na e surbulluen kokën me premtimet e tyne, do t'i kenë pamë, ma në fund, kryengritjet e ndryshme të bamë qysh nga kongresi i Lushnjes dhe normalizimin e situatës. Këta rrapa un dikur i shifsha me kënaqësin e nji spektatorit nga dritaret e Ministris së P. të Mbrendëshme si nëpunsi fatlum i shtetit dhe tash i shof si i burgosun, si fajtori politik po i atij shteti. Ndryshim i math.
 Sot gjith ditën s'dola jashtë kthinës.
 Dëshirova t'i telegrafoj familjes që t'a njoftojsha se jam gjallë, por nuk më lejoi Ministria e P. të Mbrendëshme. Kuptohet fare lehtë se sa u pezmatova nga ky pengim, për arësye se familja e eme e mjerueme, sigurisht, tash qan e vajton për mue tue pandehë se më kanë vramë Sërbët. Nuk kujtojsha se edhe Ministri i Mbrendshëm do të vepronte aq padrejtësisht sa Nënprefekti i Bilishtit.

24 Mars.
Ministria e P. të Mbrendëshme më ka ndalue me takue me njeri dhe as që më lanë të fjalosem, makar, me të burgosunit. Kam leje të kuvendoj vetëm me të burgosunit e kthinës s'eme. Shyqyr, se po të mos lejohesha me fjalos edhe me këta dhe po të vazhdojë gjatë ky farë ndalimi, s'asht çudi se mund t'a harroj shqipen!

26 Mars.
Kurrfarë lajmi s'kam prej familjes, për të cilën më ka pushtue nji mall i math, mbassi e kam lanë në dhe të huej dhe të pikëllueme prej pësimit t'em. Kush e din se në ç'gjindje të tristueshme ndodhet e mjera.

30 Mars.
Sot erdh me më pamë Z. Abedin Hoxha, sekretar i zyrës sekrete në Ministrin e P. të Mbrendëshme. U gëzova nga vizita e tij për shkak se ky ishte i vetmi nga shokët e mij të vjetër, erdh me u takue, me gjith që vizita e tij kishte edhe karakter zyrtar, mbassi ishte çue prej Z. Kotës, kryeministër dhe zavendës Ministër i P. të Mbrendëshme. U përshëndetëm me atë

përzemërti që zotnon në mes të dy shokve të vjetër dhe me mallin e pesë vjetve.

Më tha se ishte i ngarkuem prej Z. Ministrit që të më pyeste mbi shkaqet e mënyrën e ekspulsimit t'em nga Jugosllavia. I a spjegova krejt. I erdh keq dhe u habit.

U ndamë si shokë.

31 Mars.

Jam ulë mbi shtrat t'em q'asht bri dritares. Të burgosunit kanë dalë me shëtitë dhe i vijnë rrotull manit, si kuajt rreth hunit të lamës. Ndërkohe u hap dera e burgut dhe u fut mbrenda nji djalosh.

- O mir se erdhe! thirrën nji grumbull të burgosun.

Ai bani buzën pak në gaz dhe qëndroi për nji ças.

- Ec more ec! Pse ban naze? i tha njeni.
- A e paske harrue shtëpin? i thirri nji i tretë me qesëndi.
- Mvarja pushkën, or Cen, mikut të vjetër, i a priti nji tjetër prej së largu.

Të gjithë vrrulluen me e përshëndetë. E futën në mes dhe e tërhoqën për mbrenda.

Djaloshi ishte i ri, nja 16-17 vjetsh, i mpimë e i thatë sa s'bahet ma. Dhambët e parë i kishte të qituna e të gjata si ata të diqelit. Qenka burgosë për vjedhje. Kusarin e paska mjeshtëri dhe e paska përsëritë disa herë. Policia, disa herë, e paska mbajtë nën vërejtje për vjedhje e për bixhoz dhe nji herë e paska internue në Gjinokastër. Edhe nji herë qenka dënue prej gjykatës si vjedhës dhe nja dy herë qenka mbyllë këtu si i pandehun. Dënimet dhe vuejtjet e deritashme nuk i paskan dhanë ndonji mësim.

Sa keq i vjen njeriut kur shef në mes të këtyne burrave nji djalosh të burgosun. Në vend që ai t'ishte mbi bankat e gjimnazit tue u ngjeshë me armët e dijenis për t'a luftue, ma vonë, padrejtësin, tash ndodhet i mbyllun në mes të katër mureve, i përbuzun dhe i neveritun nga shoqnia njerëzore. Kjo bimë e re e kombit t'onë asht lëgatë prej veseve të liga dhe ndoshta nuk munt të shërohet kurrë. Mungesa e edukatës familjare, pa dyshim, asht shkaktarja kryesore e kësajë rrokullisjeje në pellgun e immoralitetit. Sa mëkat të math i kanë ngarkue vetëhes prindët e këtij djalit që s'kanë pasë kujdes me e rritë mirë e me i a premë kët ves. Jo vetëm që nuk e kanë lodhë kokën me e pajue me vetia të mira, por as q'e kanë çue në shkollë që të shartohesh prej mësuesit zelltar e mundimtar. Prindë të tillë ka shum Shqipnia dhe këta të gjorë pandehin se s'kanë kurrfarë detyre kundrejt fëmis veçse t'a ushqejnë; t'i a mbushin barkun me bukë të kollomboqtë, me groshë, me gjizë dhe me pras. Ushqimin nuk i a kursejnë fare dhe shpesh herë e nxisin që të hajë me pahir. Fëmia, me këtë mënyrë, rras në bark nji kosh pras, nji çerep bukë, nji trajstë me gjizë dhe i mufatet plansi si nji gajgë.

Asht në dorë të Zotit, thonë këta mendjeshkurtun kur bisedohet mbi shëndetin dhe nevojën e mirërritjes së tyne.

- Asht fëmi e nuk i vihet faj, thonë kur ai ase ajo ban prapsi dhe tregon shenja të gjalla në pjerrje kah veset e liga, të cilat janë symptomet e para t'asajë sëmundjeje morale që ma vonë ka me u bamë e rrezikshme për të. E kjo fëmi, ma vonë, ka me u futë në gji të shoqnis njerëzore dhe ka me nisë me e zhvillue pjerrjen e vet në dam të tjerve e të vetëhes së vet.

Prindët t'onë për herë të parë i mësojnë fëmis fjalët ma të ndyeta: si të shajnë. Kur e shan fëmia nanën ase babën, me gjuhën e sajë foshnjarake dhe pa dijtë se ç'po ban, ata kënaqen e shkëlyhen gazit. Kur nis me shamë fëmia fillon lumnia e prindit Shqiptar dhe kjo fjalë e ndyet që del nga goja e pastër e foshnjes së gjorë quhet si parrolla e... ogurit. Ç'do pjerrje e keqe ase faj i fëmis gjykohet, relativisht, simbas andjes së prindëve. Shkurt vetë i rrisim dhe i përgatisim fëmijt për t'u bamun cuba, kusarë, immoralë e gjaksorë... Oh fatkeqësi e pandrydhëshme edhe për shum kohë. Duket se ende nuk e kemi kuptue se ku rrojmë dhe në cilin shekull jetojmë. Mendësia e kalbët dhe e ndryshkët që na lanë trashëgim pushtuesat e Aziz prapanike na ka verbue dhe s'jemi të zotët me e pamë as edhe humnerën që na asht hapë përpara për t'u gremisë në të, se nji popull q'edukohet, qysh nga djepi, si cub e si kusar, natyrisht, nuk munt të bahet i lumtun dhe i dejë për të qenë sovran. Morali asht kushti i parë e i domosdoshëm për jetën e nji populli dhe baza për qëndrimin e nji shteti. Në nji vend që zotnon dekadenca morale populli asht i dënuem të robnohet dhe shteti i tij të shkatrrohet.

Edhe tre a katër djelm të tjerë, si ky, ndodhen këtu. Këta kusarë të vegjël, sigurisht, do të bahen gogolat e shoqnis së nesërme, në të cilën do të marrin pjesë si antarë dhe do t'i venë kazmën për kapricjet e interesat e veta. Ky farë edukimi ka me qenë nji kob i math dhe nji mjerim i papërballueshëm në qoftë se nuk merren masa serjoze qysh tash. Duhet t'ushqehet populli me mësime morale; lypset t'i nepet randësi e posaçme rritjes së fëmijve dhe të hapen institute, ku të mbyllen fajtorët e vegjël për t'u përmirësue. Na nevojiten shkolla korreksionale, ku të shartohen e të shërohen fëmijt e sëmunë moralisht. Duhen berrë veset e liga të këtij populli n'asht se dëshirojmë të rrojmë me nder si komb e si shtet.

Shum lule të njoma e të freskta t'Atdheut, në vend që të çilshin jashtë të gostituna me ajrin e pastër t'atmosferës së dlirët, janë kah vyshken në këtë pellg të mnershëm. Të vyshkunit e këtyne bërbuqeve prej helmit immoral duhet të na bajë me u mendue thellë, se dalë nga dalë do t' përlangen gjith fëmijt me jargët e veseve të këqia dhe do të përvëneret, me pak përjashtime, krejt brezi i ri, i cili nesër ka me i marrë në dorë frenat e regjimit dhe ka me e sundue shoqnin. E në nji regjim t'atillë, sigurisht vetëm kusarët do t'a kenë fitimin, vetëm immoralët do t'a kenë nderin dhe vetëm kriminelët do t'a kenë forcën. Nuk do të këtë vend më për të virtytshmin, nuk do të bahet fjalë ma për punë të pastra e të ndershme dhe nuk do të përfillet ma drejtësia e njerëzia. Për këtë arsye dhe përpara se të na ket kapullue ajo mënxyrë lypsen marrë masa serjoze. Për ndryshe kam frigë se do të shuhemi ase do të vijë nji ditë që ka me na thanë bota e qytetnueme:

- Mblidhni teshat e shporruni prej këndej. Thyeni qafën e shkoni me u dergjë në Kongo, se s'munt t'ju durojmë ma në mes t'onë.

Në nji kohë kur bota e qytetnueme i ndeshkon me burgim e me gjobë ata prindë që nuk i kanë stërvitë fëmijt e vet për me i lamë dhambët me brushë e me pastë, prindët tonë nuk dënohen, makar, me nji qortim gjyqsuer për keqsjelljet e fëmijve të tyne të rrezikshëm për shoqnin. Të papërgjiqshëm quhen etnit e këtyne kusarve të vegjël dhe as që trazohen. Ndokush munt t'a quejë si nji koncept barbar dënimin e atit për fajin e fëmis, por nji pretendim i tillë asht i errët dhe i papërshtatshëm me nji gjykim të drejtë. Përkundrazi ati lypset të jetë përgjigjës për fëmin, mbassi fëmia quhet e mitun dhe ashtu asht deri sa të mbrrijë në moshën ligjore, n'atë moshë që të jet në gjindje me çmue, me dallue dhe me veprue pamvarësisht e me fuqin e mendjes së vet. Prindi, pra, lypset të jet përgjigjes për të, mbassi ai ka me e drejtue në jetë dhe ka me e shtye përpara në rrugët e saja të drejta ase të shtrembta.

Tue i shprehë këta mendime vjen e më përfëtyrohet mundimi i math që ban mësuesja Shqiptare e mësuesi Shqiptar për t'i a ndrydhë fëmis shpirtin e lik, at shpirt që mjerisht i a kanë ushqye prindët, vetë, me vese të dobta simbas mendësis së tyne të vjetër e prapanike. E ata kalamanizohen dhe, me nji mjeshtëri shembëllore, futen, të padukshëm e të pandishëm, mbrenda djalit ase vajzës dhe i a nxjerrin, si operatorë të mirë, atë dregzë q'e nxit me pjerrë kah veset e liga. I a shkulin gandrën e keqe dhe e shtyejnë kah e mira. Ajo e gjora ase ai i ngrati, fatkeqësisht, i trashëgon vështirësinat që shkakton edukata e keqe e atyne prindëve mendje-thartuem. Asaj ase atij i ngarkohet barra, ndërgjegjësisht, që t'i drejtojë degët e atyne trungjeve me shum gunga. Ajo dhe ai, të pamërzitun dhe gati si të magjepsun prej misionit të naltë që kanë marrë për sipër, i përvishen punës së përmirësimit, t'edukimit e t'arësimit të fëmis dhe tepër të rralla janë rasat që të mos ngadhnojnë. Nuk m'a merr mendja se munt të ketë mësuese ase mësues që të mos e çmojnë misjonin dhe të mos e kryejnë detyrën me at kujdes që vetëm atyne u ka hije. Nji mirnjoftje e nxehtë që merr hof të dali nga megjet e shpirtit t'em më ban t'i falem mësueses e mësuesit për shërbimet e mëdha q'i bajnë njerëzis, se ata janë faktorët kryesorë të këtij qytetnimi që gëzojmë sot, se ata e kanë pajue njeriun me virtyte dhe me forcat e pambarueme që i dhanë hof përparimit. Po. Ata e kojnë njeriun me dije, e frymëzojnë me ideal, e ngjeshin me moral dhe e ndriçojnë me dritën e pavenitëshme për me ecë drejt rrugëve të mbara të jetës. Un, si antar i kësajë shoqnije që ende lëngon prej shum plagësh, ke ata i kam mbështetë shpresat e përmirësimit të gjindjes s'onë dhe jam sigur se, me durimin e sakrificën e tyne shembëlluer do t'arrihet qëllimi i dëshiruem.

2 Prill.
I u luta sot Drejtorit të burgut që të më sillte nji berber për me i qethë flokët. Më tha që të pres deri sa të marri leje prej Ministris së P. të Mbrendëshme, mbassi qenka i urdhënuem të mos më lejojë me takue e me folë me njeri. Përdhunisht më kanë vue në konditat e femnës Muslimane që as lejohet me folë as edhe me u pa me njeri. Friga e përgjigjësis që munt të sjelli me vetëhe pushimin nga puna dhe gjindja ekonomike e bajnë të drojë Drejtorin. Ka të drejtë dhe un nuk duhet t'i zëmërohem. Por un besoj se s'munt t'i vijë ndonji përgjigjësi po të më lejojë me u qethë tue më lanë për anë gardianin dhe tetarin e rojës. Veç kësaj asht larg mendjes që un të ulem me bamë politikë me at njeri që do të më qethi flokët, sepse jo velëm që un nuk i a kam ngenë ma, por edhe ai s'kujtoj të jet aq torr sa t'a këmbejë mjeshtërin e tij me andrrallat e rrezikshme të politikës. Por... Por sikur t'a dijsha se ai berberi asht i zoti me u impozue gjith berberve të Shqipnis, do t'i lutesha për me bamun nji kryengritje berberësh. Do t'i ja lëshojsha në shpinë gjith berberët kësajë qverije që tutet prej nji njeriu të burgosun dhe të shveshun nga ç'do fuqi. A s'kam të drejtë? E bukur dhe qesharake do t'ishte nji lëvizje e tillë. Mendoni e përfëtyroni nji përkambje të këtyne kokë-qethësve që merr hof të zhvillohet në sqena të ndryshme: Disa mij berberë, të mbledhun në kryeqytet nga të katër anët e Shqipnis, u vërsulen, me brisqe ndër duer, agjentëve të qetësis dhe këta, të lemerisun e të harlisun prej kësajë furrjeje të papandehun, prapsen dhe i ftojnë, n'emën të ligjit, që të ndalohen e të mos shkaktojnë nji vëllavrasje. Disa turma t'egërsueme msyejnë dhe i përgjakin duersh e veshësh policët dhe disa policë guximtarë qëllojnë me kobure. Panik! Tregu mbyllet me nji herë. Banorët e kryeqytetit ikin me vrap dhe mbyllen ndër shtëpia. Qyteti, në pak minuta, kthehet në nji lamë lufte dhe gjith gjindarmeria e ushtëria vrapon në ndihmë të policis. Baterit zanë kodrat rreth qytetit dhe presin urdhën për me qëllue, por ku se?! Nji copë herë vazhdon beteja ndër rrugët e bulevardet e kryeqytetit tue u paraqitë në sqena të ndryshme. Britmat e klithmat, namët e mallkimet dhe të shamet e të fyemet ndigjohen në të katër anët. Ma në funt, për fat të mirë të qeveris, mundet, berberët, i hudhin brisqit për dheu dhe dorëzohen. Turma, turma çohen mandej në burg për t'u bashkue me mue. Atëhere normalizohet situata, por anormalizohet gjykata politike. Shtypi kombëtar, m'anë tjetër, nis me e komentue ngjarjen me serjozitetin ma të math tue thanë se për pak gja qe tue u rrezikue ekzistenca e shtetit prej këtyne gogolave të ndërsyem...

A ju pëlqen? T'a kisha pasë në dorë do t'a bajsha, por do t'i porositsha berberët që të mos therin njeri, se gjaku që shkakton vdekje nuk më pëlqen fare. Shyqyr që s'ndolli ndonji e ligë!

6 Prill.
Me gjith që jam ndalue të fjalosem me të burgosun sot mora vesht, me

anë të nji shokut të kthinës, shkakun e burgosjes së nji rrezikziut të quejtun Pal. Pali ka shtat të gjatë, mes të hollë, sy në ngjyrë të hinit, flokë gështenjë, hundë të drejtë dhe gojë të regullt. S'asht, kujtoj, ma shum se 35 vjetsh. Pali prej dy, tre vjetsh vuen në burg i dënuem për vrasje, të cilën e ka krye në këto rrethana:

Nji ditë niset Pali të shkojë në mulli për të blue do drithë. Rrugës i del përpara nji çetë kusarësh dhe i a marrin drithin bashkë me gomarin. Vjedhsit nuk kënaqen me këtë grabitje. E marrin Palin me vetëhe që t'a çojnë në pyll për me e torturue e me e shtrëngue që t'u napi edhe të holla. Tue u ngjitë naltë, shpesh herë, Pali ban shërbimin e veshgjatit, mbassi ai s'munt t'a barte barrën e randë ndër shtigje të vështira. Në pyll nis tortura, por ky s'ka as me vetëhe as edhe në shtëpi ndonji të hollë që t'u a napi. Në krye të njizet e katër orëve e lirojnë, mbassi e shveshin dhe e zbathin.

Kthehet i raskapitun fizikisht e moralisht, por me gjith këtë armatoset dhe shkon me u shpague. I gjen cubat tue u prehë në pyll. I synon dhe i qëllon. Vret nji prej sish dhe ikën. Ngjarja ban bujë. E marrin vesht autoritetet dhe e burgosin. Gjykata, natyrisht, e dënon si vrasës.

Në popullin t'onë, sidomos ndër malësorët, ende nuk asht rranjosë besimi se qeveria e ka për detyrë me e shpague të damtuemin ase të fyemin. Ende nuk beson katundari se do të mprohet e do të shpaguhet prej shtetit. Prandaj vazhdon t'i qëndrojë besnik konceptit barbar dhe të veprojë në përshtatje të kanunit të Lekë Dukagjinit. Më vrave të vrava. Në këtë mënyrë i damtuemi vetë bahet gjykatës dhe vetë ekzekutues për anmikun e vet, të cilin e dënon si t'i a marri mendja, si t'i a pranojë ndërgjegja dhe simbas fuqis që të ketë. Ky zakon i lik, me ç'do sakrific, duhet të shrranjoset nga populli dhe lypset t'i shtohet besimi në qeverin.

7 Prill.

Inspektimet në burg bahen fare rrall.

Sot erdh nji nga funksionarët e Drejtësis, por as pyeti njeri në kishte ndonji hall ase ndonji ankim. I shiqonte të burgosunit që kalojshin para tij tue ardhë për qark manit. Ai, me pozën e tij të randë, gjante si nji gjeneral dhe të burgosunit si ushtëria e tij që shkon në nji parakalim.

- Shko! Ik, u thoshte atyne që i afroheshin me i u lutë për ndonji send ase me e pyetë për dishka.

Mbas pak iku, natyrisht, i kënaqun për detyrën që... kreu.

8 Prill.

Kryekëput mungon pastërtia në két vend. Llomet dhe ndyesinat shifen gjithkund. Për këtë arësye besoj se mikropët këtu do t'a kenë bamun qendrën e veprimit të tyne.

Në nji kand janë katër nevojtore. Njena prej tyne përdoret si banjë. Nevojtoret gjithmonë janë të ndyeta. Shpesh herë nuk gjindet vend i pafëlliqun për me shkelë. Lypset t'i zash hundët e të mos marrish frymë kur t'avitesh se të vërsulen me miljonë mikropë. Lotë të kullojnë sysh dhe stomaku të pështjellohet me nji herë. Rranzë murit shkon nji vijë që, kur ka ujë, derdhet ndër nevojtore. Herë mbas here furren nevojtoret dhe vija mbushet, deri në zgrip, me kompozisionin e shurrës e të bugative. Muret për mbrenda nevojtoreve janë të ndragun me ndyesina dhe të mveshun me pëlhurë merimangash. Edhe kjo krijesë asht aq e marrë sa zgjedh si banesë kët vend të qelbët.

Gjith kjo ndyesi që mbulon të katër anët e burgut asht prodhimi i të burgosunve, të cilët s'kanë as ma të voglin kujdes që të jenë të pastër. I burgosuni aty han, aty pin dhe aty flen. Nuk mohohet se i mungon vendi e mjeti për të bamë nji jetë ma të mirë, por me gjith këtë asht fajtuer, sepse asht përtac dhe nuk lëviz vendit. Ky njeri, që kur asht i lirë s'përton me pi raki 24 orë rresht për me damtue trupin e vet, tash nuk asht i zoti me u çue për me i lamë duert e nxime prej zhulit. Kur shkon në nevojtore bëgan si kafshë dhe përmjer ma keq se shtaza. Mbassi shduk nevojë del me brekë ndër kambë dhe mvishet jashtë. Shpesh herë brezi ase gjeniku i brekëve i mvaret nëpër shalë si bishti i majmunit. Pështyen, fryen hundët dhe hedh gëlboqe gjithkah. Kur i fryen hundët i mshin me kindat ase me mangët e petkave. Robet ashtu edhe këmishat i ka të zhulosuna. Zhuli i qafores së tij duhet të matet me gisht. Kur je afër tij të duket sikur je ngjat nji nevojtores, për shkak se kundërmon erë të qelbët.

Për fat të keq, përgjithësisht, ky asht typi i Shqiptarit të burgosun.

S'e përfillin as pak pastërtin. Kur i shef njeriu këta njerës i duket sikur ata janë betue e besatue për me e luftue pasttertin. Shkurt pastërtia këtu asht dënue pamëshirshëm dhe asht zavendësue prej fëlliqsis.

Bashkë me pastërtin asht ndeshkue edhe edukata në kët vend të mjerësh. Për shembull fjala Zotni nuk përmendet fare dhe vendin e sajë e zanë mbiemna të çuditshëm të trilluem prej tyne. Vetëm kur i thonë e i thrresin njeni tjetrit shok-o! ngopem e kënaqem, sepse më gjan sikur u ka hymë në tru edhe këtyne mëkatarve kuptimi i naltë i kësajë fjale. Të shamet e të fyemet, në trajtë të përqeshjes, i kanë në maje të gjuhës. Shkurt pastërtia dhe edukata janë anmiqt e këtyne fajtorve.

9 Prill.

Nji djalosh 24-25 vjetsh, i mpit, i shkurtun, me shtat të ajthtë e me fëtyrë të mekët dergjet këtu për vrasjen e dajës së vet. Ngjarjen e kobëshme q'endi fati mbi jetën e tij e rrëfejnë kështu: E marrin ushtar dhe e çojnë në nji qytet tjetër. Kur e mbaron shërbimin ushtarak e kthehet në shtëpi s'e gjen bashkëshorten e vet që ky e paska pasë dashunue me të tana fuqit e veta. Kur pyet i rrëfejnë se gruen i a kishte shkunorëzue daja i tij tue provue, me dëshmitarë të rremë, para zyrës së Sheriatit se ai kishte vdekë dhe mandej e paska shitë të ngratën ke nji bandill q'e dashunueka. Femna e gjorë ishte bamë mjet tregtije, por edhe nipi viktim i kësajë poshtërsije. Veç kësaj daja i pangopun i a kishte shitë djalit edhe atë pasuni që i kishin lanë trashëgim prindët e vdekun. Djali dëshpërohet. E pyet dajën se pse e kishte shnderue tue i a shkunorëzue gruen dhe damtue tue i a shitë pasunin. Ai s'i përgjigjet. Ky i a kërkon të hollat që përbajshin vlerën e pasunis, por ai s'bindet me i dhanë gja. E dëbon pa e përfillë fare. Dëshpërimi i djalit arrin kulmin dhe egërsohet aq tepër sa vendos me i lye duert me gjakun e dajës. Në nji natë të kobshme, në nji natë dy herë të zezë, krruset nipi mbi shtratin e dajës dhe e vret, në gjumë. Mbassi u krye ky krim i shëmtueshëm u burgos djali dhe u dënue randë prej gjykatës.

Duket sikur asht pendue për mëkatin që ka bamë.

12 Prill.

Të burgosunit thonë se gati dy mij vetë ndodhen të mbyllun ndër burgjet e Shqipnis. Nuk dij se deri ku asht e pagabueshme kjo statistikë, por ky numër më ban të mendohem, sepse kaq mij njerës e kalojnë jetën kot e pa i sjellë ndonji fitim shoqnis. Katër mij duer rrijnë të mbërthyeme ndër it. Pun' e madhe për ne, mbassi jemi të pakë. Veç kësaj jemi të dënuem të humbim dy mij fëmij në vit, mbassi të burgosunit nuk vijnë në kontakt me femna. Dy mij vetë përbajnë një ordi që ka në dorë me e ndrrue fatin e nji lufte.

Sikur të llogaritet popullsia Shqiptare në nji miljon frymë e t'a pjestojmë këtë me numrin dymij do të vertetojmë se në pesëqind vetë nji asht i lik. Po t'i a shtojmë kësajë llogarije numrin e atyne fajtorve që ndodhen t'arratisun, mbrenda e jasht shtetit, do të konstatojmë se në njiqind frymë nji asht i lik. Po sikur t'i përjashtojmë femnat, fëmijt e pleqt nga shuma e përgjithshme e popullsis vjen vetvetiut se në 50-60 vetë nji del i vulosun si i lik. Po të sëmunët, të marrët, invalidët e të tjerët? Po të rrëzohen edhe këta duhet të lemerisemi, mbassi ka me na u dashtë t'a dhetojmë popullin Shqiptar e në dhetë vetë nji t'a konsiderojmë si të padobishëm, të paaftë e të pavlefshëm. Nuk dij se deri ku munt të na api të drejtë Drejtoria e statistikës apo ajo e rekrutimit.

Nji analizim i tillë na ban t'a kuptojmë fare mirë se ç'farë vendi zamë në shoqnin njerëzore. Që t'u bajmë ball këtyne sëmundjeve shpirtnore e trupore lypset t'i napim randësi arësimit, drejtësis e shëndetësis. Duhet të bajmë çdo sakrific për t'i urtësue e për t'i shërue Shqiptarët n'asht se dëshirojmë të rrojmë të lumtun dhe në qoftë se duem t'i bajmë burgjet shkolla. Për ndryshe, dalë nga dale, do të shuhet e do të shduket raca Shqiptare nga sipërfaqja e dheut.

15 Prill.

Tash mora vesht se paska ardhë këtu eme shoqe bashkë me çunin. U gëzova pa masë. Më thanë edhe se bashkëshortja e eme fatkeqe qenka tepër e tristushme për fatin t'em. Eh ka të drejtë. Edhe un ashtu jam, por s'e them.

16 Prill.
Mbramë vdiq këtu, në burg, nji djalosh nja 19-20 vjetsh. Ky fatzi, thonë, qenka burgosë për shkak se paska vramë nji njeri që i paska hymë natën në shtëpi për me i a shnderue motrën me pahir. Mbassi burgoset pëson nji kob të dytë: I a grabisin, anmiqt e vet, bashkëshorten që ky e dashunueka jasht masës. Mërzia dhe brengjet i dyfishohen. Në pak kohë nis me u mekë dhe bahet tyberkuloz. Më thanë se frymën e funtme e kishte dhanë i shkreti tue gërhitë vrazhdët. Ndoshta me këtë mënyrë i gjori ka dashtë t'ankohet n'antarët e shoqnis njerëzore q'e shtyenë të bahet i lik. Ndoshta me ato gërrje ka dasht t'a shfaqi e t'a shprehi pakënaqësin e vet kundrejt kësajë jete që nuk i qeshi. I shkreti djalë.
Nji plak, i quejtun Sul Kamza, i kishte shërbye si ati fëmis.
Pa ndonji ceremoni funerale u përcuell për në jetën tjetër. Dy jevgj e ngarkuen kufomën në nji karro për t'a çue në vorr. Mjer e ama dhe e motra. Kush e din se ç'gjamë mneruese e klithmë të vrazhdët do të nxjerrin kur t'a marrin lajmin e zi.

20 Prill.
Pardje erdh me më pamë Fiku, por s'e lanë. Nji foshnje tetë a nandë vjetsh që nuk kupton gja nga jeta nuk lejohet t'a shofi atin fatzi dhe kthehet me lot ndër sy. Vetëm zemra e nji atit rrezikzi, si un, mundet me e ndi e mi e përfshi këtë padrejtësi. Atdheu e kombi nuk do të gjejshin rasë ma të mirë për me më shpërblye në qoftë se besohet se u kam shërbye, sado pak, por mjerisht u pezmatova në vend që të kënaqesha. Takimi bahet në prezencë të nëpunsave të burgut, por edhe sikur të mos qe ashtu nuk shof ndonji rrezik në kët mes. Ç'munt t'i thom nji kalamanit ase ç'munt të bajë ai? Asgja. Prandaj nuk dij se si t'a quej kët pengim të pajustifikueshëm. Nuk m'a merr mendja se nëpunsat e shtetit t'onë të jenë ulë aq poshtë sa t'arrijnë me përfitue nga autoriteti zyrtar për të shfrye në nji të burgosun. Shpresoj dhe uroj që të qëndrojnë naltë moralisht e të mos ndrydhen nën sulmet e urrejtjeve të pafrënueshme që s'pajtohen me burrnin.
Ma në funt sot e lejuen djalin që të shifet me mue. Oh sa u mallëngjeva kur e pashë. Pezmatimi që i a mbushte zemrën e tij të vogël i pasqyrohesh në fëtyrë. Ishte i shtangun dhe i tristuem, sepse e kishin lemerisë qysh ma parë nëpunsat e burgut me ndalimin e bamë për me u takue me mue. Poza e tij që s'kishte as ma të voglin ndryshim nga ajo e bonjakut, m'a coptoi zemrën.
E putha dhe e shtrëngova mbi krahënuer me dashuni.
Ai më rroku për qafe, me krahët e tij të brydhta, dhe nuk më liroi nji copë herë. E pyeta se pse s'erdh Enveri, nipi i em e vëllau i tij, nga Jugosllavia,

por s'dijti me m'u përgjigjë nga shkaku se ishte tepër i trembun. I shiqonte gjindarmët e gardianët me sy të zgurdulluem si t'ishin gogolë. E argëtova nji copë herë dhe mandej e përcolla.

21 Prill.
Sot vdiq nji i burgosun. Thonë se ky paska qenë dënue për shkak se paska vramë nji djalosh në nji burg kur ky paska qenë graduat i gjindarmeris në postën e burgut. Thonë edhe se e vrau djaloshin e burgosun i shtyem prej Zotnis së vet, me të cilin paska qenë zanë e rrafë djali rrezikzi.
Nuk ka se si bahet ma shuplakë e randë dhe mësim i tmershëm për ata që s'kanë ndërgjegje të pastër e shpirt të dlirët. Vrau në burg, vdiq në burg. Kush nuk beson se e mira ase e liga nuk shpërblehet këtu le t'a provojë.

23 Prill.
Mbassi m'ishte rritë mjekra kërkova të rruhem, natyrrisht, prej të vetmit berber që vjen me i qethë të burgosunit. U rrova, por shpirti m'a din se ç'hoqa. Brisqit qenë si sharra, gërshanët si ato që qethin dhit, krahni nga ata që krefin kafshët dhe sapuni nga ai ma i dobti. Veç kësaj berber Suti asht edhe mjaft plak dhe i pazoti në mjeshtrin e vet. Përmbi të gjitha asht edhe pijanin. Kurrë nuk e gjen esull. Goja i qelbet prej mastikës që ka pimë e prej hudhrave që ka hangër për meze. Gjithmonë asht turbull dhe lëkundet prej forcës s'alkoolit, Kur merr me të rrue e kap briskun si ndonji latë dhe të duket sikur matet me t'a shkurtue kryet. Apo nuk t'a kap kryet si ndonji sqap dhe të rruen praptas tue të qëndrue mbas shpine! Un u tremba dhe desha t'iki, por drashta se mos m'a vërvit briskun në zverk, mbassi ishte i pimë. Shkurt me u rrue ke Suti asht barabar si me u bamun operasion, mbassi dhima e friga në të dyja janë të njinjishme.
Po t'ishte bamë kryengritja e berberve që thashë disa ditë ma parë, sigurisht, Suti do t'a drejtonte e do t'a kryesonte. Apo s'ka nji pamje t'egër e do sy të zgurdulluem prej alkoolit që të fusin lëngjyrën. Kush e din se ç'kërdi do të bante mbassi t'a linte peng kokën në pijetoren e... Kostit. E kur të vërsulesh, kreshnikisht, përpara turmave të berberve, me briskun në dorë, nuk m'a merr mendja se do të gjindesh burrë që t'i dilte para për me i a ndalë turrin. Sidoqoftë un kam frigë të rruhem ma ke ai, por edhe qeveria nuk duhet të rrijë aq e shkujdesun se nuk asht lark mendjes që nji ditë të nxehet Suti e të vehet në krye të nji kryengritjeje flokëqethëse!

25 Prill.
Këtu kemi nji fajtuer që deri diku i gjason Edmondit të Monte Kristos s'Aleksandër Dumait. Ky asht nja 35 vjetsh. Ka do sy të gropuem e të thelluem për mbrenda dhe duken si të kapitun prej shiqimit të pandamë. Ballin e ka të qitun jashtë si barku i nji kungullit të verdhë që ndriçon si ndonji enë rame që i ka dalë kallaji. Hunda gjan sikur i asht zgjatë jasht

natyrës dhe i asht hollue mjaft. Supin e majtë e mban pak ma poshtë se tjetrin si t'i randonte mbi të nji barrë e randë. Gjithashtu ec tue pjerrë kah e majta. Shtrembnimi i shtatit dhe mosekilibrimi i supeve, ndoshta, i asht shkaktue prej pushkës që ka mbajtë në krahë qysh në moshën e njomë të djelmënis. Pandehet për nji vrasje. Gjatë kohës që ndodhet në burg ka mundë me mësue këndim e shkrim, pak gramatikë, pak arithmetikë, pak histori e ligjë. Ai, në vend të Abatit Farje, ka pasë për mësues nji numër të burgosunish q'e kanë zavendësue njeni tjetrin kohe mbas kohe. Fuqin e kujtesës e ka të fortë dhe durimin të math. Të shumën e kohës e kalon me mësim. Në nji kand të kthinës, ku dergjet prej vjetësh, e ka shtratin dhe bri tij bibliotekën e vogël.

26 Prill.
Burgu qenka i keq dhe fare i keq. Qenka e vështirë me ndejtë mbyllë mbrenda katër mureve. Besoj se edhe nji kafshë nuk e don dhe nuk e duron këtë robni e jo ma njeriu. Mjerë na që na ka zanë rreziku.

30 Prill.
- Në kini besue Perëndin mos më trazoni! Kush asht burrë s'më prek me... dorë, thoshte e bërtitte sot nji i borgosun që kishte luejtë mentsh. Gjindarmët e gardianët përpiqeshin me e lidhë me pranga që të mos i vërsulej kuj. M'u rrëqeth shtati prej zanit të tij të cjerrët dhe më dhimti zemra nga lutjet që bante për me mos u lidhë. U përpoq që të mos lidhet i shkreti se edhe ai, me gjith që i shkallitun, e kuptonte se do të robnohesh për herë të dytë. U mprojt mjaft i ngrati, por e mundën gjindarmët. Ma në funt u lodh dhe u përmbys i gjori. Në disa çaste i u lidhën duert me zinxhirë dhe kambët me pranga.
Vuna re se tërbohesh kur i afroheshin gjindarmët. Përkundrazi urtësohesh kur i aviteshin gardianët. Droja e madhe që kishte prej gjindarmëve më bani të bindem në zanat e përhapun se, me të vërtetë, e paska torturue gjindarmeria për të tregue se ku gjindet vëllau i tij i arratisun prej ushtëris.
Thuhet se do t'a çojnë, këto ditë, në shmendinën e Vlonës.
M'u dhims shumë ky malësuer i ri q'e kishte humbë menden për shkak të vëllaut të pabindun e të gabimit të gjindarmeris.

1 Maj.
Kam harrue të flas mbi Pranverën e burgut.
Kur hyna në këtë banesë të mallkueme forcat e funtme të Dimnit, si të mbetunat e nji ushtëris së thyeme, po mundoheshin me i u kërcnue kësajë ane të Dheut dhe Pranvera simpathike s'dukesh gjëkundi. Ma në funt, disa ditë ma parë, e dha shenjën e ardhjes kjo Zojushë kaq e lakmueshme prej njerëzis. Sihariqin na e muer mani që kemi n'oborr dhe rapat e Tabakhanes që, pjesërisht, duken prej këndej. Veç këtyne edhe bilbili, kasneci i dashunis

dhe përfaqësuesi i dashnorit të flaktë, me zanin e tij ambël na njoftoi se erdh Pranvera. Dhuntit e bukurit e natyrës që shkëlqen në këtë stinë s'kemi fat t'i shijojmë na të mjerët. Ata që janë të lirë s'munt t'a masin pezmatimin që ka zemra e të burgosunit nga kjo fatkeqësi. Helmi i zemrës së të burgosunit, në nji rasë të tillë, lypset të peshohet me kuintal e jo me killogram. Hofkëllimat përsëriten dendun dhe syt, shpesh, mbushen me lot.

Un, sa për vetëhe, do të dëshirojsha të jem shurdh që të mos e ndigjojsha kangën mallëngjyese të bilbilit; do të preferojsha të jem i verbët që të mos i shifsha, makar për së largu, gjethet e gjelbërta të rrapave, se vetëm atëhere nuk do t'a merrsha vesht se ka ardhë Pranvera dhe, me këtë rnënyrë, zemra e eme nuk do të shungullonte e shpirti i em nuk do të cingëronte. Lum ata që janë të lirë.

4 Maj.
Gati të gjithë të burgosunit kangëtojnë. Mbas darke nis kanga me nji melodi monotone. Disa herë fillojnë me kangëtue shum grupe dhe seicili nji kangë më vetëhe. Zana të ndryshëm që gjasojnë me oshëtimet e maleve, me buçimet e lumejve, me vërshëllimat e murranit dhe me gurgullimat e gjerbave kumbojnë në të katër anët. Si të jenë sëmunë prej fytit del nji za i çjerrët prej gjith atyne gërmazëve që e trathtojnë muzikën pa as pak mëshirë.

S'kanë talent për muzikë dhe as q'e çmojnë atë. Seicili kangëton mbas qejfit të vet dhe shqirret tue bërtitë me sa fuqi që ka. Kangëtojnë aq keq sa njeriut i duhet me i pague që të pushojnë.

Vetëm nji djal i ri, Veseli, ka za të mirë e t'ambël, por edhe ky, natyrisht, nuk din me kangëtue me nota. Me gjith këtë kangëton mirë. Ky asht, si të them, tenori i burgut, mbassi zani i tij dominon. Zani i tij i kandshëm ka forcë të futet në thellësinat e shpirtit të helmuem dhe t'i drithtojë dejt e imta të zemrës së shitueme. Sa nis me kangëtue Veseli të gjithë pushojnë dhe e ndigjojnë, me gojë hapët, si të magjepsun ase të mahnitun. Kur pushon ai nisin me kangëtue të gjithë si bretkosat e Lanës.

6 Maj.
Më thonë se nji i burgosun, disa kohë ma parë, paska vendosë me e shkunorëzue bashkëshorten e vet, për shkak se qenka dënue randë për nji vrasje dhe drueka se mos e trathton e shoqja. Paska drashtë i dënuemi se nuk do të mundesh me durue e shoqja, për shum vjet, pa ardhë në kontakt me mashkull dhe, e rrëmbyeme nga valët e senceve, munt të gabohesh e munt të dhunohesh. Prandaj i drejtohet zyrës së Sheriatit me nji lutje dhe kërkon shkunorëzimin nga e shoqja. Por njeni nga funksionarët e Drejtësis, kot, e ndalon lutjen dhe e njofton të dënuemin se nuk mundesh me e shkunorëzue të shoqen. Natyrisht ai i bindet urdhnit të nëpunsit dhe

fatit të vet, por mbas disa kohe a e dini se ç'ngjau? Vjen lajmi se vjehri i të burgosunit e kishte vramë të bijën, për arësye se ajo paska ardhë në kontakt dhe qenka mbarsë me nji tjetër. Grueja u vra dhe i ati i sajë bashkë me vëllaun u burgosën si vrasësa.

Kjo tragjedi e shëmtueshme, në qoftë se janë të vërteta sa më thanë, asht pjella e atij nëpunsit, i cili pa ndonji të drejtë dhe jasht kompetencës së tij ka ndërhymë në çashtjet private të tjetrit. Nuk e marrim vesht se ç'e shtyeni at me bamë nji gabim kaq trashanik sa t'i napi shkak nji kobit të tmershëm. Grueja u dhunue dhe u vra; i ati u ba katili i së bijës dhe bashkë me të birin e humbi lirin3.

7 Maj.

Herë mbas here dalin ndër dritare nëpunsat e Ministris së P. të Mbrendëshme për me më pamë. Ata që më njofin, duket, duen të shofin se mos jam verbue ase gjymtue. Ata që nuk më njofin, ndoshta, duen të shiqojnë se mos kam... dy kaptina. Më shofin tinëzisht. Po t'i ngre un syt, me nji herë, ikin si gocat Muslimane. Asndonjeni s'ka pasë kurajë të më flasi ase të më përshëndesi. Sigurisht druejnë se mos i farmakos me mikropët e politikës.

8 Maj.

Sot erdh këtu për me bamun nji inspektim Z. Harilla Theodosi. Thonë se asht inspektuer, por kurrkush s'din, me siguri, të thotë se i cilës zyrë asht. Dikush thot se asht i Oborrit Mbretnuer e dikush pretendon se asht i Ministris së Drejtësis. Kjo s'na prish punë. Le të kalojnë. Mbas pyetjes që më bani Z. Harilla i rrrëfeva se jam burgosë politikisht dhe i u ankova se ende nuk m'ishte dhanë letër rreshtimi.
- Si asht e mundun? pyeti i çuditun.
- Për fat të keq kjo asht e vërtetë, i thashë.
- Si të quejnë? pyeti dhe u ba gati të marri shënim.
- Haki Stërmilli, përgjigja.
- Haki Stërmilli?! tha si i shtangun dhe më vështroi si i trembun. As më foli as muer shënim. Iku si i harlisun dhe nuk u ndalue fare me gjith që un i thirra, prej mbrapa, që të merrte shënim.

11 Maj.

Nji plak thinjosh që asht tue shkelë në prakun e 70 vjetve asht burgosë për shkak se ka plagosë nëpunsin e zyrës së financës, ku ka qenë shërbëtuer. Nëpunsi, thot plaku, e paska shamë e fyemë shum herë, por ky e paska durue nga droja se mos e pushonte nga puna, mbassi qenka nevojar dhe paska nji familje me shum frymë. E kishte durue, por kur ai kërkon t'i bajë <u>nji padrejtësi</u> tërbohet plaku dhe e nxjerr krejt dufin: E plagos në dorë të

---

3 *I ati i grues Dem Bërzulli, sikundër ka me u pamë ma vonë, vdiq në burg dhe me këtë mënyrë u plotsue tragjedia.*

djathtë. Mbas ngjarjes shkon vetë e dorëzohet në polici, me besimin e atij q'i ka shërbyem shtetit. Anmiku i tij tash asht shërue, por dora e djathtë i paska mbetë sakat. Për kët shkak plaku asht i kënaqun dhe thot:

- Nuk më vjen keq edhe sikur të vdes në burg, mbassi i a sakatova kusarit atë dorë, me të cilën e vjithte popullin e shtetin.

S'asht pendue, as pak, për atë që ka bamun4.

13 Maj.
Këtu afër, ndërmjet Ministris së P. të Mbrendëshme e Pallatit Mbretnuer, asht nji lulishte. Për ç'do ditë, në kohe të zamrës, luen aty Banda Mbretnore. Ve veshin e ndigjoj, por ku të lanë të burgosunit se? Këta thërresin e bërtasin dhe s'e çajnë kryet për muzikë. Kur shafitet poterja, rasësisht, ndihet muzika e ambël e argëtuese.

15 Maj.
Nji djalosh 19-20 vjetsh ka shpue me thikë nji djalë tjetër që nuk i qenka bindë me u dhunue. Ky pederast i ri asht si nji këpurdhë që bin ndër lëgata apo si nji bimë helmatuese.

17 Maj.
Për shkaqe ende të pazbulueme prej meje janë ndalue gazetat këtu. Me gjith këtë nuk mungojnë lajmet. Vetëm se këta lajme janë rrena të trillueme prej të burgosunve e prej vizituesve. Këtu peni bahet litar dhe miza buell.
Në ditët e para edhe un qeshë rrejtë, jo nji herë, por tri herë me radhë. E tash nuk besoj ma. Desha t'a hetoj burimin e gënjeshtrave dhe ma në funt zbulova se ato, pjesërisht, i trillojshin vizituesat, natyrisht, me qëllim që t'i argëtojnë të burgosunit me shpresa. Këta mandej i endshin këto rrena ashtu si u pëlqente. Me të vërtetë i burgosuri me këta lajme, me gjith që të gënjeshtra, merr nji vlagë të mirë dhe mbahet për nji kohe mjaft të gjatë.

18 Maj.
Burgu qenka si Ajnorozi - Monte Athozi - mbassi edhe këtu nuk ka femna. Edhe ai që gjuen mi asht dac e jo mace.
Në mes të këtyne të burgosunve ka edhe asish që prej vjetësh dergjen këtu pa ardhë n'afrim me femna. Nevoja e doemosdoshme që kanë për krijesën e ajthtë e të bukur i ka bamë si t'egër e të torrulluem. Këtu del pyetja, vetvetveitiu, se ç'bajnë këta njerës kur u furren sencet? Përgjigja asht e shkurtun, por e hidhët dhe tmeruese. Bajnë masturbasion ase i turren, si dema, ndonji djalit të ri. Ata që i mund turpja ase s'kanë posibilitet që të

---

4 *Ky plak ka qenë Shaban Sela prej Durrësi. Me 7 Korrik 1929 u transferue prej burgut të këtushëm dhe u çue n'at të Durrësit, ku kishte vdekë mbas disa kohe. Duhet vue re se plaku kur kishte qenë ushtar, në kohe të Turqis, kishte vra në kazermë nji ushtar turk. Me gjith që për kët krim ishte i penduem, prap vdiq në burg.*

shfryejnë me anë të pederastis vazhdojnë në masturbasion. Ky farë shfrimi u a ka shkullue krejt palcën dhe i ka bamë kandidatë për tyberkulozë ase për t'u marrosë. Senatoriumi ase shmendina, sigurisht, ka me qenë banesa e funtme e këtyne fatzijve. Fytyrat e tyne janë të zbëta dhe të venituna si t'atyne që janë në buzë të vorrit; syt e tyne të mekët janë gropue përmbrenda dhe janë nximë prej nji rrethit të zi; lëkura e bardhë gjan si nji qefin i ngjitun për shtati; dejt e zi u janë frye si nepërka helmatuese dhe duket sikur janë tue e kafshue at trup pa pikë gjaku. Këta s'janë tjetër veçse invalida që s'munt t'i sjellin as ma të voglin shërbim shtëpis ase njerëzis. Oh sa kanë dalë prej burgut në këtë gjindje të vajtueshme dhe sa kanë për të dalë! Nuk e dijmë, ekzaktërisht, numrin e atyne që kanë dalë me frymë prej burgjeve, por dijmë se shumica absolute e tyne kanë qenë të sëmunë dhe të pazotët për me i vjeftë vetëhes ase familjes.

 Pederastët shfryejnë disi dhe me këtë mënyrë kanë mundë me e mprojtë shëndetin, por edhe këta veprojn nën droje dhe shpesh qëllon që turpnohen dhe përfyten, mbassi ka edhe rasa që kapen n'akt flagrant.

 Sikundër shifet nga mungesa e femnave po bahen abuzime të randa. Nji palë po e shkatrrojnë shëndetin e po e rrezikojnë jetën dhe nji palë po pjerrin kah pederastia, punë të cilën e kanë ndalue edhe ligjët e shtetit dhe konsiderohet si nji vepër e turpshme.

 Ata që gjykojnë thellë, besoj, e masin mirë damin e math që na sjell kjo gjindje, e cila munt të marri hof me e lëkundë edhe shëndetin e moralin e brezit të ri si nji sëmundje ngjitëse dhe e rrezikëshme. Legjislatori me dënimin që i nep fajtorit, bashkë me urrejtjen, ka për qëllim q'ai të përmirësohet e jo të shkatrrohet në pikpamje morale. Gjatë vjetve të vuejtjes munt të pendohet i dënuemi për fajin që ka bamun, por ai nuk do të jet ma nji antar i dobishëm e i aftë për shoqnin njerëzore, mbassi do të dali nga burgu i sëmunë ase i përvënerun me vese. Për këtë arësye nuk arrihet, plotsisht, qëllimi i mirë i ligjvuesit. Prandaj duhet bamë dishka dhe pa vuem re se a e kanë bamë shtetet tjerë apo jo, mbassi na jemi popull i vogëlt e i dobët dhe degjenerimi, shum shpejt, munt të na çojë në vdekje si popull, si komb e si shtet. Po. Lypset të lejohen të burgosunit e martuem që të vijnë në kontakt me grat e veta ndër kthina të posaçme dhe të pamartuemve t'u sillen gra publike, të pakën, nji herë në muej. Me këtë mënyrë, sigurisht, do t'i pritet hovi masturbasionit e pederastis. Veç kësaj grueja e të burgosunit nuk do të ket ma as arësye as edhe shkak që t'a trathtojë bashkëshortin, punë e cila, pa dyshim, ka ndodhë shpesh dhe jo vetëm q'asht cënue morali e sedra, por janë shkaktue edhe kobe tjera. E në qoftë se edhe mbas sodi do të vazhdohet të ndiqet ky sistem i vjetruem për së tepërmi, duhet t'a pranojmë e t'a pohojmë se vetë jemi shkaktarët e mjerimit të shum familjeve dhe se vetë e nxisim gruen që t'a përçmojë nderin e të shtyhet në kurvëni.

 N'asht se dëshirohet që fajtori të dali nga burgu i penduem e i përmirësuem, në qoftë se duem që ai të jet i shëndoshë si nga trupi ashtu nga truni për t'u bamë nesër nji antar i aftë i kësajë shoqnije, me doemos, lypset të hudhim nji hap përpara dhe t'i a përmbushim këtë nevojë të domosdoshme. Ata zyrtarë shteti që kanë marrë përsipër nji përgjigjësi duhet t'a marrin në konsiderasion çashtjen dhe t'a shdukin këtë nevojë absolute nji orë e ma parë.

Ata që thonë se duhet t'a imitojmë Europën, pikë për pikë, e të mos i kapërcejmë caqet, tue bamë nji reformë që s'e kanë Europjanët, gabohen trashë, sepse na nuk jemi majmunë. Na, mandej, lypset t'i marrim prej Europës vetëm ata që na interesojnë e na përshtaten dhe këta duhet t'i fusim në nji trajtë të pajtueshme me jetën t'onë. Me nji fjalë lypset t'i shqiptarizojmë.

Na e ndijmë nevojën, ma fort se kushdo tjetër, për me e ndryshue e me e përmirësue gjindjen e të burgosunit, mbassi kemi arësyena të ndryshme e të forta. E kur këta shkaqe t'arësyeshme na impozojnë me bamë nji ndryshim radikal kush na shtrëngon të mos e vemë në zbatim? Natyrisht kurrkush s'munt të ndërhyjë në çashtjet t'ona të mbrendëshme. Mos duhet të presim q'edhe kjo reformë të na vijë, si dhuratë, nga Franca ase nga Italia? Mos duhet t'a importojmë nga jashtë?

Po në qoftë se Austria, për shembull, i prish burgjet dhe mjafton me dënimin moral që t'i napi fajtorit a duhet që edhe na t'i prishim? Mbas mendësis s'imitasionit lypsen prishë, por un them jo, mbassi populli i jonë ende s'ka arri në kikël të qytetnimit e të moralit sa t'a kuptojë, plotsisht, dënimin moral që i nep shoqnia tue e quejtë të lik. Prandej lypset t'i përgjigjemi nevojës e të mos ecim symbyllazi. Grabitja e liris q'i bahet fajtorit asht mjaft dhe dënimi ma i math që munt t'i nepet njeriut. Ata që nuk kanë tru me gjykue, thellësisht e plotsisht, mbi kët dënim nuk janë në gjindje me e çmue as lirin as edhe robnin.

Dikush munt të jet i mendimit që fajtori të ndëshkohet në mënyrë shembëllore për me u dhanë mësim të tjerve dhe për me i u premë hovi së ligës. Kjo asht nji arësye, por s'duhet të harrojmë se tue e ndalue të burgosunin nga afrimi me të shoqen dënojmë, bashkë me të, edhe bashkëshorten e tij të pafajshme. Qeveria, me anë të mjeksis, mundet, me u a mpi sencet të burgosunve, por ç'farë faji ka grueja e gjorë që dënohet me i ndrye për mbrenda sencet e të mos e përdori atë dhunti natyrale, të pakën, kur të ket nevojë të doemosdoshme? A nuk ka ajo pasion apo na mashkujt nuk duem t'a përfilim të drejtën e sajë kaq natyrale? Nuk besoj se munt të pretendojë ndokush se kemi të drejtë me i thanë motrës ase bijës së fajtorit që të mos martohet mbassi të jet burgosë vëllau ase ati i saj, sepse atëhere grabitet liria e njeriut. E kur s'paskemi të drejtë me i a grabitë lirin e shfrimit të senceve motrës ase bijës së fajtorit qysh paskemi të drejtë me kërkue nji sakrific të tillë prej bashkëshortes së tij? Ligjet i kemi bamun me qëllim që t'a gëzojmë drejtësin dhe të sigurojmë mundësin për të jetue si njerës, por me két farë pengimi veprojmë ma keq se barbarët dhe femnën e ulim tepër poshtë, mbassi nuk i përfillim të drejtat e saja. Në paçim të drejtë me i a ndalue njeriut ushqimin kemi arësy me i a grabitë fajtorit edhe të drejtën e shfrimit të senceve. Për ndryshe bajmë barbarizmë dhe nji barbarizmë që nuk pajtohet kurrsesi me qytetnimin e të njizettit shekull. Shum ma e njerëzishme do t'ishte sikur të pranojshim me e vramë fajtorin posa të dënohesh me disa vjet burgim se sa të vendosim që të vuejë grueja e tij nga tortura e vazhdueshme e mosargëtimit të ndiesive ma se natyrale. Gjithashtu edhe për burrin fajtuer do t'ishte ma mirë vdekja se sa vuejtja e gjatë nën pushtetin mizuer të mungesës së femnës, punë e cila do t'a shtyejë në masturbasion ase në pederasti dhe, po u stërvit në mjeshtërin e dorës, do të bahet tyberkuloz ase i marrë. E nesër kur të lirohet do të dali si nji kufomë e lëvizëshme dhe si nji murtajë për familjen fatzezë që, moralisht e ligjërisht, asht e detyrueme me u kujdesue për të.

Ndalimi i të burgosunit nga afrimi me gruen e tij ndjell edhe kobe tjera e të reja: Shpesh herë kemi konstatue se bashkëshortja e të burgosunit, e nxitun nga pasioni, asht shtrëngue të vijë në afrim ilegal me nji mashkull të huej dhe s'janë të rralla rasat që ajo asht mbarsë e ka pjellë. Në këtë rasë grueja e ngratë, vetëm e vetëm prej padrejtësis q'i bajmë na mashkujt, ulet e poshtnohet në shkallën e fërshëndis. Veç kësaj n'u hetoftë dhuna ajo ka me u bamë viktim. Në mos e vrafshin prindët për me e lamë turpin me gjakun e saj, bashkëshorti rrezikzi atë ditë që t'a fitojë lirin ka me e humbë, se do të shpaguhet me njimtarin ashtu edhe me gruen q'i ka vuem brinjë. Kjo vrasje, mandej, ka me u ndjekë prej nji vargu të gjatë dhe, me këtë mënyrë, gabimi që bajmë me két farë pengimi do të na kushtojë tepër shtrenjt dhe me shum kaptina njerzish.

Ndokush ndoshta munt të thot që t'a shkunorëzoje gruen ai që dënohet, për shembull, me ma shum se pesë vjet burgim dhe kështu ajo të mbetet e lirë me u martue me nji tjetër. Edhe ky mendim asht i gabueshëm, për shkak se gjith ata që burgosen nuk janë të ri dhe grat nuk i kanë të reja. Le të pranojmë që t'a ngordhim fajtorin tue e ndalue nga shijimi i ndiesive dhe le t'a shtrëngojmë, me ligjë, që t'a shkunorëzojë bashkëshorten e vet, por kur ai ka nji tufë fëmij dhe grueja e tij asht plakë e s'e merr njeri? Fajtori, për shembull, munt të jetë dyzet vjetsh dhe grueja e tij tridhet e pesë vjeçare me nji gjymës dyzine fëmij. Si t'a prishi grueja e ngratë folen familjare e të marri rrugët tue lanë mbas shpine gjith atë turmë zoqsh? Cila zemër e cila ndërgjegje munt t'a pranojë két farë dënimi që i nepet nanës së mjerë?

Veç kësaj po të mendojmë si Shqiptarë dhe jo vetëm si njerës, problemi merr nji ngjyrë ma serjoze dhe dyfishohet vështirësia, sepse zakonet e vendit t'onë nuk e lejojnë shkunorëzimin e grues. Shkunorëzimi i bamë pa hir të burrit i nep të drejtë këtij me kërkue gjak për nderin e marrun nëpër kambë. Ngjarje të tilla shpesh kanë ndodhë në vendin t'onë dhe vazhdojnë

45

të përsëriten herë mbas here.

Ma në funt lypset të mendojmë se sa fëmij në vit humb shoqnia Shqiptare nga ky farë ndalimi. Edhe kjo asht nji çashtje me randësi të veçantë që duhet të na bajë me e vue gishtin në tamth e të mendohemi.

Këtu asht rasa ma e volitëshme t'a shfaqim sheshit se na burrat u a kemi grabitë grave të drejtat dhe ligjet i kemi bamun për të sigurue vetëm të drejtat e interesat t'ona.

Un, sa për vetëhen t'eme, s'dij se cilën rrugë do të ndjek në qoftë se do të dënohem me u dergjë nji kohë të gjatë në këtë vend. Natyrisht edhe un, si njeri, do të jem i ngucun prej senceve dhe do të kërkoj me shfrye, por si se? Këtë nuk e dij dhe as q'e kam mendue. Ç'të baj?

Nuk jam as murg, as i tredhun as edhe pa sence që të duroj. Ndokush munt të thot se këta janë vese të liga në kundërshtim me natyrën, por s'duhet harrue se tjetër asht pjerrja e njeriut kah natyra, tjetër asht impozimi i nevojës. Prandaj le të mos e zgjasi tepër. Po nuk besoj le të vijë këtu që t'a provojë. Kam vendosë të diftohem sikundër jam, si ndi dhe si dëshiroj. Prandaj po i shkruej këto fletë në u drashtë nga gjykimi i lexuesit që ka me dhanë mbi moralitetin ase immoralitetin t'em. Ndoshta kam për të vdekë në burg e ndokush tue mos pasë nji argument ase dokument mbi jetën t'eme do të gabojë kur të më gjykojë. Për kët shkak po e them vetë të vërtetën. Vetëm lus që përpara se t'epet nji vendim të mbahet para sysh gjindja, në të cilën ndodhem. Ndoshta baj mëkat ase faj tue u shprehë në këtë mënyrë, por asht ma mirë t'a them të drejtën se sa të gënjej e të baj hipokrizi.

19 Maj.

Sot asht dita e parë e Bajramit të Vogël. Erdh Fiku që të m'uronte. U pezmatova, sepse fëtyra e tij e vranët dhe e zymtë diftonte kjartazi se sa i helmuem ishte për ndodhjen t'eme në burg e jo në shtëpi. E kremtja për të, pa dyshim, ka nji randësi të veçantë dhe vjen prej vedit se do të ket dëshirue me e festue si gjith kalamajt tjerë me gaz e hare. E atij i mungonte ç'do gja për t'a gëzue festën: T'atin e ka në burg, nuk ishte mveshë me robe të reja si fëmijt tjerë dhe në shtëpi, natyrisht, nuk e ka ndigjue tingullin e gazit kristaluer që shpërthen në rasa gëzimi prej pjestarve të çerdhes së lumnueme. S'ka se si të mos më rrenkojë zemra për pësimin e këtij djali, me të vërtetë, fatzi.

20 Maj.

Disa të burgosun nuk e çojnë kohën kot dhe merren me punë që u sjell fitime. Për shembull disa bajnë rruza dhe disa lule artificjale. Mjeshtërin e rruzave, kam vue re, e përkrah nji filantrope Ingleze e quejtun Mis Pennington. Kjo u a blen me çmime të mira dhe i çon n'Angli për t'i shitë. Shpesh herë u ban porosina dhe u fal rruza me qëllim që t'i nxisi në punë.

Sa shërbim i math do të bahesh sikur qeveria t'u epte punë këtyne fajtorve, se me këtë mënyrë do t'u gjymsohesh mërzia, do të fitojshin me u ushqye dhe nuk do të kishin nge ma me u fjalosë mbi fajet që kanë bamë.

23 Maj.
Mbassi jemi unshëm për femna, disa herë, shmallemi me fëtyrat e kartolinave. Un dhe shokët e kthinës s'eme kemi nji fat ma të mirë se të burgosunit tjerë, se përveç kartolinave kemi edhe femna të gjalla që i shofim me sy. Po. Prej kthinës s'eme duket Legata Italjane, e cila asht për ball burgut. Në mbrame, sidomos në ditët e festave, ballkoni i legatës mbushet plot me miknesha. Si ç'do njeri q'asht esull edhe un i shiqoj me lakmi këto krijesa të bukura dhe baj... banjë sysh. Herë herë ballkoni më duket si nji vazë lulesh. Disa më gjajnë si lulkuqe, disa si karafilë, disa si trandafilë, disa si zambakë dhe disa si manushaqe, sepse robet e tyne të kuqe, të verdha, të bardha, të kaltërta e të gjelbërta këtë fantazi m'apin. Sikur të mos kisha qenë miop do të kënaqesha mjaft me bukurin e tyne.

27 Maj.
Vrasësit, natyrisht, s'janë të nji kategorije. Disa vrasin për nder, disa për vetëmprojtje, disa për mëni personale, por nji palë vrasin si mersenarë apo sikerë. Nji typ i tillë ndodhet në burg. Thonë se ky ka vramë nji tjetër për hatër të Zotnis së vet dhe i shtyem prej tij. Njerzit e tillë janë veglat e verbta të disa influentëve shpirtzij dhe prej tyne vuen e ka me vuejtë shoqnia, ndoshta, edhe për shum kohe.

29 Maj.
Shum kush beson se prej kohësh ka vdekë ma tregtia e skllavëve. Po t'a shofim botën me tejqyren e optimistit nuk gabohemi, se ajo malet na i ban fusha dhe fushat lulishte, por e vërteta ende qëndron e shëmtueshme. Kjo tregti e ndalueme edhe prej ligjëve të shtetit, për fat të keq, baheshka edhe në Shqipnin t'onë, vetëm se me nji ndryshim forme. Qeh nji shembull: Nji ungj e vlon të mbesën ke njeni për kundrejt nji shpërblimi të majun. Mbas disa kohësh e kunorëzon me nji tjetër dhe shkëput edhe prej këtij nji sasi të holla, por nuk ngopet edhe me këto që merr në kurris të vajzës. Prandaj e fejon ke nji i tretë dhe merr nji grusht flori. Por kësajë radhe nuk i shkon puna mbarë, sepse e hetojnë autoritetet dhe bije në lak të drejtësis. Tash asht mbyllë këtu dhe pret që të ndëshkohet për t'a lamë mëkatin.

Kurrkund në botë femna s'e gëzon, plotsisht, të drejtën e vet si njeri, por ndër ne s'e gëzon fare. Grueja Shqiptare, përgjithësisht, asht nji skllave, asht si nji mjet fitimi. Asht si nji dhi që i siguron shitsit nji farë fitimi. Vajza Shqiptare, e elementit Musliman veçanërisht, asht nji robneshë e lanun në duert e fatit dhe në mëshirën e prindëve. Ajo s'ka të drejtë t'a zgjedhi vetë shokun e jetës dhe sikur t'a dashunojë baras me vetëhen. Nuk mundet me e çilë gojën e me i shfaqë mendimet e dëshirat e veta; s'mundet me e nxjerrë zanin e kundërshtimit edhe sikur t'a dënojnë me vdekje. Ato të rralla që kanë guxue me i këputë vrigat e kësajë robnije i ka përballë plumbi. Absolutizma e prindëve ashtu edhe e bashkëshortit arrin, shpesh dhe në shum vise, me e ulë femnën e ngratë në shkallën e kafshës. Grueja, përgjithësisht, asht ngarkue me punë të randa. Ajo e gjora asht amvizë, e rrit fëmin, punon nd'arë, mban dru si veshgjati dhe hjek nji mij mundime, kurse burri i saj gjith ditën bredh posht e naltë me pushkë në dorë ase dremitet, plogshëm, në ndonji kand të kthinës ase nën ndonji hije peme si nji buell i mplakun.

Sikurse asht fëmia pasqyra e gjindjes së familjes në pikpamje edukate e fisnikije ashtu asht grueja mostra e qytetnimit të nji vendi. Naltësimi i grues asht garantia ma e sigurtë për mbrothësimin e nji kombi dhe për konsolidimin e nji shteti, për shkak se ajo i rrit dhe i përgatit brezat e ardhëshëm, ata që do t'a sundojnë e do t'a drejtojnë shoqnin e nesërme. Për këtë arësye sado randësi që t'i nepet edukimit e naltësimit të femnës meriton dhe asht nji përpjekje e bame në vend.

Tue i soditë, me pikëllim të math, mundimet e vuejtjet që kanë pa deri sot nanat Shqiptare dhe tue i kujtue gjith ato vajza fatzeza që kanë gjetë nji vdekje tragjike për shkak se kanë dashë t'i gëzojnë të drejtat e veta, nuk munda me i mbajtë lotët e syve dhe të fshamet e zemrës së pezmatueme. Këto të shkreta janë, natyrisht, viktimat e atij zakoni t'egër e barbar që ende mundohet me na mbajtë nën pushtetin e vet mizuer. Kush e din se kombi Shqiptar sa miljona fatkeqe ka mbulue nën palët e zeza të tokës së vet dhe ndoshta e tanë Shqipnia asht nji vorrezë e madhe e mbushun me kufomat e këtyne martyreve të padrejtësis s'onë. Besoj se s'ka zemër që të mos pikojë gjak tue i mendue këto të gjora që janë bamë fli dhe s'ka njeri të ndërgjegjshëm që të mos gjunjëzojë përpara këtyne vorreve për t'a shfaqë dhimjen dhe keqardhjen e vet. E shkreta Shqiptare! I mjeri Shqiptar!

Kodi civil i ri, për fat të mirë, femnën Shqiptare e ngren në shkallën e meritueshme, ku janë ngjitë shoqet e saja. Por për shum kohë, natyrisht, do të jet e vështirë të zbatonen, plotsisht, dispozitat e tija. Në qoftë se ky rregjim do t'arrijë me e shpëtue femnën Shqiptare nga robnia shekullore tue e bamë të zonjën për me i gëzue të drejtat e veta, si njeri, ka të drejtë me u mburrë se i ka bamë Shqipnis e njerëzis shërbimin ma të math. E Mbreti Zog I, që me anë të këtij kodi shpalli mprojtjen e së drejtës së femnës Shqiptare, e përjetësoi emnin e vet në historin e njerëzis si nji nga faktorët kryesorë që kanë kontribue e veprue për përmirësimin e gjindjes së njeriut.

30 Maj.
Përgjithësisht Ballkanasit e sidomos elementi Orthodhoks e kanë mënf ditën e Martë, të cilën e quejnë kobare. Kjo rrjedh, sikundër dihet, nga propoganda helenike, sepse të Martën asht pushtue Stambolli prej Turqve.

Inglizët e urrejnë, s'dij se pse, të Merkurën. E na të burgosunit e Tiranës e neverisim t'Enjten, sepse atë ditë, si ditë tregu, ekzekutohen dënimet me vdekje. Kemi të drejtë t'a quejmë noprane e kobare këtë ditë, mbassi ajo, për ne, asht si dita e kijametit. Sa zemra të denuemsh dridhen prej tmerit kur avitet nata që gdhin në t'Enjte.

31 Maj.
Shokët e kthinës s'eme janë nga Shqipnia e Mesme. Njeni prej tyne asht trashaman, syzi, barkmath dhe pait si i shkurtun. Un e thërres "Buf". Asht nja tridhet vjetsh dhe i pamartuem. Asht nji typ interesant. Ka zotsi të miqsohet me tjetrin në pak minuta dhe me i a tërhekë zemrën me një herë. Asht i durueshëm e nuk zemrohet lehtë. Ka mësime fillestare, të cilat përpiqet t'i përparojë me ndihmën t'eme. Ka nji zgjim natyrel dhe fuqin e kujtesës e ka të shëndoshë. Asht edhe komik: Ka zotësi t'imitojë cilindo. E luen, me mjeshtëri të rrallë, rolin e ç'do plake Shqiptare me mos e trathtue edhe dialektin. Kur e ndigjon njeriu zanin e tij prej femne dhe kur i shef gjestet e tij prej plake beson, plotsisht, se ndodhet para nji grueje. Munt të flasi në ç'do dialekt të Shqipnis. Shpesh ka qëllue që ka folë me ndonji vizitues ase vizituese, për shembëll, nga Shkodra dhe ai apo ajo ka besue se, përnjimend, asht Shkodran. Kur flet si ndonji i huej, për shembëll, si Italjan të duket se metamorfozoi dhe u ba kryekëput Italjan. Jo vetëm gjestet e aksanti që gjasojnë, plotsisht, me ata t'Italjanve, por edhe fëtyra e tij merr hijen e nji Italjani. Në personin e tij shof komikun ma të mirë që munt të pjelli vendi i jonë. Prandaj e kam kshillue që kur të lirohet të ndjeki nji shkollë dramatike. Në veproftë simbas kshillave të mia do të bahet nji artist i përsosun dhe do të ket sukses në jetë. Për ndryshe edhe ky do të humbi si shum djelm Shqiptarë që nuk e kanë ndjekë at profesion, në të cilin kanë pasë pjerrje e zotsi natyrore.

I dyti asht nji thatuq, i imët e sy-bardhë. Un e thërres "Caragë". Ky asht tepër i shkathët dhe mjaft i zgjuet. Ka kapasitet për t'u bamë nji mekanik. E pyeta se ç'i pëlqente ma fort kur ka qenë në shkollë. Më tha për mathematikën. Sikundër dihet mathematika asht baza e mekanikës. Edhe ky asht dënue prej fatit që të mos përfitojë nga dhuntia e natyrës e të mbetet i padobishëm.

I treti asht i gjatë, me nji shtat të hollë që ka afrim ma fort me atë të femnës se sa të burrit. Syt i ka të kaltërt e të qëndisun dhe flokët në ngjyrë të gështenjës që pjerr kali e arta. S'asht ma se tridhet vjetsh. Asht i dashun, i mentshëm dhe i matun. Ky ka lemë për t'u bamë bujk. Po të kishte ndjekë nji shkollë bujqësije, sigurisht, do të bahesh nji agronom i zoti. Kam nisë me e mësue nga pak shkrim e këndim. Ky asht edhe pak cytanik. Sa herë që i nguc dhe i përqesh shokët e vet më duket se ende s'ka shpëtue nga verigat e florinjta të foshnjëris plot andrra e lodra të kandëshme.

I katërti asht nji djalosh nja 20-21 vjetsh. Asht i urtë e gaztuer, por edhe ky pa mësime. Edhe kët e mësoj bashkë me tjerët që t'a shpëtoj nga zgjedha e injorancës. I pesti jam un.

2 Qershuer.
Të diellat asht bamë zakon të mshihen kthinat e burgut. Me kët mënyrë bahet nji farë pastërti e përgjithshme. Sot, si ditë e Diellë q'asht, i kanë nxjerrë jasht gjith rrogosat e shtresat për me i shkundë. Pluhni e ka mbuluem horizontin dhe duket sikur ka ra mjegull.

4 Qershuer.
Të burgosunit paraqitën sot nji lutje dhe kërkuen leje që t'u epsha mesim un pa ndonji shpërblim. Lutjen e banë tri kopjesh dhe i a paraqitën njenën Ministris së P. të Mbrendëshme, tjetrën Ministris së Drejtësis dhe të tretën Ministris s'Arësimit. S'ka asndonji shkak që të mos u pranohet lutja veç në mos dashin që të bahem un mësues i të burgosunve.

5 Qershuer.
Sot u lirue nji i burgosun që kishte marrë pafajsi. Oh sa i gëzuem që ishte. I kishte mbarue durimi dhe s'munt t'a pritte çastin që t'i hapesh porta e burgut. Dashunia e liris i a kishte përvëlue zemrën dhe, për nji ças, u ba si nji kalama i padurueshëm që kërkon t'a përvetojë, me nji herë, atë q'i premtohet.

8 Qershuer.
Dje e sot janë burgosë 13-14 vetë t'akuzuem për faje politike. Të gjithë janë nga krahinat e Veriut. Disa janë bajraktarë dhe disa mësuesa e ish oficerë. S'dij se ç'marrëzi kanë bamë këta njerës që i mbyllën këtu.

9 Qershuer.
Nga friga e berber Sutit bana hall dhe, tinëzisht, shtiva nji maqinë për t'u rrue, por e hetuen nëpunsat e burgut dhe m'a muerrën. Nashti s'dij se ç'të baj.

10 Qershuer.
Sot shterri fare pusi, Burgut i ka ramë hija e Qerbelas. Etja po na dërmon. Thuhet se do të blejnë ujë. E si munt të ngopen dyqind e disa të burgosun me ujë të blemë?

11 Qershuer.
Sa u shduk lamshi i zjarrtë që na zhuriti gjith ditën krisi nji dëgamë në mes të dy të burgosunve. Halimi i çau kokën Kristos me nji poç uji. Halim don me thanë "i urtë", por ky lypsesh të quhej "Zallëm". Sa njerës ka në këtë botë që e mbajnë emnin Halim dhe janë ma t'egër se kafshët e ma të

rrezikshëm se bishat.

13 Qershuer.
Prap sot na suellën tre malësorë t'akuzuem për faje politike. Un s'kuptoj se ç'farë politike munt të bajë nji malësuer i pagdhendun nga dalta e arësimit dhe ndoshta kurrë nuk kam me e marrë vesht.

15 Qershuer.
Vapa dhe vorfënfa i kanë shtrëngue të burgosunit që të hanë dendun kos me hudhra. Era e hudhrës zotnon e kundërmon me forcën e vet të pashueshme dhe na qelbi fare. Kjo bimë qelbanike që, çuditërisht, kishte arri me e fitue adhurimin e Egjyptianve të Motshëm sa me u quejtë Bimë e shenjtë, po të kishte pasë nji amë të kandëshme kush e din se sa do t'a adhurojshim edhe na sot dhe kush e din se sa shtrenjt do të kushtonte.

18 Qershuer.
Në két stan fajtorësh ndodhet nji fatzi q'asht burgosë për nji vrasje. Asht zeshkan e kaleshan. Ka nji shtat mesatar e të plotë. Asht nja dyzet vjetsh dhe ka mësime fillestare. Asht ma se i urtë dhe të gjithë të burgosunit e simpatizojnë. Ky ka nji veçanti q'e ban të dallohet prej tjerësh: Asht kombëtar. Shqipen e flet me nji aksant të kandshëm dhe nuk e bickon me fjalë të hueja. Ky ka edhe nji mani: Të gjithë njerzit e mëdhej i nxjerr nga raca Shqiptare dhe të gjitha gjuhët i quen bijat e Shqipes. Thot, për shembëll, se fjala Oqean rrjedh nga fjalët "O ke anë" që i tha kapidani i anis Iliriane detit të paanshëm kur e pa për herën e parë. Kështu thot se fjala Durrës rrjedh nga fjala Durues, fjala Mbret vjen nga fjalët Mbi ret dhe fjala Sulltan asht e përbame prej fjalëve Suell të tanë. Truni i tij bluen e prodhon shum fjalë si këto sa njeriu nuk mundet me e mbajtë gazin.

Asht i penduem, plotsisht, për fajin që ka bamë. Deri tash ka qenë mbyllë në njenën nga kthinat e errta e të lagështueme. Prandaj asht dobësue e zbemë fort. Dje, mbas lutjeve q'u bana nëpunsave të burgut, e nxuerën n'oborr, ku zu nji vend, sa nji furrik. Kur e pyeta sot se a kishte dëshirue shum që të dilte n'oborr, më tha:
— Si jo or Zot? Ka plot katër vjet e gjymës që dergjem n'atë kthinë t'errët që s'e shef as Hana, as edhe Dielli. Në pak kohe që do të rri n'oborr do të thith ajr të pastër dhe do të përtrihem në fuqi. Veç kësaj do t'a shof Hanën e do t'i kundroj yjt që s'i kam pamun prej kaq vjetësh. Më kishte marrë malli që t'a pushtojsha natyrën me nji shiqim të lirë.

Nuk e nguca ma se më dukesh sikur do t'i a pezmatoj plagët e zemrës.

20 Qershuer.
Tue u endë n'oborr, nashti në kohe të zamrës, më ra në sy nji radhuer që kishte përpara nji i burgosun. Në kujen e këtij radhori ishte pamja e bukur

Palazzo Ducale e Venedikut. Nji argëtim i ambël më pushtoi në ças dhe m'i kilikosi dejt e imta të zemrës. Veshtrimi menduer, fluturoi dhe tue u endë me fletë t'arta kapërceu fusha e male, lumej e deta dhe qëndroi në buzën e përtejshëme t'Adriatikut. Qëndroi mbi horizontin e Venedikut, ku kuhen zanat e vjershëtorve, ku gurgullojnë kronet e inspirasionit të shkrimtarve, ku argëtohet e dhelatohet dashunia e dashnorve dhe ku mjaltohet jeta e parë e bashkëshortëve. E pashë Diellin tue perëndue që u ndë mb'atë anë të detit si nji lamsh zjarri. Mbasandej vuna re se ai, Dielli, u zhyt në gji të detit si nji zanë flokë-kuqe që ik nga nata shtrigë, e cila po avitesh dalë nga dalë. Mbassi u mërgue Dielli u duk Mbretnesha e Natës që vinte, e praërueme, nga malet e Shqipnis Vergjineshë. Atëhere shkova në sheshin e San Markos dhe prej andej dola mbi Ponte dei Sospiri. Ma në funt vajta e hypa mbi nji gondol. I përkëdhelun nga rrezet e Hanës që rrëshqitshin mbi qytet si duj argjandi lundrova e lundrova deri sa u ngopa. Kur gondoli i em rrëshqiste lehtas mbi fëtyrën e kandëshme t'Adriatikut ndigjoheshin serenadat e dashnorve të përcjellun prej nji muzikës së përsosme që e përkundin dhe e kilikosin edhe zemrën e plakut. Aty vonë u largova prej Venedikut. E shëtita krejt Italin dhe prej andej u hodha në Francë, n'Austri, në Gjermani, në Poloni, në Rusi, në Latvi, në Lituani dhe ma në funt u ktheva dhe shkova në Sërbi. Kur e pashë vetëhen në Sërbi tristova.

Ika me vrap si i lemerisun dhe erdha në vend, ku jam nashti.

21 Qershuer.
Ka keq e ma keq thot nji fjalë popullore. Po. Në mes të këtyne të liqve ka nji kriminel q'asht i neveritun edhe prej tyne. Asht nji vrasës q'urrehet e përbuzet edhe prej vrasësve tjerë. Edhe këta mëkatarë nuk e bajnë për shok.

Ky asht vrasësi i atit të vet. Po. Ky njeri, s'dij sepse, e ka vramë t'atin. Në vrasjen e prindit prej fëmis nuk kërkohet shkak. Edhe Romakët e Motshëm vrasësin e atit dhe trathtorin e Atdheut i gjykojshin ashpër e nuk kërkojshin as shkak as edhe arësye. Prandaj edhe un nuk u mundova t'a gërryej e t'a gjej shkakun.

E imagjinova se si asht krye ai krim që duhet të quhet tri herë i shëmtueshëm. I mbylla syt e ballit e të mendjes që të mos e shof atë vërsulje shtazarake q'i ban biri t'atit për t'a vramë. I mbylla veshët që të mos e ndigjoj krismën e vrazhdët të kobures që zbras biri mbi atin rrezikzi.

Oh barbarizmë e pashoqe dhe e papajtueshme sigurisht, edhe me shpirtin e shtazëve. Këtu cingëron edhe pena dhe ngrin në dorë të njeriut. Mjer ai q'u vra dhe mjer ai që vrau.

22 Qershuer.
Ditët po kalojnë dhe un ende po dergjem këtu i rrethuem prej kriminelësh e kusarësh. Çdo mëngjes, kur gdhi, i hap syt me shpresë se mos lirohem,

por kot. Familja e eme po ban nji jetë endacake, plotsisht, si atë që bajnë arrixhijt, sepse s'ka nji banesë të përhershme. Herë rrin ke nji kushri, herë ke nji kushrinë dhe herë herë ke nji e emtja. Me fjalë të tjera ajo rron në mëshirën e tjerve që mbajnë për hir të Perëndis. Në qoftë se do të mbarojë këtu jeta e eme lypset me dijtë se un nuk do të kem vdekë, por do të kem plasë.

24 Qershuer.
Nji nga nëpunsat e Drejtësis bani sot nji inspektim në burg. Në kokë kishte vue nji kapelle kashte. Ishte mveshë me xhaket blu e me pantallona të bardha. Me pak fjalë ishte spicilue e stolisë simbas shijes së vet të veçantë dhe ishte ngjeshë me armët e serjozitetit. Hyni dhe qëndroi në kambë përmbrenda deriçkës s'oborrit. I lidhi duert përmbrapa dhe nisi me i kullotë syt mbi të burgosunit q'ajsokohe po endeshin rreth manit. Ma në funt u mërzit. Iku. Edhe bari berrash të kishte qenë, të paktën, lypsesh të bante nji trru!, tha nji i burgosun tue e përqeshë mbas shpine.

25 Qershuer.
Sot u burgos nji kusar, i cili shpesh herë e paska vizitue kët vend. Të burgosunit, natyrisht, e pritën me Urrah!.

29 Qershuer.
Zotni Vasil Shahini nga Gjinokastra prej kohësh ndodhet i burgosun për faje politike. S'dij dhe as m'intereson të dij n'asht fajtuer për sa akuzohet. Ky njeri asht shumë i urtë dhe i arësyeshëm. Nuk flet shumë. Ma tepër hesht e ndigjon. Por un e ngacmoj dhe e baj të flasi e të dali nga pellgu i mendimeve, në të cilin ndodhet i zhytun gati gjithmonë. Asht edhe mjaft i kursimshëm. Në kundërshtim me natyrën e tij e ama asht tepër bujare. Sa e sa herë i ka çue ajo Vasilit drekë e darkë, pemë e ambëlsina në nji sasi që të hanë, të pakën nja katër vetë. Në rasa të tilla Vasili ban sikur zemërohet, por ku ndigjon ajo se? Vasili lakmon të mbledhi e të kursejë, kurse ajo dëshiron të fali e të shpërndajë. Kundërshtim i plotë në mes të nanës e të birit.

1 Korrik.
Edhe në burg, si në ç'do vend, ka gjana interesante që t'a tërhekin kureshtin. Për shembëll njeni e imiton lepurin, qenin dhe shum shtazë. Herë herë e imiton violinën e kitarin.
Nji tjetër shkruen me dorë të majtë dhe me nji mënyrë të çuditëshme: E merr dhe e mban letrën për së gjani, mbasëndaj shkruen nga poshtë naltë dhe fare bukur.

7 Korrik.
Jam i dobët nga shëndeti: Kam dhimje koke, fyti e shtati.

12 Korrik.
Më 7 të këtij mueji çuen në burg të Durrësit tetëmëdhetë të burgosun. Edhe sot nisën njizet e shtatë të tjerë. U përshëndetën me njeni tjetrin si t'ishin vëllazën që ndahen për jetë. Edhe në këtë botën t'onë ka disa ngjarje që e prekin tepër të burgosunin. Njenit i u mbushën syt me lot tue e shique, me nji farë mallengjimi, këtë banesë, ku ishte dergjë gati katër vjet e gjymës.

14 Korrik.
Mezi e lejuen t'eme shoqe që të takojë me mue. Erdh sot e më pa. Ishte tretë e gjora prej tristimit e prej brengjeve. Më rrëfeu se sa kishte vuejtë deri sa kishte ardhë këtu, mbassi Sërbët e konsiderojshin refugjate politike dhe nuk e lejojshin me dalë jasht qytetit të Manastirit, sikurse mue. Për kët shkak i ishte dashtë me u arratisë tue marre në sy ç'do rrezik. U pezmatova tepër dhe ende jam i përshtypun.

21 Korrik.
Prej disa kohësh, pa lejen e qeveris, jam bamë mësues këtu dhe kam nisë me u dhanë mësim nja shtat' a tetë vetve. Nuk i lejoi qeveria të burgosunit që të merrshin mësim prej meje, sepse më quejtka njeri të rrezikshëm dhe nga ky shkak s'baka me marrë mësim prej meje. Punë me mend, besa, ban kjo qeveria e jonë!

24 Korrik.
Heshtje prej vorri.

28 Korrik.
Dalë nga dalë zuna me u mësue me jetën e burgut. Kam nisë me e harrue botën e jashtme. Jeta e lirë, herë herë, më gjan si nji andërr që nis me u shlye prej kujtimit. Por kur më kujtohet më pikon zemra gjak dhe shpirti më thërret Liri.

30 Korrik.
U lirue sot Vasil Shahini si i pafajshëm. Edhe mue më qitën para Hetuesit të gjykatës politike. Më pyetën për disa artikuj të shkruem, me nënshkrimin t'em në gazetën Liria Kombëtare që del në Gjenevë si organ i t'arratisunve politik.

31 Korrik.
Edhe sot me nxuerrën para gjykatës hetuese dhe më dhanë nji letër rreshtimi që përmban numrin 13. Ky asht numri fatal q'e turbullonte edhe

trunin e begatshëm të Bismarkut. Në letër rreshtim shënohet se akuzohem si Propogandist kundër N. M. së Tij Mbretit dhe regjimit. Me qenë se letër rreshtimi përmban datën e sotshme kuptohet se vuejtja e deritashme nuk m'asht llogaritë fare.

1 Gusht.
Zotni Hasan Qokun m'a shenuen si përfaqësues për të marrë pjesë në gjyqin t'em që do të nisi me u zhvillue nesër.

2 Gusht.
Sot nisi gjykimi i em. Mbassi s'kishte ardhë Z. Hasan Qoku më përfaqësoi Z. Qerim Çela. Prokurori, me pretencën e vet, kërkoi dënimin t'em me delikt të randë. Nesër ka me u dhanë vendimi. Pa dyshim jam mjaft i tronditun, por i kam impozue vetëhes durim dhe vendimin, besoj, t'a pres me gjakftoftësi e burrni.

3 Gusht.
U dënova me pesë vjet burgim. Por bashkë me mue u ndeshkue edhe familja e eme e pafajshme që të vuejë e të vdesi nga pabuksia. Më pëlqente të mos dënohem, të pakën, për me mos e kënaqë Romën e Beligradin.
Me të vërtet kam qenë kundërshtar' i këtij regjimi. Këtë nuk e mohoj, por kurrë nuk kam qenë miku i anmiqve të vendit t'onë. Për këtë arësye dënimi që më dha shteti, përfaqësuesi i këtij populli, m'u duk i ashpër, i rande dhe si nji shuplakë e pameritueshme. Veç kësaj, me qenë se u arrestova prej Sërbëve dhe u dorëzova në Shqipni, i gjasojsha nji ushtarit që bije rob në luftë. Edhe si i tillë, pra, e deshte logjika që të mos dënohem fare, se ndeshkimi i em, ma në funt, nuk i ka sjellë as ma të voglin fitim shtetit t'onë. Sidoqoftë çashtja muer funt dhe mue më duhet t'i bindem fatit t'em.

5 Gusht.
Më thanë se eme shoqe dhe em bir paskan qamë e paskan vajtue kur e paskan marrë vesht se u ndëshkova me pesë vjet burgim. Kanë të drejtë të shkretët, se jeta e tyne vështirësohet edhe nji herë me dënimin t'em.

7 Gusht.
Me qenë se u dënova u hoq prej meje ai shtetrrethim që më kishin vuem dhe u dha leje që të vijnë miqt me më vizitue, por ata, sikundër duket, nuk më dashkan ma për mik. Kështu ndrron e rrotullohet kjo botë. Deri sa të ket shporta fiq ke plot miq. Për ndryshe s'të shikon njeri me sy.

9 Gusht.
Pardje mbrama, si natë që gdhinte në t'Enjte, ishte natë e keqe. Më ditë q'u dënova un u ndeshkuen me vdekje, prej gjykatës politike, edhe Lulash

Gjeloshi e Sejdin Idrizi nga paria e malësive të Veriut. Për këtë shkak pardje mbramë besohesh se do të zbatohesh vendimi. Qysh ditën e dënimit të tyne burgun e mbuloi nji hije e zezë. Kurrkush nuk kangëtonte e nuk qeshte ma. Sot të dënuemit u njoftuen, privatisht, se N. M. e Tij Mbreti u a kishte falë jetën. Ndoshta ky lajm asht nji rrenë e trillueme prej miqve të tyne, por ata duket se e besuen. Për këtë shkak të gjithë të burgosumt i uruen dhe sonte muerën kangë e valle për t'a shfaqë gëzimin. Kush munt të thot, pra, se asht, shrranjosë kryekëput ndiesia e dhimës nga shpirti i këtyre kriminelëve?

11 Gusht.
Mora vesht se Fiku qenka sëmunë prej ethesh. Edhe un jam i dobët nga shëndeti dhe vuej prej etheve të mshefta.

13 Gusht.
Gjelltori m'i kërkon të hollat e gjellës që kam marrë deri sot, por un s'kam dhe s'kam se ku të marr që t'a paguej.

17 Gusht.
Bana nji maqinë prej druni që të rruhem, mbassi druej me u rrue ke berber Suti, i cili me briskun e tij rruen gati njiqind e pesëdhet vetë. Me këtë mënyrë shpëtova nga dhimjet e atij farë operasioni dhe nga rreziku i ngjitjes së ndonji mikropit.

20 Gusht.
Drang! Dring! Zhrang! Zhring! bajnë prangat që tërhekin rrëshanas disa të dënuem me vdekje dhe me nga njiqind e nji vjet burgim. Kjo rrëpamë hekurash m'i përshkon megjet e zemrës si nji murran i ftoftë e tristues, m'a rrebeshon shpirtin si nji breshën që gandon e shfaros ç'do bimë të njomë ase lule të bukur. Kjo muzikë e vrazhdët dhe e palakmueshme, natyrisht, m'a prish gjakun e m'a turbullon mendjen, por s'kam se si të largohem që të mos e ndigjoj. I ngratë e i mjerë jam un, por ma i mjerë se un asht ai q'asht dënue me vdekje dhe ai që nuk ka tru me e gjykue gjindjen t'onë të pikëllueshme.

23 Gusht.
Pleshtat, çimkat, mizat ashtu edhe miskonjat këtu e kanë stanin e tyne dhe këtu ngopen me gjak njeriu ma fort se gjetiu. Gjith natën e kalojmë tue luftue me këta të pabesë që na sulmojnë kur jemi në gjumë ase tue u kotë. Shum herë gdhijmë pa i mbyllë syt dhe të mundun prej këtyne thumbuesve të vegjël. Natën luftojmë me nji palë dhe ditën me nji palë tjetër. I duket njeriut sikur i ka shpallë luftë nji shtet qielluer q'e lufton ditën me ushtrina të zeza dhe natën me të kuqe. Kjo luftë e vazhdueshme,

herë herë, ashpërohet në kohe të drekës ase të darkës. Atëhere, ma fort se kurdoherë, na mësyen, me tërbim, ushtëria e zezë. Me gjith që përpiqemi me u mprojtë dhe me gjith që edhe na bajmë nga ndonji herë kundër-sulme, ushtërinat e anmikut janë të palodhuna, të pathyeshme dhe të pamunduna.
  Po të kishim pasë leje me përdorë këtu thika e piruj, sigurisht, do të pësojshim ndonji aksident tue dashtë të mprohemi. Po. E marr me mend se në ç'gjindje do të ndodhesha dhe ç'do të ngjante: I mërzitun nga bezdia e tepërt e mizave do të matesha t'u baj nji kundër-sulm dhe do të vërvitesha me thikën e pirunin ndër duer. Do të bajsha disa rrotullakë, të thikshëm, n'ajr pa përfitue gja. Do të shtohej, mandej, urrejtja dhe do të përsëriteshin sulmet, por prap pa dobi. Jam i kënaqun që nuk na lejojnë me përdorë këtu thika e piruj se në këtë rasë, sigurisht, do t'a kisha premë hundën ase veshin apo do të kisha hjekë ndonji fashë prej fëtyrës. Nji betejë që bahet me këta trima me fletë, natyrisht, asht e rreptë dhe fitimi asht i tyne, mbassi un kapitem dhe, nga ndonji herë, takon që e derdh edhe gjellën.

28 Gusht.
Andrrat e prrallat paskan vlerë të madhe në burg, për shkak se këto e mbajnë gjallë fuqin morale të të burgosunit. Çdo mëngjes këta të mjerë e ngushullojnë dhe e argëtojnë njeni tjetrin tue i gjykue, ashtu si u pëlqen, andrrat që kanë pamë. Me këtë mënyrë, bashkë me dritën e mëngjezit, hyjnë në burg shpresa të reja. Sikur të mos ishin shpresat, sigurisht, të burgosunit do të kishin shkallitë dhe do t'a kishin mbytë njeni tjetrin, se njeriu me mend e që s'ka shpresë shpëtimi, nuk ka se si i shtrohet nji robnije që vazhdon vjetë me radhë. Un kujtoj se edhe në Shqipnin e Robnueme nuk përmendet kaq shpesh fjala Liri se sa në burg, për shkak se ata që i denoi fati të vuejnë nën thundrën e anmikut, nuk guxojnë me e marrë në gojë këtë fjalë, me gjith q'ajo ka lidhje të ngushtë jetën e njeriut. Shkurt fjala Liri asht deviza e ç'do të burgosuni. Me këtë fjalë në gojë ai gdhin e ngryset, i lëbyen ditët e javët, muejt e vjetët.
  Sikurse janë andrrat burimet e shpresave dhe lajmëtaret gazmore të fatit, nj'ashtu janë prrallat mikneshat ngushulluese për këta të mjerë. Me andrra e prralla kalon disi ma pak e vështirë jeta e njeriut në burg. Po s'asht kështu edhe jeta e jashtme? A s'asht krejt jeta nji andërr e nji prallë? Oh sa fort gënjehemi me lajkat e jetës.

31 Gusht.
Sot u lirue nga burgu Lulash Gjeloshi e Sejdin Idrizi që qenë dënue me vdekje prej gjykatës politike. U falën me Dekret Mbretnuer ata dhe dy shokët e tyne të dënuem me nga 101 vjet burgim.
  Përse t'a mshef? Jam tepër i pezmatuem nga shkaku që nuk përfitova edhe un nga falja. Me gjith këtë po mundohem me e përballue burrnisht fatkeqësin dhe me mos e shfaqë ligështin. Gjindja e keqe e familjes dhe

vorfënia më kanë tronditë ma fort se burgu, por s'kam se ç'të baj veçse të duroj.

6 Shtatuer.
Sot ndrrova vend. Nga burgu mbrenda dola jashtë në pjesën e quejtun Nën verejtje.

7 Shtatuer.
Dje u lirue nji i burgosun bashkë me dy bijt e vet. Këta kishin qenë burgosë për nji ngatresë grueje dhe, mbassi vuejtën tre vjet e tre muej, muerën pafajsi. Lypset t'urohet gjykata kolegjiale e Kryeqytetit për këtë shkathtësi shembëllore, apo jo?

10 Shtatuer.
Në mes të këtyne fajtorve ka edhe nji mëkatar që thonë se nuk asht pendue fare. Asht nji djal' i ri, nja 23-24 vjetsh, sy zi, vetull zi, pak i zeshkët dhe i shkurtun. Thonë se edhe nji herë qenka burgosë për nji faj tjetër. Thonë gjithashtu se nji herë qenka arratisë nga burgu dhe nji herë nga ushtëria.
Tash asht arrestue për shkak se paska mbytë nji njeri vetëm e vetëm për të mbetë i lirë me e vazhdue dashunin me gruen e atij rrezikziut. Thuhet, me siguri, se në kët krim ka ndihmue edhe ajo fërshëndi q'ishte grueja e atij fatziut. Sigurohem se ky mëkatar mburret e lavdërohet për fajet që ka bamë.

12 Shtatuer.
Prej kohesh më zanë ethet. Jam dobësue mjaft. Edhe kininat s'po më bajnë efekt ma.

16 Shtatuer.
Tash më njoftuen se paska ardhë em nip, Enveri, nga Jugosllavia. Më rrafi zemra me tristim e gëzim kur m'a dhanë kët lajm, se isha tepër i shqetsuem për jetën e tij.

17 Shtatuer.
Erdh me më pamë sot Enveri. U gëzova pa masë kur e pashë dhe u mallëngjeva nga vuejtjet që kishte pasë. Më rrëfeu se e kishin burgosë Sërbët, kotsisht, dhe kur e kishin lirue ishte arratisë. E kishte kapërcye kufinin natën tue përshkue përmes shum rreziqeve. E falenderova Zotin që ngjefa me e pamë edhe nji herë.

19 Shtatuer.
Disa herë njeriu, sado i fortë që të jetë, dridhet përpara ngjarjeve që kanë nji karakter të jashtzakonshëm. Sot kishte ardhë nji gocë gjashtë a shtatë

vjeçare për me e vizitue t'atin e burgosun. Kur dola jasht kthinës e pashë vajzën e vogël q'e kishte përqafue të atin dhe po qante me dënes. Edhe ai rrezikziu i kishte mbushë syt me lot. Kjo pamje ishte aq emosionante e sansasionale sa m'u rrëqeth shtati, m'u ba zemra ujë dhe m'u shkrinë gjith fuqit. E kapi për duersh t'atin foshnja dhe e tërhoq kah vetja tue i thanë me nji za lutës e të përvajshëm:
- Hajde tatë! Hajde të shkojmë në shtëpi!
Ai gulçonte e nuk përgjigjesh.

Edhe gjindarmët që duken si shpirtzij, edhe gardianët që gjajnë si të mykët, u prekën nga kjo sqenë, sepse fëtyrat e tyne i mveshi nji hije e randë mallëngjimi e dhimsunije. Nji heshtje e thellë zotnoi dhe kurrkush nuk guxonte me e çartë, makar me nji fjalë të vogël, se sejcili dronte mos shgrehet në vaj. Nji poet ase nji piktor lypsesh ta shifte këtë sqenë që t'a përjetësonte me fuqin e penës ase të brushës së vet. Me zi u përcuell goca e gjorë. Iku, por i plagosi zemrat t'ona me atë kërkesë aq natyrale që bante për me e marrë t'atin në shtëpi. Vrazhdësia e burgut, në rasa të tilla, ndihet ma e randë dhe ma e fortë.

21 Shtatuer.
Tash e kam marrë vesht se sa urdhna të rreptë kishin qenë dhanë për me më mbajtë të veçuem e lark nga afrimi me ç'do njeri. Më thonë se të gjithë të burgosunit qenkan porositë me mos folë me mue dhe ata të kthinës s'eme qenkan mbajtë, për shkak t'em, nën verejtje të ngushtë.

25 Shtatuer.
Zotni Hamdi Këlliçi nga Tirana, Drejtor' i burgut, asht nji nëpunës i vjetër dhe në burg po shërben prej vjetësh. Ka të burgosun q'e shajnë, por të shumët e simpatizojnë dhe e lavdërojnë. Sillet mjaft mirë. Zotsia ma e madhe e tij asht njoftja e thellë që ka mbi shpirtin e të burgosunit dhe nga ky shkak din me i përdorë mirë.
Post-komandant' i burgut asht nji rreshtar Tiranas i quejtun Gut Trungu. Ky nuk ka mësime, por shërbimi prej disa vjetsh që ka pasë në këtë degë, i ka dhanë nji farë njoftimi mbi detyrën e vet. Ndihmësi i tij asht nji tetar nga Kosova. Edhe ky asht analfabet dhe asht nji lajkatar i fortë sa, shpesh, arrin të bahet mërzitës.
Ali Cuka, Dullë Bohomova, Nazif Qorhasani dhe Hasan Kadiu janë gardianët e burgut. Aliu asht nji burr' i shkurtun, i thinjun, sy bardhë dhe me ball të gjanë. Me gjith q'asht plak asht i shkathët e i shpërdhikët si nji djalë leven. Din pak Turqisht dhe as pak Shqip. Ka nji zgjim natyruer dhe asht nji Dibran q'e ndjell fort interesi. Dulla ka nji shtat të math, fëtyrë të kuqe, qyme të zezë. Ky asht i drejtë deri në palcë dhe shpirt mirë. Vetëm asht nervoz dhe s'mundet me e durue kurrsesi padrejtësin. Asht edhe mjaft fanatik. Me gjith këtë shpesh herë kam pamë se u ban ndihma të vogla

edhe të burgosunve të Krishtenë që janë të vorfën. Edhe Nazifi asht shoku i Dullës, i drejtë dhe i ndershëm. Ky asht i hollë e i thatë, i rrudhun dhe i dobët. Kokën e tij në trajtë të pjepnit e kanë mbulue flokët e zbardhuem që shkëlqejnë si vdora. Nazifi rall qesh; asht i ngrysët, por i drejtë e i urtë. Kurrë s'ban padrejtësi ase abuzim. Hasan Kadiu asht nji djalosh i thatë e i imët; ka do sy në ngjyrë të hinit dhe nji fëtyrë kuqëremë. Asht i sjellshëm dhe, për herë, paraqitet me buzë në gaz.

28 Shtatuer.
Gati ç'do ditë bahet fjalë për falje dhe qarkullojnë lajme të ndryshme. Me këtë mënyrë argëtohen të burgosunit me shpresa.

1 Tetuer.
Kthina, në të cilën dergjem, asht nja nji pash e gjymës për së gjani dhe nja tre e gjymës për së gjati. Dhetë vetë flejmë në këtë vend të ngushtë. Nji pëllambë e gjymës e deri më dy pëllambë vend i takon ç'do njeriu. Shpesh herë zihen të burgosunit në mes të tyne për çashtjen e vendit dhe më bajnë arbitër që t'u a ndaj tue e matë me bres. Besoj se edhe në vorr ka me na takue ma shum vend.

6 Tetuer.
Asht natë. Ora ka kapërcye nandët.
Të gjithë të burgosunit, simbas regullit të burgut, kanë nis me flejtë ase, ma mirë me thanë, janë vue në gjumë. Edhe un jam shtrimun mbi shtratin t'em, por s'më merr gjumi. Mërzia e madhe m'i ka ndezë nervat dhe s'po mundem me flejtë. Nandë të burgosunit tjerë janë shtrimë e po flejnë rresht, plotsisht, si t'ishin kërmat e mëkatarve në nji vorr të math. Drita e zbëtë e llambës plakë e vorfanjake po valvitet mbi ta tue u fërkue ndëpër muret e ftofta të kthinës. Për nji ças besova se ndodhem para vorrezeve të nji teqes dhe desha t'i lutem Zotit për ata që kanë ra aty. Kjo jermi, dalë nga dale, më pushtoi me krahët e veta dhe më shtrëngoi deri sa më mpiu fare. Ndërkohe ndigjova nji tingull gërnete që jehonte si fyelli i kushtrimit që kumbon në mes të nji populli t'etuem për liri. Vuna vesh. Ndigjova se gërnetën e përcjellshin edhe disa zana femnash. Më gjajti si kanga e zanave q'e përcjellin në luftë at popull q'asht mësue t'a fitojë e t'a mprojë lirin me gjakun e vet. U shkunda jermijet dhe, ma në funt, e kuptova se ata që kangëtojshin ishin jevgj fatbardhë. Ata e gëzojshin lirin, por un jo. Oh ma mirë të kisha qenë jevg i lirë se sa Arbën i burgosun.
  Gërhitjet e të burgosunve që po flejnë më gjajnë si gërrjet e atyne që janë tue hjekë shpirt. Prandaj nuk po mundem as me mendue as edhe me shkrue ma.

8 Tetuer.
Më thanë se festa u ba madhështore. Në paradë paska marrë pjesë nji numër i math i ushtëris dhe Enti Kombëtar Djelmënia Shqiptare. Në kryeqytet paskan ardhë delegasione nga të gjitha krahinat e Shqipnis dhe nga kolonit.

13 Tetuer.
Po fryen nji murran i fortë. Natyra e egërsueme m'i ka bickue e ndezë nervat. Shpresat e lirimit herë herë veniten si drita e nji kandilit në mes të natës. Nji murran i fortë, sigurisht, ka me e shue fare dhe un do të mbetem në t'errët.

16 Tetuer
Kishin ardhë sot dy plaka nga Mirdita për t'i pamë bijt e vet që ndodhen këtu të burgosun. Plakat, sikundër dukesh, i kishin kapërcye gjashtëdhetë shkallët e jetës. Ishin mveshë me këmisha të bardha e të gjata deri ke themrat dhe ishin sokullue me dollama prej qashe të bardhë, qëndisë me gajtana të kuq. Në krye kishin napa të zeza dhe në kambë opinga me ngjalma. Përshëndetja e plakave me bijt e vet ishte karakteristike dhe mjaft mallëngjyese. Ndeja dhe ligjërimi i tyne kishte nji farë veçantije dhe të bante t'a kënaqish kujtimin me nanat iliriane. Fjalët e tyne qenë nji shprehje e fortë për me i forcue djelmt e burgosun. Ato nuk flitshin fjalë që të mallëngjejnë e të prekirt në zemër, sikundër bajnë në rasa të tilla nanat tjera Shqiptare. Shqiptarkat e atyne maleve të papushtueshme i kishin ngurue zemrat dhe u flitshin djelmve të vet mbi nevojën e doemosdoshme të mbajtjes gjallë e naltë të burrnis. Shkurt, për nji ças, m'u duk sikur e pashë dhe e këndova ndër fëtyra të tyne sedren dhe trimnin e trashëgueme prej Teutës krenare.
U kishin sjellë bijve, nga çerdhja e malit, nji bukë kollomboqi të pjekun në fang ase në çerep, dy shegë, tre ftoj, një varg fiq, nja dhetë vole arra, dhetë këpuj mollë e dy simka gjizë. Edhe ushqimin e vet, për vojt' e ardhje, e kishin ngarkue mbi shpinë dhe kishin ardhë në kambë riga malet e Mirditës.

19 Tetuer.
Ç'munt të ndijë zemra e nji të vdekuni atë ndin zemra e eme, për shkak se ajo asht shituem randë. Burgu më shtrëngon si nji vorr i ftofët dhe më gjan sikur po më mbyt.

21 Tetuer.
Daci i burgut asht sjellë këtu prej nji ish të burgosunit. Ky anmik i mive banon këtu dhe me zi ushqehet me thërrimet t'ona. Shpesh kam mendue e jam mundue t'a gjej shkakun që e ka shtye at me ndejë këtu, por s'kam mundë me zbulue gja. Përse nuk shkon në Legatën Italjane q'asht fqi me ne e të ngopet? A thue se asht ndonji mëkatar q'asht dënue të dergjet këtu

bashkë me ne? Kush e din. Ndoshta ai, dikur, ka qenë ndonji nëpunës i korruptuem i Sulltanit dhe tash asht ndeshkue të vuejë në burg si dac që t'i lajë mëkatet.

23 Tetuer.
Sot u vendos eme shoqe në shtëpi të kushrinës s'eme, ku do të paguejë nji qira të vogël. Mjaft ma kaloi nji jetë endacake tue banue herë ke njeni nga fisi dhe herë ke tjetri. E shkreta grue e i mjeri djalë se sa po vuejnë për shkak t'em.

24 Tetuer.
Po t'a sjellin njeriun për me e pamë burgun dhe po t'a pyesin, mbasandej, se a munt të jetojë këtu makar për pak vjet, sigurisht, do të përgjigjesh me tristim:
- Un me ndejtë këtu? Un kisha me luejtë mentsh pa i mbushë gjashtë javët e jo me q'ndrue me vjetë.
Me gjith këtë na jemi të shtrënguem të dergjemi në këtë Skëterë dhe s'kemi të drejtë me shfaqë mendimin se nuk na pëlqen.

26 Tetuer.
Sot erdh Dr. Z. Beqir Puto, mjek' i Bashkis, që t'i vizitojë të burgosunit e semunë. Si turma bletësh e msyenë të burgosunit dhe seicili i ankohesh nga shëndeti. Të rrallë ishin ata që, me të vërtetë, lëngojshin. Ma në funt erdh mjeku në kthinë t'eme dhe pyeti në kishte ndonji të sëmunë.
- Un jam sëmunë Z. Doktor, i thashë.
- Prap ethet? Vazhdoni në kurën e kininave, gjegji.
- Veç etheve kam edhe nji sëmundje tjetër.
- Ç'kini?
- Më dhem zemra.
- Zemra?! A ka shum kohe që lëngoni prej sajë? pyeti mjeku tue më shique me kujdes të veçantë.
- Qysh atë ditë që e humba lirin, i thashë me buzë në gaz.
- Hë!... Hë!... Atë sëmundje s'mundem me e shërue un, përgjigji mjeku tue nënqeshë, mbassi e kishte kuptue shpotin.
- Përse?
- Sepse nuk kam barna.
- A nuk ka kurrkund?
- Ka vetëm në barnatoren Mbretnore, por un nuk mundem me marrë, tha doktori dhe iku tue qeshë.

27 Tetuer.
Sot erdh nji Bej që të vizitojë nji Bej tjetër të burgosun për vjedhje. Të dy Bejlerët u përshëndetën Italisht dhe vazhduen të kuvendojnë në gjuhën e

fqijvet t'onë tej Adriatikut. Ndërkohe erdh nji Bej tjetër që të takonte me nji Bej të rreshtuem po për vjedhje. Këta të fundit u përshëndetën Sërbisht dhe i u shtruen bisedimit në gjuhën e fqijvet t'onë të Veriut. Njena palë Italishten dhe tjetra Sërbishten e flitshin si t'ishin të racës. Në kët mes mungonte nji pendë që të ligjëronte Turqisht dhe nji tjetër Greqisht, se atëhëre do të kompletohesh kuadroja. Duket se këta Bejlerë nuk e kanë këndue ndonji herë vjershën e At Gjergj Fishtës që ka vargëzue për gjuhën Shqipe dhe as që mendojnë se, me këtë mënyrë, e poshtnojnë vetëhen dhe e fyejnë kombin Shqiptar.

31 Tetuer.
Me gjith që shinat e Vjeshtës e kanë squllosë kurrizin e tokës era e qelbët e nevojtoreve kundërmon keq. Ata që vijnë me na vizitue shtrëngohen me i mbyllë hundët. Na përkundrazi as i mbyllim as edhe përshtjellohemi, sepse u mësuem ma me këtë erë, plotësisht, si Kacabuni në baglë. Kjo erë, bashkë me ne, i helmon edhe hundët e nëpunsave të Ministris së P. të Mbrendëshme e të Kryeministris që janë mbi ne, por duket se edhe ata u pajtuen me të. Në qoftë se edhe kjo vuejtje lypset të quhet jetë le t'a marri nama.

3 Nanduer.
Herë herë aty kah ora dhetë mbas dreke, në qetësin e plotë të natës, ndigjohet tingëllimi i nji pjanos. Ky tingull i amël sa mirë i përshkon dejt e shpirtit t'em t'unshëm për... muzikë. Kush e din se gishtat e cilës fatbardhe i puthin dhambët e fildishtë t'atij instrumenti, i cili besoj të jetë ma i lnmtun se nji dashnuer që puthet prej dashnores, sepse ai, të pakën, nuk ngacmohet prej grëthit të nakarit. Ka të lumtun në këtë botë dhe ndoshta, veç meje, gjith kush asht i lumtun. Ata që ankohen nga gjindja e tyne lypset të sillen këtu që t'a kuptojnë se sa fatbardhi kanë qenë.

8 Nanduer.
Kam ndigjue se në kohe të revolusionit Francez, kur ç'do gja shkonte rrokupujë, dënohet me vdekje nji politikan, por gjykata kërkon të gjejë nji farë vdekjeje që të bahej mësim tmeri për kundërshtarët. Nga ky shkak e vonon zbatimin e vendimit. Politikani guxomtar e kupton qëllimin dhe i propozon gjykatës që të mos i a presin kryet me guillotinë, por t'a çojnë me jetue në nji krahinë, ku banorët ishin injorantë dhe të pagëdhendun nga dalta e qytetnimit. Propozimi i tij, me nji herë, u pranue dhe u çue. Nuk rroi ma se dy javë dhe plasi prej të keqit i gjori në mes t'atyne kaptinave që nuk i kishte prekë kurrë rrezja e qytetnimit. Shpesh më bije ndër mend kjo anekdotë tue e pamë vetëhen në mes të këtyne njerësve që nuk kanë as ana të voglin mësim dhe që u mungon edhe edukata. Mjer un që ndodhem në mes të tyne. Në mos plaça, sigurisht, do të shkallis.

12 Nanduer.
Ai që thot se nuk mërzitet në burg o asht kafshë e nuk din gja ase i rren të tjerët dhe e mashtron vetëhen.

17 Nanduer.
Mbramë gjith natën dhe sot gjith ditën ka ramë shi. Ethina pikon në shum vise. Për këtë shkak na asht prishë edhe ajo çikë qetsi që patëm.

21 Nanduer.
Sot u ba nji inspektim në burg prej Inspektorit të Ministris së Drejtësis dhe prej Kryeprokurorit të shtetit. Nuk dij se ç'përshtypje patën.

26 Nanduer.
Lajmet që vijnë nga jashtë e mbajnë të ndezun qirinin e shpresës për liri.

29 Nanduer.
Festa e Flamurit kaloi pa gëzue as ndonji zemër të burgosuni.

4 Dhetuer.
Kurrë mos e harrofsha mërzin e burgut. Po e harrova, natyrisht, do të pësoj edhe nji herë e do të bije mbrenda.

9 Dhetuer.
Sot m'erdhën librat që më kishin mbetë në Peshkopi. U gëzova fort për këta shokë të mirë e ngushullimtarë që më erdhën në ndihmë. Vetëm u pezmatova kur vuna re se disa prej tyne m'i kishin vjedhë dhe disa m'i kishin shqye.

15 Dhetuer.
Pak para dreke pashë se kishte ardhë nji vajzë e vogël nja 9-10 vjeçare dhe, e mbështetun për muri, po pritte dishka. Robet e saja të vjetra e të grisuna nuk pajtoheshin me bukurin e rrallë që i kishte falë Natyra bujarisht. I shtyem nga kurreshti pyeta për të. Më thanë se kishte ardhë me blemë bukë dhe se ishte e bija e nji Dibranit.
I ati i kësajë goce ka qenë nji nga tregtarët ma të mëdhej të Dibrës dhe, si i pasun, i ngopun me kënaqësit e jetës. Mbas emigrasjonit të Dibranve që ngjau më 1911 ky u lëkund mjaft, por me gjith atë u mbajtë disi. Tani më thonë se asht vorfënue aq fort sa qenka bamun nevojar për nji copë bukë. Fati i zi shpesh herë e ul tregtarin dhe e naltëson druarin. Tash rri e mendohem, i mahnitun, për me gjetë se cila dorë misterioze e kuen këtë cucë të vogël që shkëlqen, si Mbretneshë, me të tanë dritën e bukuris. Ku e muer shëndetin kjo e mjerë e lumtun që vuen edhe për kafshatën e bukës? Ah! Çudi! Ndiva dhimë për këtë familje të mjerueme e sidomos për

kryetarin e saj. Edhe fati i njeriut rrotullohet si lamshi i Dheut që herë na ndriçon me rrezet e Diellit dhe herë na len në terin e natës.

Kush e din se sa vajza Shqiptare ndër krahinat tona të robnueme vuejnë sot për kafshatën e bukës si kjo burbuqja e Dibrës dhe bredhin poshtë e naltë tue lypë. Kush e din se sa lulëkuqe Kosovare, Dibrane e Çame janë vyshk nga vobsia dhe kanë ramë në tokë që të mbulohen nga dheu i zi. Kush munt të thotë se ato të mjera e ngopin barkun me bukë si motrat e veta që jetojnë në Shqipnin e Lirë? Kush e din se sa i ka shtypë e pëltucë mizeria e robnia dërmuese ato fatzeza? Kush e din se ç'namë e mallkime tjerrin për fatin e vet aq të lik që nuk u qeshi kurrë? Kush e din se sa herë në ditë fshajnë e hofkëllojnë të gjorat tue e andrrue atë liri që presin t'u a falin vëllaznit e vet të lirë? E vetëm kjo shpresë i mban gjallë të ngratat. Vetëm uzdaja që kanë në djelmënin Shqiptare i argëton disi dhe i ban të forta për me e durue zgjedhen e randë e vobsin e pashoqe. Nuk dij se kur e si ka me i u përgjigjë djelmënia Shqiptare atij zani të çjerrët që del nga disa qinda mij gojë të motrave t'ona. Kësulat e bardha të Kosovës që ka vue mbi kokë djelmënia Shqiptare o duhet t'i skuqi ase t'i nxijë fare.

23 Dhetuer.
Kushrini i em Xhemal Stërmilli erdh me më pamë sot. Ai ishte i sëmunë për së tepërmi. I shkreti djalë vuen prej tyberkulozit. U gëzova kur e pashë, por u helmova kur konstatova se asht bamë zik. E kshillova se si t'a regullonte jetën, natyrisht, pa i tregue se ç'sëmundje të rrezikshme kishte. Shkoi në Durrës, ku do të qëndron pak kohe.

27 Dhetuer.
Që t'a përkul mërzin kam nisë me bamun festë trush. I kujtoj shokët e miqt, ditët ase orët e ambla që kam kalue në jetën t'eme.

29 Dhetuer.
M'u lodh e m'u mpi fuqia e shiqimit, mbassi gjithnji i shof po ato fëtyra që kam pamë dje ase pardje. Sa të mërzitet nji film sinemaje që përsëritet mbi napë, aq të pashijëshme më duken këto fëtyra, të cilat nashti i njof me ma t'imtat viza.

31 Dhetuer.
Mbas pesë a gjashtë orësh shporret viti [1929] moti i kobshëm për mue. Ky vit hyni të Martën e po del të Martën pa me më kënaqë, makar, nji herë. Lus që moti 1929 t'i përmbledhi me vetëhe të gjitha fatkeqësit e mia dhe të mos u a lajë trashëgim këtyne që do të vijnë mbas tij.

1930

1 Kallnuer.
Qeh hyni çasti i parë i vitit 1930. Lus që ky vit të jetë i mbarë për mue.

3 Kallnuer.
Jam fare keq për të holla. S'kam as nji dysh si për vetëhe ashtu për familje e ngratë.

7 Kallnuer.
Afër meje, n'oborr, ishin ulë dy krimmelë dhe po kuvendojshin. Un kisha marrë nji libër në dorë dhe bajsha sikur po lexoj në të, por veshët e mendjen i kisha ke ata që fjaloseshin, me ambëlsi të madhe, mbi veprat kriminale të kryeme prej tyne.
 - E si e mbyte? e pyeti njeni tjetrin.
 - Fare lehtë, si të kishte qenë nji sqap, gjegji krimineli sy zi me mburrje dhe tue e tundë kambën e djathtë q'e kishte vue mbi të majtën.
 - Ditën apo natën?
 - Natën or jahu.
 - Po ajo ku ishte?
 - Aty.
 - E! Duket se paske qenë marrë vesht me të qysh ma parë.
 - Po të mos isha marrë vesht nuk munt të futesha mbrenda.
 - Ke të drejtë, tha shoku tue i spërdredhë musteqet dhe mbassi pështyeni atje tej. Të paska dashtë fort e bija e qenit, shtoi mbasandaj.
 - Po or jahu. Ajo luente mentsh për mue. Prandaj u ba razi me e mbytë të shoqin.
 - Përse nuk e vrave?
 - Ti e din se pushka ban bujë dhe gjaku len gjurmë. Prandaj e mbyta. Po t'a vritsha me pushkë nuk ishte larg mendjes që të zgjohesh katundi prej krismës e të na ndiqte kambë për kambë. Po t'i mshojsha me thikë nuk ishte çudi që të mos e godisja mirë dhe të bërtite sa të na merrte dreqi. Veç kësaj gjaku që do të shpërthente kishte me më sërkatë dhe do të më ndragte si nji kasap.
 - A nuk pate frigë se mos zgjuhet?
 - Më siguroi e shoqja se e kishte gjumin e randë. Veç kësaj ajo e kreu punën ma të madhe.
 - Përse?

- Ja sepse: Ajo e muer brezin e të shoqit dhe u fut në shtrat. Mbasi ndejt pak i a futi brezin nën qafë pa diktue ai.
- Mbasandaj?
- Mbasandaj nuk mbetesh tjetër veçse me e shtrëngue.
- Qenka katileshë dosa, thirri shoku tue i shtrembnue tureçkat.
- Ishte trimneshë, gjegji dashnori kriminel tue i spërdredhë, me nji farë kënaqësije, musteqet e rralla që kishin nisë me i bimë.
- Mbasandaj?
- Mbasandaj e shtrënguem brezin dhe e mbytëm.
- A u përpoq me shpëtue?
- Si jo! Me nji herë u zgjue dhe nxuer nji klithmë të vrazhdët, por të pafuqishme. E shtrënguem ma me forcë dhe nuk e lamë t'a përsërisi gjamën.
- Mbaroi me aq?
- Jo. Më zu për krahu dhe më shtrëngoi për nji çast, por mandej e la fuqia dhe i shpërtheu gishtat.
- A vdiq me nji herë?
- Të thashë, or jahu. Mbaroi në disa çaste.
- Mbasandaj ku shkuet?
- Në kthinën tjetër.
- Përse? Nuk ikët?
- Jo, shkuem në kthinën tjetër që t'a merrshim hakun e atij zahmeti.
- Jo xhanëm!?
- Për Zotin, tha djaloshi gjaksuer tue hudhë tej nji bulë pështjemë.
- Deri sa ndejtët aty?
- Deri afër mëngjezit bamë qejf. Kur nisi me zbardhë ikëm, tha ajo shtazë me fëtyrë e emën njeriu. Mbasandaj zu me fërshëllye si me dashtë t'a përcjelli me muzikë at kujtim që për të dukesh se ishte shum i ambël.

Me nji herë më kapën rrebet dhe m'u rrëqeth shtati nga kjo poshtërsi shembëllore. U çova dhe ika s'andejmi për me mos i ndigjue më. Djaloshi krimnel ndoshta gënjente kur thoshte se ishte divertue me atë lavirën mbasi e kishte krye krimin, por me këto fjalë më bani të besoj se, me të vërtetë, ishte tepër i lik.

Për nji herë m'u sodit ajo skenë tragjiko-skandaloze: Burri i mjerë ndëhet mbi shtrat për të flejtë e për t'u shlodhë nga mundimi i ditës që ka pasë tue punue nd'arë. Në pak çaste e kapullon gjumi dhe nis me gërhitë lehtas, si nji fatbardhë që nuk e ngacmon krymbi i zhaluzis. Fiket llamba dhe mbas pak hapet dera me nji kërcëllimë të lehtë. Futet mbrenda nji hije e zezë: Mordja e gjallë. Bashkëshortja e burrit të shkretë, sikur nuk mjaftonte trathtia q'i bante të shoqit, e merr brezin e tij dhe i a shkon nën qafë, kur ai flen i qetë dhe ndoshta me andrra të... bukura. E ndihmueme prej bikut e mbyt të shoqin dhe mbasandaj shkon në kthinën tjetër, ku shkërryhet nën shalët e atij dreqit me kreshtë. Po. Kur shpirti i viktimës udhtonte për të dalë përpara Fronit Hyjnuer fërshëndi ndukesh e... puthesh me dashnorin shpirt-zi.

Me gjith që këto dy kafshë ranë në lakun e Drejtësis nuk u ndeshkuen rreptë, mbassi nuk u gjetën prova të mjaftueshme. Ani, se Drejtësia Hyjnore ka me i dënue ma rreptë se ç'do autoritet tjetër njerëzuer.

12 Kallnuer.

Të gjithë të burgosunit janë nervozë. Kjo sëmundje asht fare e natyrshme, sepse shumica e tyne i kanë bamë fajet të shtyem nga gjaknxehtësia. Veç kësaj pamundësia që kanë tash për me i argëtue dëshirat i ka bamë si të hutuem. Un kujtoj se i burgosuni edhe sikur t'ishte vetëm në nji qeli, do të hidhnohesh me shtratin ose me muret po të mos kishte se në cilin t'a shfrejë dufin.

13 Kallnuer.

U burgos sonte nji dyzet vjeçar që kishte dhunue nji vajzë dhetë vjeçare. Ky dreq me fëtyrë njeriu kishte përfitue nga mitunia e goces dhe e kishte shvirgjinue. Mjekët q'e kishin vizitue çupën kishin deklarue se i asht ngjitë edhe sëmundje venerike. Gjith opinioni publik, me të drejtë, asht tronditë e egërsue prej këtij skandali. Të shofim se çfarë dënimi do t'i api Drejtësia. I ati i vajzës së dhunueme gjindet në mes tonë i burgosun për nji faj politik. Pezmatimi i tij nuk munt të matet n'asndonji mënyrë. Të gjithë e shofim me dhimë kët at fatzi.

15 Kallnuer

Jeta e eme e deritashme më ka bamë të besoj se un kam lemun fatkeq. Kam vue re se e mira shum rrall dhe vetëm kur gabon më viziton. Edhe ajo vjen tue shqepue dhe gati e mekët. E keqja asht miknesha e eme besnike, që nuk don me u largue prej meje deri në buzë të vorrit. E keqja, me fjalë të tjera, asht motër e jo shemër me jetën t'eme. Prandaj edhe un nuk e pres si nji të huej që nuk e njof. Vetëm më beszdis tepër kur vjen bashkë me shoqet e veta dhe më ban të vuej jasht masës për me i kënaqë kapricjet e tyne.

16 Kallnuer.

Shpesh herë rrifen të burgosunit me njeni tjetrin dhe un, si t'isha gjykatës paqtues, hyj ndërmjet dhe i pajtoj. Kështu ndodhi edhe sot me dy t'anmiqësuem që kishin shfrye në njeni tjetrin tue i futë disa flakurima shoqi shoqit.

18 Kallnuer.

Sot e vizitoi burgun nji Inglize e quejtun Mis Katerina O'Leary. U foli të burgosunve mbi nevojën e mirëpërdonimit të kafshëve. Kuptohesh se ajo ishte antare në shoqnin për mbrojtjen e kafshëve dhe kishte ardhë deri në këtë skutë të Dheut që t'a zhvillonte propogandën e sajë prokafshësore. Kjo krijesë e ajthtë e Natyrës Inglize dukesh sikur u a kishte kushtue jetën kafshëve dhe na këshillonte që t'i ushqejmë mirë, të mos i ngarkojmë randë dhe të mos i rrafim. Flitte me nji gjuhë të favorshme e me nji dashuni të veçantë për macat, pulat, gjelat, qent, kuajt, gomarët dhe për të gjithë ata që janë shokë me këta. Na diftoi edhe disa piktura kafshësh dhe na spjegoi se si shëroheshin nja dy veshgjatë në nji spital të Londrës. E zgjata dorën dhe e mora atë pasqyrë që tregonte shkallën e lumnis së kafshëve, pa dyshim, Inglizë. E pashë me nji farë kureshti të përziem me habi dhe, për nji çast, lakmova të këmbehem me ata veshgjatët që preheshin ndër ata spitale madhështore se sa të jem... në burg. Pashë edhe disa fëtyra macash, dacash, pulash, gjelash, qensh e kuajsh që jetojshin fare bukur ndër banesa kolosale që na të ngratët nuk i kemi as këtu, në kryeqytet, për njerzit. Tue i shique këto banesa madhështore që kanë ndërtue Europianët vetëm për kafshët dhe tue mendue se na të gjorët nuk kemi as edhe kasolle për t'u strukë e strehue, ndiva nji farë pezmatimi dhe m'erdh shum keq për vorfënin e vobsin t'onë. Eh të shkretët na që nuk e shijuem jetën. Kjo Zoja Inglize ndoshta asht nji filantrope, por mue m'erdh shum keq q'ajo i lodhi nofllat tue u folë Shqiptarve mbi nevojën e mirëpërdorimit të kafshëve. Do t'ishte shum ma mirë sikur të pyeste, ma parë, se si përdoren dhe si jetojnë njerzit në vendin t'onë dhe mandej të niste nga puna. Fëtyrat e zbeta të Shqiptarve të gjorë që kanë lemë binjakë me vorfënin, sikundër duket, nuk i a paskan tërhekë verejtjen dhe nuk i a paskan mbushë syn asaj. Kjo e urueme, pa u përtypë, u fliste këtyne bark-zbrazunve e zorrë-thatëve mbi nji çashtje q'edhe ata e dijnë, por nuk munden me e zbatue nga shkaku i vorfënis. Këta të mjerë që s'munden me e fa barkun me bukë kollomboqi dhe që i dhelatojnë fëmijt tue u thanë: Hani shëllinë se ju skuqen faqet, natyrisht nuk kanë se si kujdesohen, në mënyrë të meritueshme, për mirëpërdorimin e kafshëve. Kjo bujare do të bante shum ma mirë sikur të kujdesohesh për banorët jo katër kambësh të këtij vendi se sa për veshgjatët e lafshkuqët. Veç kësaj kjo e bekueme përse nuk i a kushton jetën lirimit të popujve që lëngojnë nën thudnrën e imperializmës së fuqive ma të forta, por merret me kafshët? Vall a nuk e din kjo flokë-gjatë se disa qinda miljonë njerës nëpër kolonit e ndryshme përdoren si kafshët prej bashkëkombasve të saj e të tjerve me qëllim shfrytëzimi? A nuk janë për t'u mëshiruem këta të mjerë ashtu si u mëshiruen zezakët që dikur merreshin skllav e shiteshin si bagëtia? Ato gjurmë që ndoq bashkëkombasi i saj, deputeti filantrop William Wilberforce për t'i shpëtue zezakët e shkretë nga skllavëria, përse nuk i ndjek edhe kjo për t'i shpëtue të kolonizuemit nga robnia? Ndryshimi nuk asht i math. Përse nuk i përvishet kësajë lufte të shejtë për me e shlye kët turp që nuk përshtatet ma me shekullin t'onë? Edhe Wilberforce, Cloucester, Banning, Pitt dhe Wellington qenë Inglizë dhe luftuen për arritjen e nji ideali të naltë:

Me shum sakrifica e shpëtuen njeriun nga kulari i skllavëris. Përse, pra, edhe kjo nuk punon për lirimin e popujve nga zgjedha e sunduesve të huej? Përse nuk vepron për kët qëllim, me të vërtetë, të naltë e njerëzuer?

Ajo do të bante shum ma mirë sikur të sillte me vetëhe nji sasi të holla, nga fondi i organizatës për mprojtjen e kafshëve, dhe t'i përdorte për njerzit tue u a ndamë Shqiptarve t'unshëm, se sa u lodh tue na këshillue për kafshët. Në nji vend që vuejnë njerzit për bukë ash marrëzi të kujdesohesh për kafshët. Duket se ajo edhe mbassi erdh në vendin t'onë nuk qe e zonja t'a kuptojë gjindjen t'onë shoqnore dhe ekonomike. Po të jenë gjith grat në gjindjen e saj mendore, sigurisht, edhe për shum shekuj nuk do të bahen të deja me u bamë shoqet e burrave në të drejta.

23 Kallnuer.
U burgosën sot tre vetë për faje të ndryshme. U habita prej sjelljes së tyne: Qesheshin e prralleshin kur po mbylleshin në két vend të mallkuem.

28 Kallnuer.
Disa ditë ma parë u burgos nji djal' i ri, nja 24-25 vjetsh, sy e vetull zi dhe pak i zeshkët. Ky pandehet për rrëmbimin e nji vajzës shtatëmëdhetë pranverash, me të cilën dashunoheshka. Këta kanë bimë e janë rritë nën qiellin e kthjellët e të kaltërt të Malsis së Tiranës. Janë dhelatue në prehnin e katundit dhe janë argëtue me bukurinat e natyrës që shkëlqen, ma fort se gjetiu, në rranzë të atyne bjeshkëve, për herë, të gjelbërueme e të lulëzueme. Ajri i pastër q'e kuen Shqiptarin me bujari të veçantë dhe ujt e kulluet që derdhet nga gurrat gurgulluese si nji lang argjendi, u kishin dhanë të rijve shëndetin e atyne fatbardhëve që, mandej, shtyhen me u përkundë në djepin e dashunis. Me nji fjalë vetë dora e natyrës i kish mbushë zemrat e tyne me dashuni. Dy të rijt, të rrëmbyem prej valëve të rrepta t'asajë force të papërballueshme, ma ni funt përkulen. Djali që s'e kishte konsumue dashunin, me nji herë, kishte pjerrë kah çupa e re që i ishte shfaqë si Perëndesha e Bukuris. I këpusin verigat e robnis dhe bashkohen, ndoshta edhe shijohen me pemën e Adamit e t'Evës, por ndeshin në mendësin e mykët të prindëve e në pengimet e zakonit mizuer: Gocën e shtrëngon e ama me u martue me nji tjetër dhe djalin e qortojnë prindët, mbassi e paskan pasë vlue, qysh në fëmini, me nji tjetër dhe mbasandaj i paskan martue, ashtu si bashkojmë na nji kalë e nji pelë. Natyrisht ai çon krye kundër atij zakoni barbar që i a kishte grabitë të drejtën e dashunimit dhe hudhet tej: E përqafon atë q'e dashunon. Por anmiqt e liris së vërtetë, që i impozojnë edhe vetëhes së tyne nji robni të padëshirueshme, e kundërshtojnë dhe e luftojnë: E shtyejnë t'amën e vashës me u ankue. Djali u padit dhe tash vuen në burg lark Sirenës së vet. Mirë, por edhe ajo, me gjith agjitasionet që i bajnë, nuk bindet kurrsesi për me u ndamun prej Kupidonit të vet. Sa

duf ka zemra e djalit që cingëron këtu, sigurisht, aq hafsh do të ket ajo e gocës së mundueme.

6 Fruer.
Dje ndrrova vend. Dola në nji kthinë tjetër, ku do t' jem vetëm. Vetmia më pëlqen për shumë arësye. Sot e pastrova, e lyeva dhe e lava kthinën. Nashti zotnon pastërtia dhe besoj të prehem disi.

11 Fruer.
Vrazhdësia e burgut kuptohet e shtohet ma fort kur mungojnë shokët e mirë, të cilët e gjymsojnë mërzin. Qenka e vështirë me gjetë shokë të mirë në burg, për shkak se nuk pajtohen karakteret.

18 Fruer.
Un besoj se mërzin e burgut s'munden me e shporrë as edhe njiqind gëzime. Mërzia e burgut asht si nji zhul që nuk e mshin kurrgja veçse liria.

23 Fruer.
Kanë prue në kthinën t'eme nji të quejtun Qamil Xhelali nga Elbasani, ish kapiten i gjindarmeris, i dënuem me disa vjet burgim për abuzime.

28 Fruer.
Brengu dhe mërzia janë paja e burgut. Ai që banon këtu, pa tjetër, ka me u pajue me ta.

3 Mars.
Për shkak se në kthinën t'eme nuk hyn as pak drita e Diellit, edhe ditën e mbajmë ndezun llambën. Kjo llambë e zavendëson Diellin.

8 Mars.
U turbullue koha sot dhe zu me ra shi. Vranësia e kohës e ka errësue edhe ma tepër kthinën t'eme, e cila tash duket si nji vorr i errët.

16 Mars.
Burgu, në nji pikëpamje, qenka si nji shkollë, ku mësohet e vërteta. Këtu kuptohet miku e anmiku, këtu mësohet vetia e vesi, këtu trilloliet shpifja e rrena ma fort se gjetiu dhe këtu dallohet ma mirë torrollaku prej të mentshmit. Lum ai që del i diplomuem prej kësajë shkolle.

23 Mars.
Jam në prak të vitit të dytë që po dergjem në burg. Kush e din se edhe sa muej apo vjetë do të vuej këtu tue rrënkue shpirtnisht për lirin e grabitun. Ndoshta do të vdes këtu i dëshpëruem për ç'do gja. Po t'a dijsha se vuejtja

e eme në burg i shërben njerëzimit do të isha i kënaqun, por s'e besoj nji gjë të tillë. Do t' isha fatbardhë t'i duhem njerëzis e të bahem fli për të, por nuk m'a merr mendja se qenëja e eme në burg i vlen asaj.

26 Mars.
Sot, në mesditë, kishte ardhë nji plakë bashkë me nji të re për ba pamun nji t'afërmin e tyne që ndodhet i burgosun. E reja ishte si nji mollë e bukur që e ban t'i shkojnë jargët atij q'e shiqon e nuk e shijon. E pashë me lakmi dhe une at dëshir që ka i unshmi për të hangër. E shiqova nji copë herë, ndoshta me syt e nji të shkallituni, dhe më gjajti sikur e përpiva me sy. Ndërkohe vuna re se edhe ajo po më veshtronte me interes. Ndoshta ashtu më gjajti mue, por un u gëzova. Oh sa kënaqësi asht për njeriun me u pëlqye prej nji tjetri e sidomos mashkulli prej nji femne. Nji farë krenije që len nga vetpëlqimi m'argëtoi dhe e gjeta vetëhen të... bukur e... simpatik. Natyrisht ndiva nji farë ngushullimi dhe nji ngushullim që vlen shumë. E shiqova Zojushën gjatë, deri sa u ngopa, dhe deri sa e pikturova mirë bukurin e sajë në fletët e trunit t'em. Të them të drejtën më vjen efsh të mendoj se kjo krijesë e bukur e ka origjinën ke majmuni. Për ato që janë të shëmtueshme, pa hezitue, e pranoj theorin e Darwinit, por për të bukurat kurrë nuk pajtohem me të.
Kur po ikte e ndoqa me sy. Sa e vue kambën në prak të derës e ktheu kryet dhe më shiqoi rishtazi tue e vanë buzën në gaz. Puthja e zemrave, sikundër dihet, shprehet me anë të buzëve, por ajo e shpirtnave me anë të veshtrimit. A thue se edhe shpirtnat t'onë komunikuen me njeni tjetrin? Desha t'a ndjek e t'a pushtoj ndër krahë, por m'ishte e pamundun se... se jam i burgosun. Përsëri më shiqoi dhe nënqeshi. Mbasandaj u shduk tue hymë në jetën e lirë. I shkreti un! M'u dhims vetja kur mbeta vetëm, i mbyllun në kthinë dhe i pushtuem prej nji mërzije të randë. Qani ju sy! Plas ti moj zemër!

29 Mars.
Kushrini i em, Xhemali, më thonë se asht tue luftue me mordjen që i kërcnohet. Për këtë arësye jam tepër i mërzitun. Nuk besoj të shpëtojë nga thojt e vdekjes, mbassi asht tyberkuloz. Më dhimset i shkreti, sepse asht edhe i ri dhe asht martue tash shpejt me nji vajzë q'e ka dashunue.

2 Prill.
Tash më njoftuen se e dha shpirtin dhe vdiq Xhemali. U vyshk i gjori si nji lule pranvere tue u përpushë nën flakën e dhimjeve të pandame, të cilat pushuen vetëm kur mbaroi ai. Vajtova për të me të gjitha fuqit e shpirtit t'em.

3 Prill.
Më thanë se më kishte kërkue Xhemali deri në çastin e fundit. Kishte dëshirue me më pamun përpara se t'i mbyllte syt për jetë. Nuk ka gojë që mundet me e thanë ose pendë që mundet me e përshkrue pezmatimin e zemrës në rasa të tilla. I burgosuni s'mundet me u ndodhë pranë të dashunit, makar, në minutën e funtme të jetës së tij për me i dhanë e marrë bekimin. Vraga e keqe e asajë mungese, sigurisht, të burgosunit ka me i hapë plagë në zëmër dhe ajo s'ka me i u shërue deri sa t'a mbulojë edhe at dheu i zi.

5 Prill.
Kishte marrë rrogë sot Enveri nga fabrika, ku punon dhe më solli disa të holla. U kënaqa prej dashunis së tij dhe u gëzova që u fut trimnisht në luftën e jetës, të cilën uroj t'a ngadhnojë.

9 Prill.
Prej ditësh dallëndyshet kanë bamë çerdhe në burg dhe me xhixhëllimat e tyne po na i argëtojnë veshët. Nji numër i math prej tyne asht vendosë këtu, ndoshta për me na ngushullue ne.

12 Prill.
Zakoni i lidhjes së vëllaznis në mes të dy vetve, tue pimë gjak prej njeni tjetrit, ende vazhdon të mbetet gjallë në vendin t'onë. Ata që bahen birazerë vëllaznohen përnjimend si të kenë lemë prej nji nane. Të nxitun prej këtij zakoni dy të burgosun banë sot nji gosti dhe u vëllaznuen. Nji i tretë, simbas regullit, u shënue ndërmjetës apo dorëzanës shpirtnuer i lidhjes vëllaznore. Të vëllaznuemit pritën urime dhe dhanë kafe me sheqer.
Kjo lidhje kaq e ngushtë asht shenjtnue në vendin t'onë aq shum sa birazeri, për shembëll, nuk mundet me u martue me motrën e vëllamës gjithashtu ka të drejtë të kërkojë gjakun e sivëllaut në rasë të ndonji vrasjeje. Vall këta të burgosun mos janë vëllaznue me paramendim shpagimi në ndonji tjetër?

14 Prill.
Qielli asht nximë fare dhe po bije shi. Kupa e errët e Qiellit gjan sikur asht përkulë mbi fëtyrën e Tokës e po derdh lot për ne të mjerët që vuejmë në këtë Skëterë.

17 Prill.
Nji katundar nga Skëtera e Tiranës kishte ardhë sot për me e vizitue mikun e vet që dergjet në kthinën t'eme. Skëterasi gjante si ndonji ari i sjellun në qytet që rrin i mahnitun e i trembun. Tue verejtë rreth e rrotull i nguli syt mbi flamurin e Shqipnis q'ishte ndëmë në faqe të murit
— Ç'asht ajo pece e kuqe, or efeni, me atë sorrë të zezë? i tha mikut të vet

tue i shtrembnue tureçkat dhe tue u zgërdhimë.

Ky ari që mjerisht quhet njeri dhe që rron afër Kryeqytetit të Shqipnis ende nuk e njef flamurin, simbolin e shenjtë të kombësis së vet. Ndokush munt të na kundërshtojë tue thanë se e njef dhe se pyetjen e bani për shpoti e jo me qëllim përbuzjeje. Me nji pretendim të tillë nuk mundet me e shpëtue nga përgjegjësia. Përkundrazi e randon, sepse ai s'ka të drejtë me u tallë me shenjën e shenjtë të nji kombi. As nuk munt të na shkojë ndër mend se ai e përqeshi flamurin i shtyem nga shpirti i egërsuem prej frymëzimit t'ideve tjera e të reja. Në Skëterën e Shqipnis e sidomos në banesën e truve të këtij katundarit jam ma se i sigurtë se nuk ka prekë, as edhe në të rrëshitë, rrezja e doktrinave të reja. Prandaj më takon të them se ai nuk ka ndërgjegje kombëtare dhe as që e lodh vetëhen, sado pak, për çashtje që kanë lidhje me kombësin e me jetën e shtetit të vet.

Kur qeshë në Francë, disa vjet ma parë, pashë nji gocë të vogël - dy, tri vjeçare - që në nji ditë feste po e përshëndette flamurin e vet tue e luejtë dorkën e vogël.

- Ç'ban ashtu Paulette? e pyeti e ama.
- E përshëndes flamurin, tha vajza me nji gjuhë çalamane.

Sa ndryshim të math ka në mes të këtij musteqo madhit t'onë e t'asajë pulkës Francëze!

21 Prill.

Dy të burgosun më pyetën sot për nji çashtje gjyqi dhe kërkuen të dijnë se a formonte faj vepra që më rrëfyen apo jo. U a thashë atë që përmbante ligji, por ai që kishte pasë nji mendim të kundërt u zemërue dhe më tha me mllef:

- Ahu! Ik or budalla se edhe ti s'din gja.
- Pse? pyeta.
- Të kishe dijtë do t'ishje i zoti me e mprojtë vetëhen dhe nuk do të bijshe në burg.

Heshta dhe buzëqesha. Për disa njerës ç'do gja që nuk asht e përshtatëshme me interesat ase dëshirat e tyne s'asht e ligjëshme dhe e drejtë. Të pakë janë ata në këtë botë që qëndrojnë lark nga rrymat rrëmbyese t'interesit e t'ambicjes. Shumica dërmuese asht ase asht bamë robnesha e këtyne veseve.

24 Prill.

Gëdhi nji herë i marrë, por ngrysem dy herë i shkallitun, sepse mërzla po më sulmon me forca të përtrime.

27 Prill.

U rrafën sot dy të burgosun. Zihjet ndodhin shpesh këtu, për shkak se të gjithë janë bamë nervozë. Natyrisht kjo sëmundje, për shum vetë, asht pjella e mungesave të shuma dhe pema e konditave të këqia të jetës që bahet këtu.

3 Maj.
Duket se u harrova në burg. Më gjan sikur nuk kujdesohet njeri për mue. Oh fatkeqësi e pamundëshme.

5 Maj.
Ç'të shkruej kurse nuk rrëshqet pena dhe cingëron zemra?

9 Maj.
Sot asht dita e parë e Bajramit të Vogël. Jam i pezmatuem për shkak se nuk munda me i ardhë në ndihmë familjes s›eme të mjerueme.
Kush e din se sa nana të shkreta janë strukë sot buzë votrës së shueme dhe katrrojnë për bijt e tyne të burgosun; kush e din se sa nuse qajnë për burrat dhe sa motra ulërijnë për vëllaznit e mbyllun në këtë Skëterë; kush e din se sa fëmij dënesin si bonjakë, pse nuk ka kush t'i argëtojë e t'i gëzojë. Kush e din se ç'duf kanë zemrat e tyne dhe kush e din se sa lot janë derdhë mbramë e sot.

17 Maj.
- Përse shkëpurdhesh e rrënkojsh në gjumë? i thashë nji të denuemit për vrasje.
- Jam sëmunë, përgjigji.
- Mos të merret fryma apo të mundon ankthi?
- Jo, por... shof andrra të këqia.
- Andrra të këqia?!
- Po. Shof sikur kacafytem me at që kam vramun.
- Çudi! E qysh e shef?
- E shof sikur më turret me armë dhe më qëllon. Un përpiqem të mprohem, por më mpihen të tana forcat dhe nuk jam i zoti me e luejtë as gishtin.
- Si s'munt t'a luejsh?
- Më ngrin në pilëz të kobures, tha tue m'a diftue gishtin diftues të dorës së djathtë dhe vazhdoi: Ai më qëllon prap; më përplas për dheu me nji të shtyeme; më kërcen për sipër, m'a ven kambën në fyt dhe më mundon për vdekje. Vetëm kur zgjohem shpëtoj nga ajo vuejtje.
- A e shef shpesh?
- Shpesh, tha dhe, mbassi i nguli syt për dheu, shtoi: Un e vrava nji herë, por ai po më vret për herë.
- A je pendue për vrasje që ke bamë?
- Jo, tha me mllef dhe tue e ngritë kryet me nji farë krenarije. Syt e tij, me nji herë, xixëlluen si të nji lugatit n'errësinë. Shpirti i gjaksorit, me nji herë,

u pasqyrue në syt e skuqun prej urrejtjes.
 Kishte vramë për t'a shpague gjyshin e vramë prej xhajës së viktimës. Nuk munt të maten qamet që ka pësue kombi Shqiptar prej këtij zakoni t'egër. Shërbim të math do t'i bajnë këtij populli ata që do të jenë të zotët me e shpëtue nga influenca e këtij zakoni të keq.

 21 Maj.
 Jam i lodhun fare. Më kanë mposhtë brengjet e jetës. Nuk dij se si t'a quej këtë vuejtje që kalon ç'do kufi.

 24 Maj.
 Herë herë furret burgu nga tepria e numrit t'atyne që vijnë turma, turma për t'u rrasë në gji të tij. Burgu, si nji gogol barkmath, i përpije këta si kafshata të lakmueshme. Mjer ata që hyjnë e lum ata që dalin.

 25 Maj.
 Gjith populli Shqiptar që rron mbrenda kufijve politike të Shqipnis së Lirë sot asht burgosë. Asht burgosë populli mbarë, jo për të vuejtë si na që na ka dënue fati. Ai asht ndalue me dalë sot jashtë që të përmbushi nji detyrë qytetare. Bahet regjistrimi i përgjithshëm i popullsis. Për kët shkak gjith banorët presin ndër shtëpia që t'u përgjigjen nëpunsave të regjistrimit.
 Besoj se shum kush e ka sjellë në mend sot burgun dhe ka bamë nji farë gjykimi, sado të cekët, mbi gjindjen t'onë të pikëllueme. Njeriu, me të vërtetë, asht i çuditshëm: Në lumni nuk don të ketë asndonji pjestar, por në mjerim ase në hidhnim don t'a bajë shok gjithë botën. Edhe na sot jemi të kënaqun pse janë burgosë të tjerët.

 29 Maj.
 Dikush më pyeti sot se ku e kam shtëpin.
 - Nuk e dij, i thashë.
 Ai u habit, por edhe un u çudita se as që më kishte shkue ndër mend se munt të më bahesh nji pyetje e tillë. E ku t'a dij un se në cilën shtëpi e në cilën lagje banon familja e eme, mbassi un kurrë nuk kam qenë në shtëpi dhe mbassi ajo s'asht prona e eme. Un, për fat të keq, nuk kam as shtëpi, as pasuni, as edhe... kurrgja në këtë jetë.

 2 Qershuer.
 Disa thonë se më ka pri shëndeti. A asht e mundun? Ata besojnë se jam ngjallë e jam majë në kët vend të namun. Nuk u shkon ndër mend se jam ajë prej vuejtjes shpirtnore.

 7 Qershuer.
 Më njoftoi nji mik se do të lirohem këto ditë. Kam të drejtë të mos besoj,

mbassi shum herë më kanë dhanë lajme të tilla dhe un ende vuej në burg. Me gjith këtë jam mirnjoftës kundrejt atyne që më rrejnë, mbassi mbahem me shpresa. Edhe kësaj duhet t'i falemi.

15 Qershuer.
Em bir, Refiku, asht dobësue fare nga shëndeti dhe ka mbetë si nji kashtë kollomboqi. Edhe ai i ngrati s'e shijoi jetën dhe as që u ushqye mirë që të kishte nji shëndet të mirë.

20 Qershuer.
Prej shum ditësh jam sëmunë. Kam ethe, dhimje koke e dobësi trupi. Ç'do mjekim mbetet pa efekt.

27 Qershuer.
Nji plogti e mefshtësi e madhe më ka kapë këto ditë. Sëmundja më ka tronditë e më ka raskapitë fare. Për kët shkak s'po mundem me shkrue regullisht në këto fletë. Ndoshta këto fletë s'do të mbarojnë përpara se të ket pushue së rrahuni zemra e eme. Kush munt t'a dije cakun e jetës së vet dhe kush munt të jet i sigurtë nga besnikia e sajë. Pa dyshim kurrkush. Vdekja që bahet befas ase aksidentalisht asht e hidhët, por ma e hidhët se të gjitha asht ajo që bahet përpara se t'a kesh krye misionin në këtë jetë.

30 Qershuer.
Ethe të forta pata sot. Volla shum dhe pata nji temperaturë të naltë.

4 Korrik.
Oh sikur t'isha i lirë, të pakën, sonte e të bridhsha nepër rrugët e Tiranës deri sa të ngopesha e të lodhesha. Ndoshta do t'a humbsha rrugën e s'do t'a gjejsha kryen. Por ani. Në nji rasë të tillë do t'a msyejsha shtëpin që të më zinte syni dhe do të rrasesha mbrenda pa u drashtë, sepse banorët e saj, sigurisht, do të më pritshin ashtu si i ka hije Shqiptarit. Por ndoshta nuk do t'arrijsha me hy ndokund, sepse do të ndeshesha n'asish që, pa i pyetë, kishin me m'a tregue udhën e burgut dhe ndoshta edhe n'asish që kishin me më përcjellë me... forcë deri në burg. Kjo botë ka plot shërbëtorë që, vullnetarisht, punojnë për tjerët.

9 Korrik.
Me Dekret Mbretnuer u lirue sot Gegë Marka Gega, i dënuem me pesëmdhetë vjet burgim prej gjykatës politike. Nuk vuejti në burg as edhe nji vit dhe u lirue papandehun. Lum ai.

12 Korrik.
Të burgosunit i a rrëfejnë njeni tjetrit fajet që kanë bamë. Vetëm nuk i a

thonë trupit gjykues.

15 Korrik.
Rojet ndrrohen në dy, tri orë nji herë. Zhurma e randë e ecjes së gjindarmëve, përtueshëm, përplaset ndër mure të këtij Ferri tue kallë nji farë tmeri në zemrat t'ona. Ndrrimi i rojeve n'orët e ditës nuk ban përshtypje aq të madhe se sa natën e sidomos kur jemi në gjumë. Fërshëllima e bilbilave të rojeve që përsëritet dendun për kontrollim dhe zhapllima e randë e ecjes së gjindarmëve që ndrrojnë shoqi shoqin, e shtang edhe at q'asht mbyllë këtu për ndonji faj të vogël dhe e ban të besojë se mos vijnë me e marrë për me e çue ke trikambshi. Oh sa herë në natë zgjohen, tristueshëm, ata që akuzohen për faje të randa dhe sa herë u rref zemra me hof e pa regull.

19 Korrik.
Thonë se nevoja asht mësusja e njeriut. Kjo e vërtetë asht provue edhe këtu në burg. Të burgosunit kafen, çajin dhe disa herë edhe gjellën i ziejnë me letra. Po. Letrat i mbështjellin si gjypa dhe në flakën e tyne, të fortë, e ziejnë atë që dëshirojnë. Kjo asht nji shpikje e të burgosunve. Asht nji mjet i mirë e i dobishëm, sepse me nji anë të shpëton nga mundimi i zjarrit dhe m'anë tjetër asht i kursimshëm, mbassi nuk kushton gjë.

23 Korrik.
Nji nga graduatët e komandës së burgut ishte dehë sot aq tepër sa e prishi qetësin e të gjithëve. Ky njeri, që s'ka mend edhe kur nuk ka pimë, e kishte mbushë kryet me alkool dhe kishte shkallitë fare. U ra më qafë gjindarmëve e të burgosunve, të cilëve u kërcnohesh edhe me armë dhe i shante ndyet e ndyet. Me nji fjalë nuk la marrëzi pa bamë.

28 Korrik.
Sot u burgos nji djalosh prej Priskës së Madhe të Tiranës, për shkak të nji vajzës që e paska rrëmbye. Si djali ashtu edhe goca e paskan dashunue njeni tjetrin, por prindët e çupës nuk paskan lejue të martohen. Prandaj vajza arratiset dhe prindët e saj ankohen kundër djalit, i cili u rreshtue si rrëmbyes. Ma në funt erdhi koha që edhe malësorët t'onë t'i shfaqin sheshit ndiesit e zemrës, të pakën, për sa i përket dashunis.

4 Gusht.
Kurrkund nuk shtohet e nuk zgjatet jeta ma fort se në burg, sepse vetëm këtu bahet ora ditë, dita muej dhe mueji mot. Simbas kësajë prove, pra, s'duhet me i urue tjetrit jetë të gjatë, se i ndjell fatkeqësi për me u burgosë. Ndryshe nuk ka se si shtohet jeta.

12 Gusht.
Valë të forta, disa herë, marrin hof me më ngufmue prej zemrës së brengosun. Më shungllon zemra si nji enë q'asht vue mbi zjarm. Të shofim se deri kur do të qëndrojë pa pëlsitë.

17 Gusht.
Në mes t'onë ndodhet i burgosun Profesor Dr. Z. Junker, Gjerman, i akuzuem si falsifikues për diplloma që u ka dhanë disave në vendin t'onë. Ky njeri zotnon nji kulturë të gjanë. Ai pretendon se ka të drejtë me u dhanë diplloma gjith atyne që i gjen të dejë e të meritueshëm edhe sikur të mos i kenë ndjekë mësimet e nji universiteti. Më propozoi që të m'epte edhe mue nji dipllomë, por un nuk e pranova, mbassi s'kisha nevojë. S'e kuptonte ai se un isha tue u përgatitë për me marrë dipllomën e nji universitetit tjetër, të kësajë shkolle, ku mësimet merren në pratikë e jo në theori. Ky libër që po shkruej ndoshta ka me e zanë vendin e atij që paraqitet për të marrë doktoratën.

20 Gusht.
- Si të quejnë? i kishte thanë t'em bir sot nji mik.
- Fik Ziu, ishte përgjigjë djali.
- Përse Fik Ziu? kishte pyetë miku i habitun.
- Sepse e kam babën në burg.
- E kur të lirohet yt at si do të quhesh?
- Fik Bardhi, kishte gjegjë djali fatzi që vuen në ç'do pikpamje për shkak t'em. Zemra e tij e dlirët kush e di se ç'duf e vëner ka grumbullue.

23 Gusht.
Disa kohe ma parë i pata paraqitë nji lutje Mbretit, Nanës Mbretneshë e Princeshave dhe kërkova të falem, por më thanë se asndonjena s'qenkan dorëzue. A asht e mundun? Me të vërtetë guximtarë janë ata që nuk i dorëzojnë letrat, ase lutjet që i drejtohen familjes Mbretnore.
Nji mik, me këtë rasë, më këshilloi që të baj nji lutje tjetër. Kjo këshillë m'a suell ndër mend këtë prrallë: Në kohe të Sallomonit grat vendosin me u ankue për me e fitue të drejtën q'edhe ato të martoheshin me ma shum se nji burrë, ashtu si bajshin mashkujt. E bajnë lutjen, por nuk gjejnë mjet për me e çue, sepse druejshin se ajo do të binte në dorë të burrave në Pallat dhe do të grisesh pa ramë në dorë të Sallomonit. Prandaj u menduen gjatë e gjanë dhe mbassi e shoshitën çashtjen mirë vendosën me e dërgue lutjen me anë të nji laraskës. Ky vendim, që në vetëvetëhe përmbante mpreftësin e mendjes së gruas, u zbatue me nji herë: I a lidhën lutjen për kambe nji laraskës me shpresë se ajo do të fluturonte e do të qëndronte mbi pallat të Sallomonit, i cili munt t'a shifte dhe, i shtyem prej kureshtit, munt t'a merrte lutjen! Vepruen kësodore, por laraska, për fat të keq të tyne, ra në

nji pyll, ku gjet vdekjen. E grat që nuk e kishin marrë vesh fatin e zi të laraskës ashtu edhe të lutjes, gjithnji, pritshin përgjigje prej saj. Sot e asajë dite ato presin dhe urojnë ogur e lajm të mirë kur, rasësisht, vjen e qëndron ndonji laraskë n'oborr të shtëpis.

Edhe un pësova si grat e ngrata që u asht grabitë e drejta e s'kanë se si t'ankohen. Duhet të çoj nji lutje me anë të ndonji laraskës që të pres, me shpresë, deri sa të pëlsas ase të... vdes!

27 Gusht.
Po ban vapë e madhe. Nga ky shkak si dhe nga mërzia e tepërme nuk po flej mirë.

29 Gusht.
Nji grindje fjalësh pata sot me Profesor Dr. Z. Junkerin që ndodhet i burgosun prej disa kohësh.

Dr. Terenc Toçi, avokat i tij, kishte ardhë me e pamë dhe po e gushullonte me fjalë t'urta. I foli mbi gjyqin e tij dhe i dha shpresa, por ai nuk ndinte fare dhe... qante si foshnje.

- Ju lutem mos qani se asht turp, i tha Dr. Toçi.
- Si të mos qaj kurse mbahem në burg, padrejtësisht e si nji fajtuer, gjegji i egërsuem.
- Të jeni sigur se në mbarim të gjyqit ka me ngadhnue e drejta.
- Po, po, e kuptoj, tha Junkeri si me përbuzje dhe vazhdoi të qajë.
- Nuk ju ka hije të qani Z. Doktor, i thashë un. Duhet të diftoheni i fortë dhe i durueshëm në rasa të vështira.
- Padrejtësia që më bani vendi i juej, për të cilin un kam punue, më ka dobësue fare, gjegji dhe i dha hof vajit edhe ma fort.
- Më vjen shum keq që nuk ju gjeta aq të fortë sa besojsha, i tha Dr. Toçi dhe, që t'a inkurajonte, i rrëfeu se si po e duroj un vrazhdësin e burgut prej kaq vjetësh më gjith që jam edhe i vorfën.
- Jam në vend të huej dhe eme shoqe sot banon në nji hotel e rrethueme prej njerësve t'egër e injorantë. Nderi i saj, shtoi Junkeri me zemërim, asht në rrezik të njolloset.
- Ju lutem, mos e akuzoni kaq randë Zojën t'uej, i tha Dr. Toçi.
- Gjindja e sajë nuk m'ep as ma të voglin besim e sigurim.
- S'ka asndonji shkak që t'alarmoheni kaq tepër.
- Ju thashë, Zotni, se eme shoqe ndodhet në vend të huej e vetme dhe pa përkrahje përball ç'do sulmi.
- Kurrkush s'guxon me e ngucë, se e pret ndeshkimi ma i rreptë i ligjit.
- Cili ligjë? pyeti Z. Junkeri me qesëndi.
- Ligjët e shtetit t'onë Zotni. Edhe shoqnia Shqiptare regullohet me ligjë dhe, për fat të mirë, tash me ata ligjë moderne që ka edhe Gjermania e juej, i tha Dr. Toçi me nji za që tregonte se ish prekë në sedrën kombëtare.

- Po, po, por këta njerës t'egër - deshte të thot për Shqiptarët - nuk njofin as regull as ligjë dhe kanë me bamë ndonji skandal që t'a njollosin nderin e grues s'eme.
- Gaboheni dhe gjykoni shum liksht për Shqiptarët, i thashë un tue ndërhymë në bisedim.
- Përse? pyeti Junkeri me nji farë mospërfillje.
- Sepse, sikundër ju tha edhe Dr. Z. Toçi, na në Shqipëri kemi ligjë që e garantojnë nderin e grues si në Gjermanin t'uej dhe nuk mbetet njeri pa u satisfaksionue. Veç kësaj kemi edhe do ligjë tjera që nuk janë shkrue mbi letër, por janë gëdhendë mbi rasën e trunit dhe të zemrës së Shqiptarit. E këta ligjë që kombi Shqiptar i trashëgon prej qinda vjetsh përmbajnë dispozita të veçanta për nderimin e mikut dhe për ndeshkimin e dhunuesit të grues. Ligji Shqiptar e ngren naltë nderin e grues dhe thot se Nderi i grues o falet ase merret me gjak. Don me thanë se nuk shitet nderi i grues. E kur grueja e fyeme asht edhe e huej, atëhere, ndeshkimi bahet edhe ma i rreptë se, njikohësisht, asht cenue nderi i grues e hospitaliteti qe Shqiptari i ofron mikut.

Junkeri më shiqoi si i mahnitun dhe desh të pyesi dish ka, por un vazhdova:
- Po Zotni. Ka qëllue rasa q'asht shue nji familje, asht bamë rrëmujë nji katund, ka krisë pushka në mes të dy katundeve ase të dy krahinave kur asht cenue nderi i grues ase e drejta e mikut, të drejta këto që janë shenjtnue prej ligjëve të këtij populli fatkeq. Shqiptari, Zotni, ma lehtë pranon të vdesi se sa të koritet. E ju, Zotni, në qoftë se qytetnimin e nji kombi e matni me kostumin që mvesh dhe kujtoni se asht barbar ky popull i mveshun me xhokë e me brekushe, lypset t'a dini e t'a kuptoni se gaboni trashë:
- Të lumtë Haki! Mirë i a bane, më tha Dr. Toçi i kënaqun.
Junkeri kishte heshtë ma i mundun dhe i turpnuem.

1 Shtatuer.
Sot asht festa e regjimit. Kot shpresova e kot mbaj ozdajë se munt të lirohem.

4 Shtatuer.
Nji jevg i quejtun Mahmut Azizi asht dënue me nandë vjet e disa muej burgim për disa vjedhje që ka bamë. Ky ka lemë në Kavajë, asht rritë në Durrës dhe ka banue në të katër anët e Shqipnis. Asht nja 20-21 vjetsh, i shëndoshë, i bukur, i zeshkët, i pamartuem dhe pa kurrfarë pasunije. Sa herë q'e shof këtë bimë fisnike të Natyrës egoiste e kapricioze më vjen të pëlsas e të baj paf! I kam zili këtij njeriu se gjithnji këndon dhe për herë qesh. Shpirti i tij, me të vërtetë, i lirë i ka mbyllë dyert përpara mërzis e pezmatimit. At nuk e gandon as nji breng i kësajë jete. Ai s'asht as fetar, as atdhetar, as pronar, as edhe familjar. Kurrgja s'e ngacmon dhe as që e çan kryet për andrallat e kësajë jete. Oh sa lakmojsha të ndrrohem me të!

8 Shtatuer.
Dje mbram e sot gjith ditën kam qenë sëmunë prej dhëmballëve dhe qeshë ajë nga faqet. Nuk flejta asnji minut prej dhimjeve të forta që pata. U mjekova dhe u shërova me nji bar plakash. Përdora finjë të vokët të trazueme me voj të mirë. Doktori, natyrisht, u çudit prej guximit t'em.

11 Shtatuer
Me gjith që e shkula dhëmballën ende kam dhimje.

14 Shtatuer.
Që të mjekohet shpirti i të burgosunit e të përmirësohet gjindja e tij, do t'ishte e dobishme të nxirresh nji gazetë e përjavëshme ase e dyjavëshme me emnin Burgu. Qëllimi që do të ndiqte kjo gazetë, natyrisht, asht i kuptueshëm. Juristët t'onë munt të shkruejshin mbi probleme juridike dhe të burgosunit mbi çashtje të ndryshme që kanë të bajnë me jetën e tyne. Të gjithë të burgosunit e Prefekturave do të shkruejshin mbi shtyllat e kësajë gazete mbi ata që burgosen, që dënohen, që lirohen, që sëmuren, që sillen mirë ase likësht dhe mbi nëpunsat. Me këtë mënyrë i burgosuni do të kishte nji farë satisfaksioni dhe do t'ishte i nxitun me u përmirësue, mbassi do t'i vinte randë me u ekspozue keq prej organit të vet.
E dobishme do t'ishte nji gazetë e tillë, por kush guxon me propozue se?

16 Shtatuer.
Kam vue re se njerzit ndahen në grupe simbas natyrës, mendësis, vesit ase shpirtit që kanë. Për shëmbëll këtu, në burg, ku asht vatha e të liqve, kusarët rrijnë bashkë dhe katilët tok. Rrall i pajton ylli nji kusarit me nji vrasës ase këtij me nji dhunues. Të gjithë e kërkojnë njeni tjetrin dhe shijohen tue rrëfye ndodhina të përshtatëshme me natyrën e vesit që kanë. Kënaqësi të madhe ndiejnë kur ndonjeni rrëfen ndonji ngjarje interesante për ta. Të gjithë e ndigjojnë si të magjepsun e të tërhekun prej nji kureshti t'ambël. Mbas rrëfimit nisin me u shtjellue mendime. Tue shfaqë mendime seicili përpiqet me u diftue ma i zoti, ma i aftë e ma i dëjë për të krye krime, vjedhje, mashtrime, shnderime e të tjera. Nji shoqnim ma të sinqertë, sigurisht, nuk mundet me e gjetë njeriu në ç'do vend e në ç'do kohe, pse rrall takon që të pajtohen gjaknat e të lidhen zemrat kaq ngusht.

17 Shtatuer.
Jam tue bamë nji jetë, plotsisht, si të kafshëve: Kthina, ku dergjem, asht qendra ma e begatshme e lagështis, mbassi nuk e përshëndet as ma e vogla rreze e Diellit. Gjella që ha asht e keqe. Berber Suti m'a ka shti lemerin. Prandaj s'munt të rruhem ke ai dhe kam vendosë me lanë mjekër, me gjith që ban vapë. Me qenë se banja bahet në nji nevojtore të ndyet e të

shkatrrueme preferova të mos lahem fare. Ujt e pusit fëlliqet prej duervë të shuma që nxjerrin ujë dhe lahen aty. Veç kësaj tri a katër metro ma naltë asht nevojtorja dhe kanali i saj shkon bri pusit, prandaj edhe ujt s'asht i mirë dhe i pastër. Ajri, pa dyshim, nuk asht i pastër, mbassi helmohet prej nevojtoreve e ndysinave tjera të burgut.

Prandaj thom se po baj nji jetë si të kafshëve.

21 Shtatuer.

Disa ditë ma parë pashë në nji gazetë, të futun tinëzisht, se Hindianët i kishin bamë bojkotazh mallit Ingliz dhe në shum vise kishin nisë me i luftue Inglizët edhe me armë. Nji gazetë që më ra në dorë sot lajmon se Hindianët i paskan ulë veshët para Britanjës së Madhe. U habita nga ky lajm, për shkak se kësajë radhe pata kujtue se Hindianët do të hudhshin nji hap përpara e drejt mvehtësis. S'besojsha se do t'a fitojnë lirin plotsisht, por as nuk e shkojsha ndër mend se gjithë ajo patërdi të vejë kot e pa ndonji përfitim, sado të vogël. Treqind e pesëdhetë miljon njerës i ulën kokën pushtuesit dhe nuk mundën me shqitë kurrgjë prej tij. Eh jazëk! Për nji popull asht ma mirë vdekja se sa robnia. Për nji komb asht ma mirë të vdesi kryenaltë e t'a mbylli historin e vet me nji heroizmë të bame për liri se sa të rrojë si bagëti. Asht shum ma mirë që Atdheu të bahet nji vorrezë martyrësh se sa kullosa e të huejve. Asht ma mirë që vendi, i shenjtnuem prej kombit me kujtime të ndryshme, të figurojë në kartën gjeografike si vorreza e martyrve të liris se sa si nji koloni e huej dhe banorët si skllavët e të njizettit shekull të qytetnimit. Turp për Hindianët që nuk paskan ndërgjegje kombëtare dhe ende rrojnë të shtypun nën thundrën e huej.

23 Shtatuer.

Shpesh herë i kujtoj ditët e para të jetës s'eme. Edhe sot m'u ngjallën kujtimet e m'u soditën kohët e maparshme. Oh sa festë e bukur do t'ishte për trut e mij sikur ata kujtime t'ishin të gjitha t'ambla e të kandëshme. Edhe un kam pasë dëshirue që t'a shijoj jetën e lumtun, por mjerisht. N'asht se ka pasë në jetën t'eme të deritashme ndonji gjë të paqëndrueshme e të pavazhdueshme, ajo ka qenë lumtunia, e cila më rrëshiste, me nji herë, dhe perëndonte ma shpejt se Dielli. Eh fat i lik! Lumnia, simbas mendimit t'em, ndrron trajtë e kuptim simbas njeriut e kohes. Tash për mue lumni quhet lirimi nga burgu. Mbassi të realizohet ky dëshir edhe ajo ka me ndrume emën e trajtë! Kështu asht jeta.

25 Shtatuer.

Tash, mbas dreke, zu me ramë shi. Nji rrëpinë e fortë turbulloi gjindjen e të burgosunve, të cilët u trazuen nga kjo ngucje qiellore. Numri i të burgosunve asht ma sa dyqind. Gati niqind prej tyne janë rrasë ndër kthina, si peshqit ndër kutfa dhe tjerët janë lanë n'oborr. Këta t'oborrit kanë mjaft

83

vend, por e pësojnë kur bije shi. Edhe sot kështu ngjau. Sa nisi me u shprazë qielli ata u shushravitën. Dikush u struk nën strehe dhe dikush u mbulue me nji copkë rrogosë. Me gjith këtë as ndonjeni nuk shpëtoi pa u lagë.

- Ku do të flejnë sonte këta të mjerë? e pyeta njenin.
- N'oborr, përgjigji.
- Prap n'oborr? Mbi tokën e squllosun deri thellë?!
- Po, por ata janë mësue, tha si me pa të keq.
- Janë mësue?! Qysh asht e mundun?!
- Këta të burgosun që shef sot kanë flejtë Dimnin e kaluem n'oborr dhe në nji kohe kur bante ftofët ma fort se kurdoherë. Shpesh gëdhijshin te mbuluem prej vdore, me petka të ngrime e me shpatulla të mpime. Për mbi të gjitha vuejshin edhe prej gripës.
- Çuditem se si nuk kanë vdekë të gjithë.
- Njeriu asht i fortë.
- A nuk u interesue Drejtori?
- I tha Prokurorit, por nuk dij se ç'u ba.

Nuk fola ma. U ndryna në nji heshtje të thellë dhe zuna të mendohem për gjindjen e mjerueshme të këtyne fatzijve e mandej të popullit t'onë. Shiu bije pa pra.

Bashkë me Natyrën qan edhe njeriu i cili duket sikur asht gatue prej dheut të vorrezeve e prej lotve të fatzijve. Qielli i vranët shpraz ujë dhe njeriu i mjerë derdh lot. Sa afrim të math ka në mes të njeriut e të natyrës. Sikurse asht tue qamë qielli ashtu qan edhe zemra e eme e pakënaqun pas kësajë jete. Qava kur leva, qava deri më sot dhe tue qamë, ndoshta, do t'a vazhdoj e do t'a mbaroj këtë jetë të shkrete. Me gjith këtë më pëlqen të rroj. Qe nji mister që s'munt të zbulohet me këta të paka mend.

27 Shtatuer.

Në qoftë se duhet të matet jeta e njeriut me veprat që ka bamë e jo me kohen që ka rrue, lypset t'a pranojmë se shumica e njerësve vdesin at ças që lejnë. Të shumët e njerësve, sidomos banorët e Shqipnis, janë të kësajë kategorije. E në qoftë se edhe e liga munt të quhet vepër, atëhere, pretendimi i jonë rrëzohet vetvetiut, se antarët e saj janë të tepërt. Në nji rasë të tillë këta të burgosun që më rrethojnë mue kishin me e fitue rekordin botnuer.

29 Shtatuer.

Disa ditë ma parë më rëfeu kushrini i em Ramiz Stërmilli nji ndodhinë sa interesante aq edhe karakteristike: Të nesërmen e asajë nate që më suellën në Tiranë dhe më mbyllën në burg, nji ish shoku i em, bashkë me t'amën, shkon në shtëpi të Ramizit që të më vizitojë tue pandehë se kisha ardhë me vullnet t'em e mbas nji faljes s'akordueme. Kishte kujtue se kam bujtë ke Ramizi atë natë dhe kishte ardhë të më thotë nji mirseardhje shoqnore.

Kushrini i em ashtu edhe e ama e kishin marrë vesht se un u solla, me aeroplan, nga Korça në Tiranë dhe se u futa në burg, por nuk u rrëfejnë. Ish shoku i em e shpreu kënaqsin ma të madhe për kthimin t'em në Shqipni tue shtjellue mendime t'arta rreth pozitës me randësi që do të m'epte Mbreti dhe tue i shfaqë shpresat e veta në favoret e mëdha që do të kishte nëpër mjet t'em, ashtu si kishte ngjamë edhe parandej.

Të mijt e dhelatojnë me shpresa pa i a premë hovin me të vërtetën e hidhët. E lanë të kënaqet.

Ky trangull i hidhët kur del për me shkue në zyrë të vet e merr vesht se un atë natë kisha bujtë në burg e jo në Pallatin Mbretnuer sikundër e kishte marrë me mend ai. Trembet. Kthehet. E kërkon Ramizin dhe i thot që të mos i rrëfejë kuj se ka qenë në shtëpi të tij dhe se ka folë për mue. Ramizi, me qëllim që t'a friksojë edhe ma tepër avanturistin e maskuem, i përgjtgjet se do t'a thoshte të vërtetën po t'a pyetshin autoritetet, mbassi ishte afër mendsh se do t'a kishin pamë bota tue hy në shtëpi të tij dhe ishte problem pse munt të kishte lajmërue ndokush.

Disa herë i përbehet kushrinit që të mos kallzonte dhe ikën i lemerisun. Ky asht typi ma i dobët i hipokritit që gëlltit ç'do turpe për të sigurue interesat e veta.

1 Tetuer.
Sa herë rruhen, hanë ase pijnë kafe të burgosunit i urojnë njeni tjetrit lirim prej burgut. Po t'i ndigjonte Perëndia lutjet ase mallkimet e njerësve do të pësonte si Nasradini me shtëpin që ndreqi dhe, mandej e prishi disa herë për t'i kënaqë të gjithë ata që i banë verejtje.

5 Tetuer.
I burgosuni herë bahet i marrë dhe herë kalama. Kurrë nuk asht normal. Kur asht në gjindjen e të marrit shan ç'do njeri, e mallkon fatin e vet dhe arrin me e trus edhe Zotin. Kur asht në gjindjen e foshnjes gënjehet shpejt. Nji fjalë ngushulluese, sado e vogël ase e vokët, e argëton dhe e mbush me shpresa për me e përqafue lirin e adhurueme. U thonë se do të bahet nji falje. Pa e gjykue e pa e arësyetue e gëlltisin két lajm dhe gëzohen, plotsisht, si çilimijt. Fjala falje qarkullon në mes të burgosunve tua u dhelatue gojë më gojë dhe vjen e forcohet aq sa edhe trilluesi i rrenës përkulet, me besim, para dukjes së vërtetë të sajë. Dikush thotë se aksecili e kishte ndigjue prej aksecilit deputet se do të bahet nji falje me rasën e festës. Nji tjetër thotë se aksecila plakë e kishte ndigjue prej aksecilës Zojë q'asht miknesha e Zojës s'aksecilit Ministër se më 8 Tetuer, me doemos do të bahet nji falje. Rrena të tilla tjerin të burgosunit dhe e gënjejnë vetëhen.

9 Tetuer.
Bashkë me festën u shdukën, hë për hë, shpresat e lirimit.

14 Tetuer.
Prap nisën me u trillue rrena rreth faljes. Thonë të burgosunit se ajo do të bahet më 28 Nanduer. Kush nuk beson ase kush u kundërshton të burgosunve, përnjimend asht i marrë.

16 Tetuer.
Dje e sot kanë sjellë në burg dhetë djelm të rij t'akuzuem për vjedhje. Këta paskan formue nji çetë kusarije dhe çuditërisht, paskan veprue në kryeqytet prej shum kohësh. Njeni prej tyne ishte Dibran, tjetri Lumjan, njeni Lushnjar, tjetri Beratas, njeni Durrëzak, tjetri Shijakas, njeri Elbasanas, tjetri Kosovar, njeni Shkodran dhe i funtmi Tiranas. Dy ma të rijt e ma të bukurit ndër ta, i ndjellkan pederastët tue u a nxitë sendet dhe i tërheqkan jashtë kryeqytetit. Shokët tjerë mshifeshkan andej e këndej dhe pritkan deri sa pederasti të nisë me veprue. Në çastin më delikat e sulmuekan pederastin dhe e shveshkan. I marrkan të hollat dhe gjanat me vlerë. Mbassi e plaçkitkan e liruekan, të sigurtë se nuk do të guxonte t'a lajmrojë policin. Dy të rijt e paskan luejtë mirë e me besniki rolin, thot kryetari tyne, përpos ndonji herë që, gabimisht, i paskan trathtue shokët e nuk i paskan lajmue se po shkojnë me u... zbavitë.
Policia, për fat të keq të tyne, i kishte hetue dhe arrestue. Sikur të kishte pasë në mes të tyne edhe disa nga krahinat tjera të Shqipnis do të plotsohesh kuadri i dobësis në pikpamje vesesh e immoralitetesh.
Qazim Qerosi, kryetar i tyne, ishte nji Dibran gojëshpatë dhe kishte nji farë autoriteti mbi shokët, të cilët i bindeshin, verbnisht, si ushtarë të displinuem.

21 Tetuer.
Kam ven re se sa herë lirohet ndonji i burgosun vendin e tij e zanë, po atë ditë, disa tjerë. Këtu të hymet janë të tepërta e të përditëshme, kurse të dalunat të paka dhe fare të rralla. Këtë fat kisha me i a urue financës së Shtetit t'onë e jo burgut bark-math që nuk ngopet kurrë.

26 Tetuer.
Herë mbas here sillen në burg shofera që kanë gjymtue ase mbytë fare ndonji fatzi. Por duket se ligji asht mjaft tolerues për këta, sepse shof se lirohen me dorëzar dhe nuk kam pamun asndonji që të jet ndeshkue e të ket vuejtë këtu.

31 Tetuer.
Andon Muzina, Mihal Lici e Harallamb Ekonomidhi, të dënuem për faje politike, i paraqitën dje nji lutje N. M. së Sajë Nanës Mbretneshë dhe kërkuen falje. Sot në mëngjes erdh Z. Sotir Martini dhe i njoftoi se Nana Mbretneshë e kishte marrë para sysh çashtjen e tyne dhe se për së shpejti

do t'u akordohesh falja. Vall me cilën laraskë e çuen lutjen këta që kaq shpejt ra në dorë dhe bani efekt? Oh sikur t'a kisha pasë edhe un fatin e tyne. Nuk dij se a i bije ndër mend ndonji herë Nanës Mbretneshë për mue? A i kujton vall shërbimet që i kam bamë në kohnat ma kritike? Po Princeshat vall a e kujtojnë ndonji herë ish mësuesin e tyne? Kush e din.

1 Nanduer.
Sot u transferuem në ndërtesën e burgut të ri. Kjo godinë asht nja njiqind metro për së gjati dhe nja dhetë për së gjani. Rreth e rrotull ka oborr. Zyrat janë përpara dhe mu në mes të ndërtesës. Asht dy padesh. Në padin e parë, në përdhesken, ka pesë kthina të mëdha, dy sqolle, tetë nevojtore, tetëmbëdhetë biruca ase qelia dhe nji spital. Në padin e dytë ka dhetë kthina, nji spital, dy sqolle dhe tetë nevojtore. Si naltë ashtu poshtë, në mes të kthinave, ka koridore të gjatë. Zyrat kanë mjaft kthina si për nëpunsat e burgut ashtu edhe për gjindarmerin.
Kjo ndërtesë thuhet se ka kushtue 17-18 mij napolona. Me gjith atë ka shum të meta. Për shembëll ka vetëm nji pus dhe ky s'ka mjaft ujë që t'i përmbushi nevojat e burgut. S'ka as nji banjë. Në një vend që do të rrojnë me qinda njerës nuk marr vesht se si nuk kanë bamë disa banja, makar, me dush. Veç këtyne s'ka vend për të lamë liveret, gjithashtu s'ka as nji kanal që të rrjedhi ujt e të derdhet jashtë. Me gjith këto të meta, të cilat munt të plotsohen edhe ma vonë, burgu asht i mirë dhe na jemi të kënaqun.
Në fillim, kur hyna mbrenda, m'u duk sikur po hyj në ndonji shkollë. Më gjajti si gjimnazi i Manastirit, ku i kam ndjekë mësimet, dhe u mallëngjeva. Përse edhe burgu a s'asht nji shkollë dhe mue a nuk më kanë futë këtu për të mësue? Uroj që të bahet nji shkollë e vërtetë morale dhe për pak kohe nji shkollë mësimesh e të mos kemi nevojë ma për burgje. Dëshiri i em do të realizohet pa tjetër dhe burgu do të bahet shkollë, por nuk jam në gjindje t'a caktoj se kur.

2 Nanduer.
Erdh sot Z. Reuf Fico, Zav. i Ministrit të P. të Mbrendëshme, dhe bani nji inspektim në burg.

3 Nanduer.
Sot erdh Z. Emin Meta, Prokuror' i Shtetit, dhe e inspektoi burgun. I shëtiti të gjitha kthinat dhe i pyeti të burgosunit se a ishin të kënaqun, a kishin ndonji nevojë dhe i kshilloi për me e mbajtë pastër. Iku tue na ngushullue.

5 Nanduer.
Kthina, ku dergjem, asht mjaft e madhe. Nandë vetë jemi vendosë në të: Jahja Mansaku nga Ndroqi, Jakup Deliallisi nga Shijaku, Qamil Xhelali nga

Elbasani, Idriz Bejtaga nga Kavaja, Andon Muzina, Mihal Lici, Harallamb Ekonomidhi nga Gjinokastra, Ymer Puka dhe un. Kemi mjaft vend dhe jemi lirshëm. Besoj se këtu munt të prehemi disi, ashtu si munt të prehet njeriu në burg.

7 Nanduer.
Burgu i ri ka edhe nji mungesë tjetër: Nuk ka vend të posaçëm, ku të takojnë të burgosunit me vizituesat.

12 Nanduer.
Sot erdh me e inspektue burgun Z. Musa Juka, Ministër i P. të Mbrendëshme dhe Z. Izedin Beshiri, Sekretar' i Përgjithshëm i asajë Ministrije. As na thanë as u thamë gja.

15 Nanduer.
Të denuemit për faje politike marrin lajme të mira dhe shpresojnë të lirohen në festën e 28 Nandorit. Mua kurrkush nuk më thot nji fjalë ngushulluese që të m'i argëtojë shpresat.

18 Nanduer.
Për shkak se ujt e pusit asht në nji sasi të paktë, sa nuk mjafton me i përmbushë nevojat e të burgosunve, shpesh herë ngjasin grindje në mes të tyne. Edhe sot krisi nji potere e tillë.

23 Nanduer.
Dr. Profesor Junkeri, që prej disa kohesh qe lirue me garanci, erdh sot, bashkë me Zojën e vet, për me më vizitue. Më njoftoi se ishte ndeshkue vetëm me tre muej burgim dhe se do të nisesh me shkue jasht Shqipnis. Nashti Junkeri m'u duk se nuk gjykonte liksht për Shqiptarët ma.

25 Nanduer.
Drejtori i burgut dha urdhën që të hurgosunit e secilës kthinë të zgjedhin në mes të tyne nji kryetar për t'a mbajtë regullin dhe për të qenë në marrëdhanje me Drejtorin për nevojat e shokëve. Shokët e kthinës seme më zgjodhën mue. Tash jam kryetar' i të burgosunve. Titull' i lakmueshëm!

28 Nanduer.
Në mëngjes na përshëndetën topat e festës së flamurit.
Të burgosunit, ças e më ças, e pritshin lajmin gazmuer të lirimit. Vetëm un isha i mpimë, mbassi nuk besojsha se do të falem. M'ora nji e gjymës mbas dreke autoritetet qeveritare e njoftuen Andon Muzinën se ishte dekretue falja e tij, bashkë me dy shokët, dhe më ora tetë e gjymës u liruen nga burgu tue qenë prezent Drejtori i burgut, nji oficer i ushtëris dhe nji

i gjindarmeris, t'ardhun apostafat për kët qëllim. Këta qenë dënue, disa muej ma parë, me nga tetë e dymëdhetë vjet burgim prej gjykatës politike t'akuzuem kinse kishin veprue në Shqipni kundër interesave kombëtare. Para se të liroheshin erdhën disa deputetë e nëpunsa të naltë të shtetit dhe i uruen këta fatbardhë. Nji nderim i veçantë u tregue për ta, plotsisht, si të kishin qenë njerës me randësi politike ase luftëtarët e idealit kombëtar e jo tre shtetas të thjeshtë. Lirimi i tyne më pëlqeu, por ky farë lajkatimi m'a tërhoqi vërejtjen dhe më çuditi.

29 Nanduer.
Hije e zezë i ka mveshë fëtyrat e të burgosunve, të cilët janë dëshpërue pse nuk u falën. Namë e mallkime endin për Ministrat që nuk propozuen nji falje. Vetëm Mbretin nuk e shajnë. S'dij se a e duen apo e druejnë.

30 Nanduer.
I shkrova sot gjelltorit që të mos më çojë gjellë ma, mbassi nuk jam në gjindje t'a paguej dhe ai, natyrisht, nuk mundet me më pritë për nji kohe të gjatë.

4 Dhetuer.
E mbarova sot përkthimin e romancës Gjarpni i Dashunis që Z. Muhsin Serezi, Major në pension, kishte shkrue Turqisht dhe m'a pat çue me e përkthye në gjuhën amtare.

10 Dhetuer.
Sot nisa me u dhanë mësim nja njizet të burgosunve. Po e muer vesht qeveria, sigurisht, do të shqetsohet dhe do t'api urdhna të rrepta për me më ndalue.

17 Dhetuer.
Jam fare keq për të holla. S'kam edhe ndonji shpresë se mos më vijnë prej ndokund. S'dij se a do të përmirësohet kjo gjindje.

23 Dhetuer.
Në nji luftë fjalësh që pata sot me nji të burgosun, ish nëpunës shteti, më tha: ti je trathtuer!
Për kundrazi, je atdhetar, i thashë dhe me këtë mënyrë e gënjyem njeni tjetrin. Më duket se ai mbet i kënaqun. Në sy të këtij ish nëpunsi që ka vjedhë arkën e shtetit un jam i lik e trathtuer. Antipathia e tij më kënaq e më nderon.

25 Dhetuer.
Kur e pyeta sot nji të burgosun se a i muer funt gjyqi, Cëk m'a bani tue e

tundë kokën poshtë e përpjetë në shenjë mohimi. Europjanët kur duen të mohojnë e tundin kryt anas -djathtas e majtas - dhe kur duen të pohojnë e tundin poshtë e përpjetë, ashtu si bajmë na kur dëshirojmë me mohue ase me mos pranue.

Kjo veçanti e shfaqjes së mohimit ase e pohimit me lëvizje të kokës, në kundërshtim me atë që bajnë Europjanët, më bani të mendohem dhe ma në funt u binda se ajo do të jetë trashëgimi i robnis shekullore. Shqiptari i futun nën zgjedhën e huej, sigurisht, do t'a ket tundë kryet në mënyrë pohuese tue i thanë jo pushtuesit t'urrejtun që nuk e njifte gjuhën Shqipe dhe do t'a ket luejtë kokën në mënyrë mohuese tue i u përgjigjë po. Kësodore me gojë e me shpirt e ka kundërshtue anmikun e drashtun, të pakën, sa për t'a kënaqë vetëhen apo ndërgjegjen kombëtare. Ndryshe s'ka se si spjegohet ky ndryshim e ky kundërshtim i plotë që ekziston në mes t'onë e t'Europjanve tjerë, mbassi na jetuem në mes të tyne e jo n'Anadoll.

29 Dhetuer.
Të burgosunit që kam nisë me i mësue mërziten prej mësimit dhe nuk po punojnë me zell. Këta pandehin se un do t'i fryej në gojë në mbrame që të gëdhijnë të nesërmeti të mësuem e të dijshëm! U pëlqen të mësojnë, por pa u lodhë fare. Po t'ish e mundun që të prodhohesh dijenia në ndonji fabrikë un nuk do t'i mungojsha këtij sakrifici financier që t'i shpëtojsha këta nga thojt e injorancës, por s'asht e mundun se! Uroj që shkenca të na shpiki ndonji kashe dijenije për t'i shërue injorantët. Do t'a adhurohim shkencën sikur të na bante nji mbrekulli në këtë pikpamje. Për shembëll t'i merrte trut e nji mentarit ase të dijetarit të vdekun dhe, me nji operasion të parrezikshëm, t'i a koliste në tamth të marrit ase injorantit. E kur të shlirohesh ai nga forca mpise e kloroformit të ndihesh i mendshëm ase i dijshëm. Pse a keq do t'ishte a?! Me nji shpikje të tillë shërbim i math do t'i bahesh njerëzis, sepse me nji anë do të shpëtojshin të marët e injorantët nga gjindja e tyne e vajtueshme dhe më anë tjetër s'do të kalbeshin kot nën tokën e zezë trut e pasunueme të njeriut me mend e me kulturë. Veç kësaj s'do të na duhesh të lodhemi shumë për me studjue dhe kohen e çmueshme do t'a përdorshim për dobi të shoqnis njerëzore.

Le të mos e presin shpresën as të trënuemit as edhe injorantët, sepse shërbëtorët e mordjes, shpiksit e gaznave asfiksjante, tue bamë eksperimente për t'a matë efektin e gazit te shpikun mbi trut e njeriut, asht probabël që, rasësisht, t'a gjejnë edhe mënyrën e translokimit të truve nga nji radake në tjetrën! Në ngjaftë nji gja e tillë ju siguroj se ata do të deklarojnë se e arrinë shpikjen mbas shum mundimeve të bame me qëllime njerëzore, por në qoftë se u besojmë, na helmoftë gazi që kanë shpikë.

1931

1 Kallnuer.
Sot asht dita e parë e motit të ri. Gdhina pa flejtë fare, sepse luejta bixhoz që t'a provoisha fatin me gjith që ai asht hidhnue me mue prej vjetësh.

4 Kallnuer.
Disa ditë ma parë kanë sjellë këtu nga nji burg tjetër nji fajtuer ordiner. Asht dënue me vdekje dhe mandej ky ndeshkim i asht këmbye në burgim të përjetshëm. Asht nji djalosh nja 25-26 vjetsh, i shkurtun, i thatë dhe turi shëmtueshëm. Po t'a pyesi njeri se pse asht dënue përgjigjet pa u skuqë fare dhe me nji za t'ulët:
- Kot! Më kanë marrë më qafë.
Ata që gabojnë me e pyetë se si e kanë marrë më qafë pendohen shpejt, se e kuptojnë fare lehtë kobin që ka bamë ky shpirt-zi. Ai e ka vramë vëllaun e vet, natën në gjumë, për t'i marrë gruen, me të cilën qenka vue në relasione të turpshme prej kohësh. Edhe grueja e vëllaut të këtij dreqi asht dënue dhe po vuen në burg, për shkak se ajo fërshëndi ka qenë bashkëvepruese në vrasjen e burrit të vet.
Përse u krye ky krim? Për t'argëtue ndiesit shtazarake, për t'i shfrye sendet e ndezuna këta dy kafshë të ndërsyeme e të tërbueme. Vetë ngjarja flet se sa poshtërsi kanë bamë këta të liq që për fat të keq quhen njerës.

10 Kallnuer.
Qysh se kemi hymë në kët burg nuk kemi dalë n'oborr për të marrë ajr të pastër, për shkak se nuk lejohet; gjindarmeria, e cila pretendon se muret q'e rrethojnë oborrin janë t'ulët. Droja që ka gjindarmeria se mos arratiset ndonji i burgosun tue e kërcye murin asht e kotë, se muret janë gati dy metro e gjymës të naltë dhe kësilloj të pakapërcyeshëm. Muret e oborrit në burgun e vjetër nuk qenë as edhe dy metro të naltë, por nuk guxoi kush të tentatojë me u arratisë, sepse e dinte se mbas tyne e pritshin bajonetat e gjindarmëve në roje. Me qenë se edhe këtu burgu asht i ruejtun rreth e rrotull prej gjindarmëve, dyshimi e droja janë të kota.

14 Kallnuer.
Për at që ka pak a shumë yndyrë morale e nji çikës pronë mendore burgu asht i dobishëm, për arësye se këtu përballohet me realitetin dhe gjen posibilitetin me e njoftë vetëhen. Burgu, për disa, asht nji kullestër q'e

pastron dhe e filtron njeriun tue i hudhë tej llomet immorale e veset e këqia.

18 Kallnuer.

Në burg, simbas regullit, mbyllen dyert e kthinave në nji orë të caktueme dhe të burgosunit detyrohen me flejtë. Edhe në mëngjes në nji orë të caktueme hapen dyert dhe të burgosunit lejohen me dalë jasht kthinës. Të pakën kështu asht nashti.

Asht natë. Qeh u dha shenji i flejtjes dhe u mbyllën dyert. Pushoi poterja dhe shukati pëshpëritja. Nuk ndihet as ma e vogla zhurmë. Të gjithë kanë ramë me flejtë.

Tash zotnon qetësia e plotë e vorrit, se të gjithë i kapulloi gjumi. Vetëm gërhitja e trazon këtë heshtje të thellë e mërzitse. Edhe un jam shtrimun mbi shtrat e po mendohem, se nuk më merr gjumi. Mendohem e immilohem me e gjetë t'ardhmen t'eme. Ajo më duket e turbull dhe e zezë. Më gjan pa ngjyra, pa dritë e pa shije. Tue drashtë se do të futesha nën pushtetin mizuer të mendimeve shemra dhe këssiloj do të mbetesha pa gjumë dëshirova të shtëmangem. Prandaj lëviza në shtrat dhe e ktheva kryet kah ata që po flejshin. Hudha nji veshtrim mbi ta. M'u dukën se flejnë ambël e qetë si ata që nuk i ngacmon asndonji brengë e kësajë jete.

Vall a janë të patrazuem shpirtnisht këta njerës? e pyeta vetëhen dhe u përpoqa të futem mbrenda tyne për me pamun se ç'ka mshifet, por nuk munda.

Mirë, por a nuk shofin andrra këta dhe në asht se po ç'andërrojnë? i thashë vetëhes dhe mendja m'u përgjiq: Dikush e shef vetëhen tue u kacafytë me anmikun e vet dhe i mshon me kobure në zemër. Mbasandaj prapset i shtangun dhe, mbassi i veren duert e përgjakuna, ik si i shkallitun e tue ulëritë. Dikush përleshet me nji pronar pasunije dhe mundohet me i a marrë të hollat, tishkën e shpirtit. Zhvillohet nji dëgamë e rreptë dhe, ma në funt, ngadhnon kusari, i cili ik i lumtun me që ka përvetue nji pasuni. Dikush shvirgjinon ndonji vajzë fatzezë tue e kabue me premtime martese dhe mandej i a kthen shpinën. Dikush merret me shifra në nji zyrë shteti dhe mandej hjek nji sasi të holla nga arka që ka përpri tue u zgërdhi për mjeshtërin e hollë që ka tregue në llogari dhe për ata që ka përvetue. Dikush - ndonji politikan - shef realizimin e qëllimeve dhe triumfin e idealeve të veta, për të cilat ka bamë sakrifica. Dikush andrron ndryshe e dikush ndryshe, por të gjithë i ka futë nën zgjedhë nji kllapi tmeruese që u a nduk, kujtoj, ndërgjegjen. Lum ai që nuk asht fajtuer.

23 Kallnuer.

Katër vetë t'akuzuem për faje politike u suellën sot në burg. Të gjithë janë të ri e Korçarë. Profesor Skender Luarasi, njeni prej tyne, akuzohet si kundërshtar' i regjimit e si komunist. Esat Dishnica e Ilia Treska pandehen se në pije e sipër kanë thirrë: Poshtë Fashizma, rroftë Bolshevizma. Dhori Thana asht rreshtue për afishet që paska ngjitë nëpër muret e qytetit të Korçës, në të cilat paska shkrue Poshtë Kapitalizma, rroftë Bolshevizma e të tjera. Këta tre të fundit thonë se i paska torturuar policia e Korçës.

24 Kallnuer.
Edhe sot suellën nji të burgosun. Ky asht nji djalosh Dibran dhe quhet Shaban Qatipi. Ky u paska çue letra Ministrave, kryetarve të bashkive e s'dij se kuj ma. Me këto letra u qenka kërcnue gjoja n'emën të nji shoqnis Dora e Zezë që bapin dorëheqjen, që t'i dëbojnë Italjanet nga Shqipnia, që të mos bajnë abuzime dhe nji varg të gjatë si këto. Ai pretendon se policia e paska torturue dhe e paska lanë pesë net pa gjumë. Gjan si anormal, por ndoshta vetë ban të duket i atillë.

26 Kallnuer.
U lajmuem nga vizituesat se sot në mëngjes N. M. e Tij Mbreti paska shkue n'Austri për me u mjekue. As ndonji herë nuk kam pasë ndigjue që të ket qenë sëmunë Mbreti. Prandaj nuk munt të besoj që të ket shkue, me të vërtetë, për mjekim.

29 Kallnuer.
Kur avullohet nji i burgosun për faje ordinare dhe nuk gjen se si të shfrejë, nis me u mahitë me shokët e kthinës tue projektue nji revolusion për me e rrëzue kët regjim. Në disa çaste, natyrisht, shembet gjith ky regjim dhe shduket bashkë me fuqit e veta. Atëhere ai e ngren kryet përpjetë me sedren e nji ngadhnuesit dhe, mbassi na veshtron në sy me radhë, brohorit për lirin e fitueme me gjak dhe proklamon njisi, vëllazni, drejtësi si e liri për giith shtetasit. Mbas kësaj proklamate, natyrisht me randësi historike, e cakton formën e regjimit dhe e formon kabinetin nën kryesin e ndonji të burgosuni qoftë ai edhe nji dru mali i pagëdhendun fare! Ma në funt e mbledh edhe parlamentin, i cili përbahet, pa dyshim, prej të burgosunish dhe nis me i dhanë popullit ligjë e drejtësi. Ç'ligjë e ç'drejtësi se?! Të gjitha këto mbrekullina bahen mbrenda pesë minutave, por mbassi arrihet ky ideal, harron prisi i revolusionit nasional Shqiptar dhe na shpall revolusion komunist mondial. Atëhere nis me shfaqë para imaginatës s'onë sqena tmeruese të luftave civile që zhvillohen rreth e rrotull lamshit të Dheut plak midis proletarve e klasit kapitalist. Me nji anë na i paraqit ushtërit qeveritare të regullueme e të mobilizueme që herë bajnë defensivë herë ofensivë dhe m'anë tjetër na i difton turmat e puntoro-bujqve që vërsulen si të tërbuem kundër ballit të fortë të klasit kapitalist. Jo vetëm me fjalë, por edhe me gjeste na difton se si kacafyten e kërleshen të pabukshmit me të nginjunit dhe na ban t'a sodisim gjakun që derdhet e tmerin që zotnon. Mbassi skuqet lamshi i Dheut prej gjakut të derdhun dhe mbassi ngadhnon

ajo anë që ai dëshiron e simpatizon, fryen fyelli i paqës, i liris, i vëllaznis, i njisis dhe i drejtësis. Duertrokitjet e shokve i apin të kuptojë se mbaroi ma misioni i tij. Hesht dhe ulet, por atëhere përballet me realitëtin, sepse i shduket enthuzjazmi dhe shef se asht i mbyllun në burg, i rrethuem prej mjerimit dhe pamundësinave që nuk mposhten me fjalë e dëshirime. E krrus kokën dhe zen me u mendue. Mbas dy, tre çastesh e lëshon dorën dhe e merr paqetën e cigareve që ka përpara. E hap, por ajo s'ka as nji cigare që t'a tymosi për me i mpimë nervat e ndezuna, s'ka asgja që të hajë dhe s'ka as edhe shpresë që të lirohet. Bota e bardhë dhe e kuqe atëhere bahet sterë e zezë.

Me këto shpoti lëbyeret disi mërzia e burgut.

3 Fruer.

Dhori Thana, i arrestuem për afishet që ka ngjitë ndër mure të qytetit të Korçës, ka mjaft aftësi në vizatim. Mue e disa shokë tjerë na ka pikturue me laps. Po të kishte fat që të ndiqte nji shkollë vizatimi, s'ishte çudi që nji ditë t'arrinte në nji shkallë sa me e nderue krejt kombin me veprat e veta. Asht punë e madhe me vjershërue me anë të brushës mbi pëlhurë. Vjershëtorët e penës, të brushës, të daltës e të notës kanë mjaft landë në vendin t'onë për t'i a ekspozue botës e për të fitue nji famë të pashlyeshme në historin e harteve të bukura. Baras me thesarët e panumërta që mshef në gji të vet toka Shqiptare për kët popull, që shekuj me radhë derdhi gjak për me mos e bamë kullosën e të huejve, ruen nji grumbull ngjarje të çuditëshme, nji varg të math kujtime t'ambla e të hidhta, nji numër të konsiderueshëm sqenash mallëngjyese e tërheqse dhe, ma në funt, disa qinda dyzina vende të shenjtnueme kombëtarisht ase fetarisht, pamje, typa e të tjera. Me nji fjalë toka Shqiptare ruen nji kapital të pasosun për hartistët. Lum ata që do të jenë të zotët me i përvetue për me i përjetësue.

6 Fruer.

Mërzia e burgut i ngjan nji barometros që herë ulet, herë naltësohet. Edhe un disa herë e gjej vetëhen të durueshëm sa nuk e përfill fare këtë vuejtje, por disa herë më duket sikur më shtrëngojnë muret për me më pëltucë në mes të tyne.

8 Fruer.

Në kthinën t'eme ka dy të dënuem për faje të papajtueshme me të njeni tjetrit. Njenin po e pagëzoj Dac, mbassi kryet e ka si maçoku dhe syt si të tijt. E tjetri po e quej Pulë, mbassi ka do sy të vegjël e të gropuem, për mbrenda, si të pulës. Daci asht si ndonji Anadollak, tru-peshk, egoist, dinak, rrenacak, me nji fjalë i lik. Pula asht e squet sa dhelpna, gaztore dhe, me gjith që jo e bukur, simpathike dhe e miqsueshme.

Tash këta dy typa të papajtueshëm, si në fajet që kanë bamë ashtu edhe

në karakteret që kanë, i ka afrue fati dhe i ka bamë që të rojnë në nji kthinë e ngjat njeni tjetrit. Për shkak të kundërshtimit natyrel, shpesh herë, i ashpërojnë fjalët, por grindja mbetet me kaq se daci frikacak i ban udhë pulës ase kjo e mbyll çashtjen me nji përqeshje të hollë. Sot, për shembëll, u zhvillue në mes të tyne nji betejë fjalësh. I tha daci pulës:
- Je dreq.
- Përse? pyeti pula tue i kafshue buzët.
- S'dij, gjegji daci kokë-tul dhe shtoi: je ambicioz.
- Un a?! Un ambicioz? tha pula dhe i a nguli syt e vegjël. E shiqoi për nji ças dhe i tha: Ti je njiqind herë.
- Ç'fare? pyeti daci egërshëm.
- Ashtu pra: ambicioz.
- Merre prap, thirri daci me mllef.
- Përse? Mos asht fjalë e keqe a?! Un kujtova se ka kuptim të mirë mor dreq. Prandaj të ngrita njiqind shkallë ma naltë se vetëhen.
Na të tjerët që po ndigjojshim shpërthyem në gaz. Pula ngadhnuese e ktheu kryet dhe mbassi na e shkeli syn i tha:
- Un i marr prap njiqind herët po e more prap ti atë të vetmen që e the me aq inat. Për ndryshe ban paf!
Daci i ngushtuem keq iku e duel jasht kthinës pa bëzajtë fare, por tue tërfëllue si nji kalë i tërbuem. Gati për gjith ditë kapet pula me dacin dhe e tall.

9 Fruer.
Nji kusar i a kishte vjedhë gjellën sot nji tjetrit. Për këtë shkak u rrafën e u përgjakën. Kusarët, përgjithësisht, e kanë zakon që të mos vjedhin në burg, por ky qe aq i degjeneruem sa e prishi regullin dhe e njollosi mjeshtrin! Bujë e përshtypje të madhe bani çashtja në mes të kolegve të tij!

11 Fruer.
Profesor Skender Luarasi thot se bajonetat e gjindarmeris i duken ma se dy pash të gjata. Nji profesor që e ka kalue jetën në mes të librave, natyrisht, terratiset sysh kur i shef gjindarmët q'e përcjellin për në burg me bajonetat mbi pushkë.

14 Fruer.
Nga bashkëfjalimet që kam pasë me Dhori Thanën kuptova se ai qenka tepër i vorfën dhe se afishet i ka vue i shtyem nga vobsia. Un kujtoj se s'ka zemër njeriu që të mos dridhet e të mos rrënkojë kur të ndigjojë, prej gojës së tij, se sa herë ka mbetë pa bukë, sa herë e ka kalue natën pa gjumë nga acarimi i Dimnit dhe sa herë ka mbetë zbathun e shveshun. Dhe ky djalë asht biri i nji familjes fisnike dhe e pasun shumë dikur. Na rrëfen gjithashtu se sa herë ka kërkue punë dhe asht dëbue prej njerësve

të pandërgjegjshëm, sa herë ka pengue tesha ndër të pasun shpirt-zij, sa herë asht përbuzë kotësisht prej disa mendje-thartuemve që mbajnë pozita në shoqnin t'onë dhe sa herë asht bamë viktim' i padrejtësis së tjerve. Të gjitha këto që rreshtova, sigurisht, e kanë luejtë rolin e duhun në shpirtin e tij për me rebelue kundër kësajë shoqnije. Sikundër duket ka studjue edhe mbi komunizmë dhe kjo doktrinë i pëlqen, mbassi beson se po t'aplikohet ajo do të marri funt mjerimi i njerëzis. Asht i urtë, guxintar, i ndershëm dhe nuk gënjen kurrë. Nuk druen fare nga dënimi që munt t'i napi gjykata politike. Shkurt asht nji typ interesant.

17 Fruer.
Profesor Z. Skender Luarasi mërzitet për se tepërmi, sepse i duket se e humbi prestigjin e honorin me që asht burgosë i akuzuem si fajtuer, me gjith që politik.
- Edhe sikur të lirohem s'kam sy e faqe të dal para njerëzis e sidomos përpara nxanësve, thoshte sot në mëngjes dhe un përpiqesha me e ngushullue e me e qetësue. Me gjith këtë nuk qeshë i zoti me e bindë e me e zbutë.
- Nji mësues lypset të qëndrojë naltë moralisht, vazhdoi Skenderi, dhe kurrë s'duhet t'arrijë me u gremisë në fundërinat e kësajë jete. Vendi i nji mësuesit lypset të jet shkolla e jo burgu, tha profesori me nji za të çjerrët që tregonte se sa i dëshpëruem ishte.
- Edhe burgu asht nji shkollë, i thashë.
- Po, asht e drejtë, por nuk asht për mue. Kurrë s'ka ndodhë që të burgoset nji mësues, përgjigji si i raskapitun moralisht.
Un e humba fijen e mendimit dhe po përpiqesha me gjetë ndër fletët e historis ndonji mësues të burgosun politikisht që t'a sërkitsha me një ngushullim zemrën e profesorit të dëshpëruem. Me gjith që u mundova mjaft nuk gjeta gja, se trut e mij janë mykë ma. Ndërkohe Dhori Thana i thirri profesorit, prej andej poshtë, dhe i tha:
- Po Sokrati a nuk qe mësues që vuejti e vdiq në burg?
Nji hije kënaqësije e mbuloi fëtyrën e profesorit, i cili u duk i ngushulluem. Bani buzën në gaz dhe e shiqoi Dhorin si me mirënjoftje, se ishte shlirue ma nga ajo barrë e randë shpirtnore.
Na tjerët thirrëm, me nji herë, t'enthuzjazmuem:
- Të lumtë Dhori!

20 Fruer.
Mulla Elezi e Mulla Mustafa, dy hoxhallarë të burgosun për faje politike, po marrin mësim prej Profesor Z. Skender Luarasit. Profesori përpiqet gjith ditën për me u a futë në tru i-në ase e-në. Durimi i tij shembëllyer më habit dhe mundimi i math i tij më ban të besoj se detyra e mësuesit asht shum e vështirë.

23 Fruer.

Vizituesat sot na dhanë lajme sansasionale: Na thanë se pardje, ditën e Martë, qenka bamë në Wjenë nji atentat kundër Mbretit t'onë prej t'arratisunve politik që ndodhen atje. Atentati paska dështu: Mbreti i Shqiptarve paska shpëtue mbrekullisht.

Për kët shkak, thonë ata, se qenka turbullue situata e Shqipnis dhe qenka rrezik se mos pëlsasi ndonji kryengritje. Qeveria qenka tue marrë masa dhe po përgatiteshka për kundrejt ç'do ngjarjeje eventuale. Ushtëria lëvizka prej nji vendi në nji tjetër dhe besnikët e vërtetë të Mbretit e të regjimit qenkan tue u mundue me i bamë ball situatës. Nji numër i konsiderueshëm i t'ashtuquejtunve besnikë qenkan bamun gati me ikë prej Shqipnije. Prap këta burime na bajnë të dijmë se Jugosllavia e paska mbushë kufinin me ushtëri e me togje emigrantësh Shqiptarë dhe me civila të rekrutuem ndër krahinat e Kosovës e të Dibrës së robnueme. Dikush thot se Jugosllavia e paska forcue kufinin qysh ma parë se të ndihesh krisma e pushkëve të Wjenës. Kjo na ban të kuptojmë dishka tjetër. Nji shej i vogël i dhanun nga Beligradi qenka mjaft për t'i shtyem këto forca që t'a kapërcejnë kufinin e të marshojnë mbi Shqipni, plotsisht, si ngjante më 1920 dhe me at program veprimi që ka adaptue shoqnia Bella Ruka prej fushatës së Car Dushanit.

N'asht se bahet nji invazion nga ana e Jugosllavëve besoj se do të çohet peshë ndergjegja kombëtare e popullit dhe kanë me u skuqë brigjet e kufinit me gjak kreshnikësh që nuk lejojnë të preken në sedren kombëtare e të hyjnë nën zgjedhen Jugosllave. Edhe kësaj radhe, si shum herë, Serbët kanë për t'a provue se ajo tokë që nuk u shkel prej Osmanllijve, pa ndeshë në kundërshtimin e aqvjetshëm dhe të rreptë të Kastriotit, nuk munt të pushtohet pa vdekë fatosat q'e banojnë. Ndërhymja e vërsulja e Jugosllavëve nuk më tremb as pak, mbassi kam besim të plotë në heroizmën e popullit t'onë q'asht stërvitë me e diftue në rasa të tilla kritike, por në qoftë se pëlset nji kryengritje e mbrendëshme, atëhere, ka me u krijue nji situatë delikate dhe shum e rrezikshme. Do të derdhet gjak i math dhe do t'a mbulojë mjerimi vendin për me mos u mëkambë për shum kohë.

Po sikur të vritesh Mbreti ç'do të ngjante? Ndokush, pa dyshim, ka me thanë se do të lumnohesh populli dhe do të lulëzonte Shqipnia. Kjo asht nji hypothezë dhe un s'do t'a kundërshtoj, me nji herë, për hir t'atij besimi që kam pasë dikur dhe që më bani të hudhem m'anën kundërshtare. Vetëm do të përpiqem t'a paraqis, të gjallë, situatën që do të krijohesh mbas vdekjes së Zogut të Parë dhe pa bamë as nji shënim mbi meritat ase cilësinat e tija. Ç'do të ndodhte? Qeh: Kundërshtarët e këtij regjimi do të vërsuleshin, me armë në dorë, për të shfrye n'adverserët dhe për t'i marrë në dorë frenat e shtetit. Ajo urrejtje e ky qëllim do të kryheshin, pa dyshim, me gjak. Mbasandaj do të fillojshin grindjet e zakonshme në mes të partive e të personave me influencë për postet vakant. Disa dyzina kandidatë do të paraqiteshin, nga krahinat e ndryshme të Shqipnis, për t'u bamun Mbret ase Kryetar Republike, Kryeministër ase Ministër, senator ase deputet. Po të mbaronte puna vetëm me shfaqjen e dëshirit me anë të kandidaturës nuk do të kishim arësye me u shqetsue, por situata do të përshkohesh në për fazat e saja delikate dhe do të arrinte çasti kobar që problemi të zgjidhesh me anën e forcës, sikurse ka ngjamë edhe ma parë. Po. Bejlerët apo Zotnijt që do të lakmojshin, me pasion të pakufizuem, për t'u ngjitë mbi fronet e nalta të shtetit do t'a shtyejshin popullin në nji luftë civile, në nji vëllavrasje të tmershme që munt të kishte konsekuenca të rrezikshme edhe për jetën e shtetit. Në funt populli do t'a trashëgonte mjerimin dhe ngadhnuesat do t'a shijojshin fitimin.

Për këto arësye nuk duhet ndrrue statu-quo-ja dhe lypset të vazhdojmë në rrugën e evolusionit e të avtetnimit pa i përdorë armët në dam t'interesavet t'ona, se për ndryshe munt t'a ndjellim vetë katastrofën. Përmirësimi i gjendjes së nji populli arrihet me kohe dhe tue u naltësue liveli i tij kultural, tue u frymëzue me ideal. Populli vetë e ban kohen dhe e krijon situatën, e cila s'asht dhe nuk duhet të jetë veçse pjella e tij. Prandaj lypset t'a kuptojmë të vërtetën dhe t'a njofim realitetin. Duhet të mos e trazojmë popullin tue e futë në zjarrin e vëllavrasjes për probleme që nuk i sjellin atij ndonji dobi dhe që përfundojnë n'interes të këtij ase t'atij. Ai nuk duhet të luftojë ma për hatër të disa influentëve me mendësi të kalbët e të vjetrueme, por lypset të përgatitet që të luftojë për realizimin e nji ideali që do t'a bajë, me të vërtetë, të lumtun. Munt ba luftojmë korrupsionin, padrejtësin e të ligën, por me mjete t'urta e legale. Munt të kërkojmë reforma, munt të kërkojmë sigurimin e zbatimit të nji drejtësije të plotë, por pa i përdorë forcat t'ona. Interesat e mënit personale duhet të hudhen tej për hir të këtij populli që ka vuejtë si kurrkush dhe të përpiqemi me e naltësue në shkallën e meritueshme, se vetëm atëhere do të jemi të zotët me i realizue idealet. Për ndryshe andrrojmë me sy hapët.

Na kundërshtarët e këtij regjimi, të themi të drejtën, e patëm akuzue randë Zogun e Parë dhe u përpoqëm të krijojmë një opinion të lik kundër Tij si mbrenda ashtu jasht Shqipnis. Por akuzat që i atribuojshim, vetvetiut ranë poshtë, sepse Ai dha prova aq të shkëlqyeshme e bindëse sa i la me gisht në gojë edhe të huejt q'u gabuen mbas trillimeve t'ona. Un, sa për pjesën t'eme, jam i shtrënguem të deklaroj se i marr prap gjith ato akuza që i kam pasë atribue Personit të Tij, mbassi s'kishin asndonji bazë saktësije që t'i përgjigjeshin së vërtetës.

28 Fruer.
Disa të burgosun e ndezin qymyrin mbrenda, ndër kthina, dhe sëmuren nga koka. I kam lëshillue që të mos e ndezin mbrenda dhe u a kam spjegue rreziqet që shkakton, por shumica vazhdon të veprojë si ma parë. Ç't'u baj? Vetë e ndjellin rrezikun.

2 Mars.
Ç'do letër që i vjen të burgosunit nga jashtë, para se t'i dorëzohet, censurohet nga zyra e burgut. Në këtë mënyrë veprohet edhe për letrat që këta çojnë jashtë. Ky farë veprimi asht nji regull i burgut, por un, të them të drejtën, nuk shof ndonji dobi në të. E marr vesht dobin ase arësyen e censurimit të letrave që u përkasin të rreshtuemve të pandeshkuem, por zbatimi i këtij regulli edhe për tjerët s'më duket se siguron ndonji përfitim. Prandaj asht i kotë dhe nji lodhje e pafrytëshme.

5 Mars.
Sot u zhvillue nji bisedim interesant në mes të shokëve të kthinës: Profesor Z. Skender Luarasi tha se ku hapet nji shkollë mbyllet nji burg dhe spjegoi se si do të pakësohen ngjarjet kriminale mbassi të jenë pajue njerzit me dije. Mendimi i shtjelluem prej tij qe pëlqyem prej nesh pa as ma të voglin kundërshtim, por u hodh njeni e tha:
- Ku hapet nji shkollë s'mbyllet nji burg, por hapet edhe nji tjetër.
- Përse?! pyetëm.
- Sepse, tha ai, shkolla e ndriçon mendjen e njeriut dhe e shtyen me luftue kundra ligjëve të kohes së vet për me i zavendësue me ma modernet, punë e cila i nep shkak burgosjes së tij. Vjen prej vedit, pra, se ku hapet nji shkollë, me kohë, ka me u çilë edhe nji burg, me të vetmin ndryshim se ky ka për të qenë burg politik e jo ordiner.
- Kjo s'ka të ngjarë, tha Profesor Z. Skender Luarasi tue u përtypë.
- Ju vetë jeni shembëll i gjallë i kësajë theorije, përgjigji shoku tue shique rreth e rrotull për të marrë aprovimin t'onë.
U mahnitëm dhe mbetëm me gojë hapët, mbassi kjo themë qe aq interesante sa lypte të zhvillohesh me kthjelltësin ma të madhe të mendjes.

7 Mars.
Me hidhnim të math mora vesht se shoku i em Hiqmet Kodra nga Dibra e Madhe më 21 Shkurt 1931 paska ndrrue jetë në Montpelier (Francë) mbas nji lëngimi të shkurtun. Hiqmeti pat mbarue fakultetin e drejtësis në Sorbonne dhe qe pajue me nji kulturë të gjanë. Morali i naltë e karakteri i fortë qenë prona ma e çmueshme q'ai zotnonte. Ndërgjegja dhe mendja e tij i qenë konsakrue vetëm së drejtës, virtytit e idealit. Me vdekjen e tij Dibra e Shqipnia humbën nji Sfetigrad, por edhe shoqnia njerëzore nji nga pionerët e nesërmë për luftën e së vërtetës.

10 Mars.
Herë mbas here shokët e kthinës kangëtojnë, natyrisht, për me e nxjerrë hafshin apo dufin e zemrës. Herë marrin kangë dashunije, herë kombëtare e trimënije dhe disa herë kangë me karakter internasjonal. Disa ditë ma parë këta katër që akuzohen si komunista dhe nja dy të tjerë e kishin marrë

marshin internasjonal. I pyeta se pse e këndojshin dhe a mendojshin se nji gjest i tillë do t'ishte si nji provokasion për ndeshkimin e tyne.

- Ç'të bajmë? m'a bani njeni tue i mbledhë krahët. Na shtyen shpirti që të shfrejmë, të paktën, tue këndue. Mbassi qeveria na akuzon si komunista dhe mbassi jemi sigur se do të dënohemi, vetvetiut, e ndijmë nevojën që të diftohemi si Bolshevikë.

- Mendimet t'ueja s'janë të bazueme mbi arësyena të shëndosha, sepse komunizma asht nji doktrinë dhe aktiviteti që zhvillohet për përhapjen ase realizimin e saj lypset të jet pjella e atij ideali. Për ndryshe ç'do veprim asht si nji shfaqje e gënjeshtërt që meriton të dënohet, të paktën, me përqeshje. Me fjalë të tjera un nuk besoj që ju t'a ndini në vetëhen t'uej ekzistencën e kësajë fryme. S'jeni, por doni të jeni komunistë.

- Ke të drejtë, s'jemi, por duem të jemi komunistë, se qysh at ças që u arrestuem falimentoi ma nasionalizma e jonë. E tani nuk kemi se si të prapsemi. Veç kësaj duhet të dijsh se i mbytuni nuk ka frigë se mos laget.

Qe vështirë të kuptohem me të. Prandaj e lashë. Disa herë kam vue re se këta bisedojnë, me andje, mbi komunizmë. Këto shfaqje më bajnë të mendohem për me gjetë se këta njerës a patën, përnjimend, idena komuniste përpara se t'arrestoheshin apo nisën me pjerrë kah ajo doktrinë mbassi u burgosën si Bolshevikë, me që ngjan shum herë që njeriu i shtyem nga konditat e përqafon nji ide, të cilën as e ka shkue ndër mend ma parë. S'munt të shfaq nji mendim të pagabueshëm mbi ta, por dij se nuk janë të rralla rasat që urdhnat e arrestimit që napin autoritetet, pa u matë mirë, shkaktojnë reaksion dhe as nuk operojnë as edhe nuk shërojnë plagë. Përkundrazi hapin të tjera dhe ndoshta shum të rrezikshme për at trup.

16 Mars.
Që të mbahet në regull pastërtia e burgut Drejtori ka urdhënue të lahen kthinat, të pakën, nji herë në javë. Por mugon ujt dhe nga ky shkak jemi të shtrënguem të mos e respektojmë ket regull hygjenik.

21 Mars.
Prap sot shokët e kthinës e kishin marrë marshin internasional. Kishin dalë nëpër dritare dhe po këndojshin me za të naltë. Ndërkohe nji puntuer Italjan ishte tue e ndreqë portën e oborrit të burgut ushtarak dhe ishte ngjitë mbi mur. Melodia e marshit internasional dhe ajo e marshit Bandjera rossa trimfera duket se i a kilikosën Italjanit dejt e zemrës, sepse me nji herë e ktheu kryet kah dritaret e burgut dhe zu me shique habitshëm e mahnitshëm. Çekani i puntorit, mandej, filloi me ramë randë mbi mur dhe pa goditë gja.

- Hej shok-o! A je fashist ti? e pyeti njeni nga shokët.
- Si kapishe, u përgjiq Italjani mbassi u përtyp pak.
- Po a e din marshin internasional?

- E dij, tha mbassi verejti rreth e rrotull me droje.
- Mbassi e din pse s'këndon bashkë me ne?
- Pse ju jeni të lire e un jam i burgosun, tha puntori dhe nisi me i ramë murit, ma me forcë, si me dashë t'a godisi anmikun që i a kishte grabitë lirin.

Nuk asht çudi që të mshifen shum këmisha të kuqe nën këmishat e zeza.

27 Mars.
Burgu ka nji kishë e nji xhami, në dy biruca, poshtë. Besnikët e fes, regullisht, i luten Zotit në to. Të lumtun janë ata që besojnë. Un kam qenë afetar e atheist. Por tash që më ka mbërthye mjerimi më duket sikur mundohem me e kue e me e kabue vetëhen me premtimet e fes. Me gjith këtë ky besim, në meriton të quhet kështu, asht i çastëshëm dhe tepër i dobët, mbassi kurrsesi s'më lejon logjika me hymë nën zgjedhën e fes. Të them të drejtën jam shum i ftofët nga feja. Nuk mundem të besoj se ekziston nji jetë tjetër. Parrizi, Ferri, Purgatori e të tjerat, për mue, janë enigma të kokllavituna. Me nji fjalë janë absurditete. Nuk besoj dhe s'kam se si besoj, por dëshiroj të besoj dhe do t'isha i kënaqun po të besojsha verbnisht, ashtu si beson katundari i jonë. Ç'të baj? S'asht faji i em.

1 Prill.
Rrenat e të burgosunve sot e thyen edhe rekordin e Nasradin Hoxhës e të Qoses. Me këto gënjeshtra, disa herë u dekretue sot falja e jonë dhe na u bamë të... lumtun.

3 Prill.
Njeni nga shokët e kthinës herë mbas here hypën mbi shtrat dhe mban fjalë Rusisht në mënyrë që i imiton oratorët e atij vendi. Kur flet njeriu beson se asht tue ndigjue nji Rus e jo nji Shqiptar, për shkak se e zotnon mirë aksantin Rus. Fjalën e nis me nji Tavarishçi.
Zoti e din në thot mendime të shtjellueme mbi nji problem apo në rreshton nji grumbull fjalë të palidhuna, mbassi s'e kupton kush. Për ndigjuesat, lakmuesa të komedis, mjaftojnë thirrjet e forta dhe gjestet e përshtatëshme e sidomos serjoziteti i nji oratorit të vërtetë që e mvesh fëtyrën e tij. Buçet burgu nga zani i oratorit dhe ushton kthina nga duertrokitjet kur mbaron diskursi.
Kam ndigjue se shum vetë nga t'arratisunit politik janë falë e kanë ardhë në Shqipni. Veç kësaj kam marrë vesht se shumica e tyne kanë marrë edhe nëpunësina dhe janë prehë. Fare bukur. Vetëm s'kuptoj nji gja: Përse nuk falem edhe un si ata? Apo s'kemi qenë shokë e të gjithë kundërshtarë të këtij regjimi? Përse ky përjashtim vetëm për mue? Mbas gjith këtyne pyetjeve hesht! i thashë vetëhes dhe s'bëzajta ma.

10 Prill.

M'ora 10-11 para mesnate, kur ishim tue e bamë gjumin e parë, gjëmoi e ushtoi burgu. Jo, por më gjajti si nji gugullimë që vjen nga thellësinat e dheut, si ajo që ndihet përpara lëkundjes së nji tërmetit. U zgjova, trembshëm, dhe desha të marr vesh se ç'ngjau. I hapa syt gjumashë dhe pashë rreth e rrotull. Të gjithë flejshin. Vuna vesh e ndigjova. Gugullima vazhdonte, por tash ndryshe: Dukej sikur tërhiqesh rrëshanas e me shpejti nji qerre bujsh për mes koridorit të burgut tue bamë zhurmë të randë. Çudi! Ç'asht kjo? thashë me vetëhe dhe nisa me dyshue prej vetëhes, por ndërkohe u zgjue nji shok atje tej dhe vrrulloi kah dera. E shtyeni, por ajo s'u hap. U praps. Ktheu rishtazi dhe shiqoi jashtë nëpër mjet të birucës së derës. Mbasandaj e ktheu kryet dhe zu me shique për rreth si i hutuem.

- Ç'asht? e pyeta mbassi u drejtova mbi shtrat.
- Ikën, ikën!
- Kush more?
- Të burgosunit or jahu, tha me dëshpërim dhe tue i fërkue duert.
- N'ikshin ti ç'ke?
- Ç'kam?! Mbeta mbrenda si mini në kurth or jahu! Na lanë mbrenda eh Allahu i mbaroftë! Na e paskan mbyllë derën të pabesët, thirri me mëllef.

Sa e mbaroi fjalën, ndigjova nji za të vrazhdët e të thekshëm që e pasoi nji kërcëllimë arme:
- Prap! Prap, se për Zotin të vrava!

Shoku e mbështeti kryet dhe pa rishtazi që të kuptonte se ç'ndodhte jashtë. Mbas pak u tërhoq dhe tha:
- I ndiu, për Zotin, roja e ushtëris q'asht nën shkallët. Dauti paska dalë m'atë anë hekurash dhe nashti po prapset nga kërcnimi i ushtarit. Metit i paska mbetë kryet m'atë anë dhe shtati më këtë anë të hekurave.

Tash ishin çue ma të gjithë shokët e kthinës. Ndërkohe u ndigjue fërshëllima e bilbilave, thirrjet e rojeve dhe nji zhurmë që tërhiqesh mbrapsash tue u shue dalë nga dalë mbas përplasjes së dyerve që mbylleshin mbas shpine. Në ças ndigjohen zhapllima kambësh dhe ligjërimi i gardianve e i gjindarmëve, të cilët shajnë e truejnë me zemërim.

Mbas shum trokitjeve e thirrjeve na e hapën derën gardianët, të cilët na njoftuen se të burgosunit kishin tentatue me u arratisë, por nga shkaku se kishin premë vetëm dy thupura hekuri dhe me qenë se i kish ndi roja e Ushtëris, nuk kishin mundë me dalë m'atë anë, ku asht pjesa e burgut t'ushtëris dhe prej ku kishin pandehë se do t'ikshin lehtësisht.

Disa orë gjëmoi burgu nga ecja e nëpunsave civilë e ushtarakë që erdhën me e krye detyrën. Nji numër i konsiderueshëm prej atyne q'u pandehën si kryetarë u mbyllën ndër biruca dhe u muerën në pyetje prej Prokurorit të Shtetit.

Na thanë se derën e kthinës s'onë e kishin mbyllë vetë t'burgosunit nga që kishin drashtë prej nesh se mos nuk i lamë me u arratisë.

14 Prill.
Vendi i takimit me vizituesa asht fare i keq. Zhurma e të burgosunve që bredhin nëpër koridore s'të lejon të ndigjojsh makar nji fjalë. Veç kësaj grumbullohen të burgosunit mbas shpine dhe ndigjojnë se ç'kuvendon njeriu me vëllaun ase me kushrinin. Sikur s'mjafton gardiani e gjindarmi që i kuptojnë të msheftat familjare të të burgosunit, por edhe të tjerët kërkojnë me i mësue. I jemi ankue Drejtorit të burgut dhe ai ka dhanë urdhën që të mos përsëritet kjo sjellje e papajtueshme me edukatën, me gjith këtë ka shum kaptina pa tru që nuk ndijnë fare. Takimi bahet ma se i padëshiruem kur i vjen kuj ndonji femën. Të gjithë këta të zijosun për femna vrrullojnë për me e panun nanën, motrën ase gruen t'ande që ka ardhë me të vizitue. Shkurt çashtja arrin të bahet skandaloze.

18 Prill.
U lirue sot Profesor Z. Skender Luarasi, i cili muer pafajsi. Ishte turbullue e hutue fare prej gëzimit të lirimit.

21 Prill.
Në dy, tre muej nji herë asht zakon ase regull që të bahet nji kontroll në burg. Drejtori i burgut, bashkë me gardianët e me nji numër gjindarmësh, hyn mbrenda në burg dhe i kontrollon kthinat ashtu edhe të burgosunit. Po të gjejnë ndonji brisk ase vegël e marrin dhe të zotin e denojnë. Nji kontrollim i tillë u ba edhe sot, por nuk u gjet gjasendi.

24 Prill.
Për shkaqe të panjoftuna prej nesh sot u pushue nga puna Z. Hamdi Këlliçi, deri tash Drejtor burgu, dhe në vend të tij u emnue Z. Halil Kraja nga Shkodra. Urojmë që drejtori i ri të jet njeri me ndërgjegje e me zotsi të mjaftueshme.

27 Prill.
Sot mora vesht nji punë sa të çuditëshme aq edhe të dobët: Më thanë se dikush paska spiunue kundër meje dhe e paska bindë gjykatën politike se un e mësuekam Shaban Qatipin me dredhue para gjykatës e s'dij se shka ma tjetër. Për këtë çashtje e thrresin ish Drejtorin e burgut Z. Hamdi Këlliçin dhe e pyet vetë Z. Musa Juka, Ministër i P. të Mbrendëshme, dhe Z. Rexhep Jelia, Prefekt' i Kryeqytetit. Duket se Drejtori u a kishte thanë të vërtetën tue provue me fakte se un jam i pafajshëm. Me gjith këtë gjykata politike paska hapë nji ankëtë të posaçme dhe paska nisë nga hetimet. Paska ardhë këtu Prokurori dhe Hetuesi i gjykatës politike bashkë me nji sekretar. E paskan marrë në pyetje ish Drejtorin, post-komandantin, ndihmësin e tij, gardianët, gjindarmët dhe nja njizet e disa të burgosun. Un i pata pamë të burgosunit që herë mbas here dilshin jashtë, ndër kthina,

por as pyeta as edhe më tha gja njeri. Veç kësaj edhe policia e kryeqytetit paska hapë nji ankëtë të dytë dhe paska bamë hetime deri ke gjindarmët e burgut tue pyetë se në ç'gjindje ekonomike ndodhem, me ç'farë njerzish vij në kontakt, si sillem në burg, ç'flas dhe nji varg të gjatë kësodore. Ma në funt e paskan marrë vesht se jam innocent dhe se kane dashë me më shpifë, natyrisht, njerës të poshtëm. Edhe gjykata, më thanë, paska veprue drejtësisht dhe paska dhanë ndalim gjyqi. Por as Ministri i Mbrendshëm as edhe gjykata politike nuk e kishin çamë kryet ma që të bajshin hetime se ç'e shtyeni at ase ata të shpifin kundër meje dhe as q'u banë ndjekje penale. Kështu i ishte vuem kapaku.

Me Shaban Qatipin vetëm nji herë, kur erdh në burg, kam folë dhe e pyeta, si shum kush, se nga ishte e përse akuzohesh. Nuk i fola ma se e kuptova që ai, mjerisht, ishte i lehtë ase ashtu m'u duk mue. Të them të drejtën më cenohesh sedra dhe më goditesh shtefnia kur talleshin të burgosunit me të apo kur merrsha vesht ndonji marrëzi të bame prej tij. Si njeri më vinte keq, si Shqiptar më vinte randë dhe si Dibran më goditte në krenari. Ç'të them për këtë poshtërsi shembëllore?

30 Prill.

Paf! Paf! bani krisma e nji pushke q'u zbraz nga roja e burgut që ndodhesh m'anën e mbapme të ndërtesës. Fërshëllinë pa rreshtun bilbilat e rojeve dhe thirrën:

- Tetar' i rojës, tetar' i rojës!

U dha sheji i alarmit dhe gjith gjindarmët duelën jashtë. E rrethuen burgun. Nëpunsat e burgut u shushravitën dhe nisën me folë me nervozitet. Me nji fjalë u turbullue situata.

- Ç'asht? Ç'ngjau? pyesim.

- U arratis nji i burgosun, thonë.

- Kush? Si?

- S'dij, gjegjet njeni tue i mbledhë krahët.

Mbas dy, tre çastesh u futën mbrenda gjith gardianët dhe u thirrën të burgosunve me egërsim:

- Mbrenda! Mbrenda! Seicili në vend të vet. Hajt! Hajt!

U futëm ndër kthina. U mbyllën dyert prej gardianve. Nuk ndihesh ma veçse krisma e randë e shulave të hekurt që i shtyejshin gardianët për t'i mbyllë dyert.

Me gjith që kaluen disa orë dhe me gjith që të burgosunit herë mbas here u trokitshin dyerve, nga mbrenda, nuk hiqesh ai shtet rrethim. Sharruem për ujë e për bukë. Dikush kërkonte të dali në sqoll ase në koridor për me e marrë gjellën që e kishte lanë mbi zjarr, dikush kërkonte me shkue në nevojtore dhe dikush kërkonte bukë ase ujë, por gardianët nuk bindeshin me i hapë dyert.

Vonë, afër zamrës, u hapën dyert. Ç'kishte ngjamë?

Ramadan Shabani nga Shkodra, i denuem me njizet e nji muej burgim, qenka arratisë tue e kapërcyem murin e kurtit q'asht në rranzë të pusit. Ramadani, si i burgosun me dënim të lehtë, ishte shënuem shërbëtuer dhe mbushte ujë në pus. Përfiton nga rasa e nga besimi. Hidhet tej murit kur gjindarmi në roje i a kthen shpinën.

Të gjithë u habitën nga guximi i Ramadanit, por edhe e truen mjaft se u cenue edhe ajo çikë liri që ishte dhanë ma parë.

Erdh Z. Prokurori i Shtetit dhe na kshilloi që të rrijmë urtë e të jemi të bindun në ligjët e shtetit.

- Ama Ramadani iku dhe nashti kush e din se kah bredh, tha nji i burgosun mbassi duel Prokurori jasht derës.

2 Maj.
Të burgosunit kanë nji mani: të fotografohen. Fotografohen në grupe, vetëm dhe në poza të ndryshme. Mvishen me kostume të ndryshme, të cilat i marrin hua prej njeni tjetrit. Edhe sot kishte ardhë fotografisti dhe nji numër prej tyne u fotografue.

3 Maj.
E suellën Ramadanin në burg dhe e mbyllën në nji qeli. E paskan zanë në Durrës. U takova me të. E pyeta se pse u arratis.
- S'isha i kënaqun nga kjo... jetë, më tha me buzë në gaz.
- Me të vërtetë përse ike Ramadan? Apo të muer malli për njerzit e tu?
- S'kam kurrkënd un. Jam fill e vetëm, m'a bani tue e vue në gojë gishtin diftues të dorës së djathtë. Më muer malli të dal jashtë e të baj pak qejf.
- Mirë, por a nuk mendove se të vritte gjindarmi po të të diktonte?
- Hiç! M'u turbullue mendja.
- Si ishte jashtë Ramadan?
- Si xhenet për Pigamberin.
- Po burgu si asht?
- Si xhehenem mor Zotni. Këtu pëlset edhe derri mor tungjatjeta.
- Mirë, por më thuej se ku shkove, mbassi e kapërceve murin?
- I rashë për mes fushës. E kapërceva lumin dhe mbasandaj dola në xhade, afër Kasharit.
- Mbasandaj?
- Shkova në Durrës, por atje më zunë këta dreqën. Nuk më lanë të bajsha pak qejf.
- Po pse nuk shkove në Shkodër?
- Se në Durrës kisha nji... të njoftun, por ç'e don, s'më lanë.
- Po përse nuk u more leje për disa ditë?
- E ku të lanë këta hora! Po të më lishin, eshedubilah, kisha me bamun dhetë ditë burg për nji ditë.

Ika, ma në funt, dhe e lashë Ramadanin që të shfrente në gjindarmët që e kishin kapë dhe nuk e kishin lanë të bante pak qejf.

6 Maj.
M'a kishin lanë sot Refikun gati nji orë në shi. Nuk e kishin lejue gjindarmët që të futesh mbrenda për me u takue me mue. U zemërova dhe u pezmatova nga sjellja jasht-njerëzore e gjindarmëve, por nuk kisha se ç'të baj.

8 Maj.
Kur ishim në burg të vjetër, nga ndonji herë dhe tinës, shtijshim gazeta, por këtu asht e pamundun, mbassi pozita e burgut asht krejt e papërshtatëshme për nji kontrabandë të tillë. Nuk dij se pse nuk na lejojnë që të marrim gazeta, mbassi ato s'janë të ndonji partis kundërshtare ase të ndonji shteti të huej. Edhe na duem të marrim vesht se ç'ngjan jashtë, mbassi, me gjith që të burgosun e të denuem, jemi bijt e këtij vendi, apo jo?

11 Maj.
Pranvera ka ardhë, sikundër duket nga dritarët e vogla, e kandëshme dhe ma e bukur se kurdohere, por na të mjerët nuk e shijojmë e nuk e gëzojmë.

16 Maj.
Nji i burgosun që dergjet në kthinën t'eme vuen nga sëmundja e gënjeshtrës. Ky fatzi, që dikur ka qenë nëpunës dhe që tash vuen dënimin për abuzimet që ka bamë, nuk munt të ketë prehje shpirti pa rrejtë. Shija e tij asht në të trilluemit e rrenave. Shpesh herë më rrëfen, me orë, ndonji novelë apo aventurë të lexueme ndër libra tue më thanë se i ka ngjamë atij vetë. Nji kohe, i shtrënguem prej politesës, e durova dhe e ndigjova, por kur pashë se e teproi dhe vazhdonte të më gënjejë ditë për ditë, i thashë që të mos e përsërisi ma. Besoni se muer vesht? Jo, kurrë. Vetëm disa ditë e ndali hovin. Mbasandaj i a nisi rishtazi. Un besoj se po t'a shtrëngojsh tepër që të mos gënjejë, sigurisht, ka me u sëmur, se rrena për të asht si ushqim shpirti. Mjer ata që lëngojnë prej këtij vesi.

E kaluemja e tij asht fare e turbullt dhe kujtoj se as prindët e tij nuk do t'a dijnë. Thotë se ka bamë mësime ndër shkolla të hueja, se ka punue në shtete e qytete të ndryshme, se ka shëtitë disa mbretni, se ka qenë nëpunës i shtetit t'onë, se ka qenë e asht antar' i partis komuniste, se djelmënia komuniste e nji kryeqyteti të nji shteti e paska pas zgjedhë e dërgue delegat për në nji kongres. Thotë e thotë pa pra e pa u lodhë. Po të llogariten vjetët që ka bredhë e mësue ndër shtete të ndryshme dhe të gjitha tjerat, të pakën, ai tash duhet të jet dyzet vjetsh, kurse thot se s'asht ma se 24 vjetsh.

Nga ndonji herë më pëlqejnë rrenat e tija se e ndigjoj si ndonji pllakë gramafoni dhe e lëbyer kohen.

20 Maj.
U lirue sot, me Dekret Mbretnuer, Ilia Treska, Esat Dishnica e Dhori Thana, të tre të denuem me nga tre vjet burgim prej gjykatës politike disa kohë ma parë.

26 Maj.
Mërzia e burgut më ka bamë që të thith shum duhan.
Ekam shtue aq tepër sa, disa herë, më bahet goja krejt shkrumë nikotini dhe e hidhët si me pas pimë helm.

29 Maj.
Burgu ka regullat e veta. Për shembëll dritat mbahen ndezun gjith natën e nuk shuhen kurrë. Po të fiken bajnë alarm gjindarmët e gardianët, pse druejnë se mos shpohet burgu ndokund dhe arratisen të burgosunit tue përfitue nga errësina e natës.
Kështu ngjau edhe sonte, për shkak se u shuen llambat.

4 Qershuer.
Jam tue pamë andrra të çuditëshme. Nuk dij se a nuk e kam stomakun në regull apo trunin. Cilido që të jetë provon se nuk jam mirë nga shëndeti.

10 Qershuer.
U vra sot n'oborr të gjykatës kolegjiale të Tiranës nji djalë e nji vajzë që kishin shkue me u kunorëzue. Vrasësi asht kushrini i goces. Dy të vramit e kishin dashunue njeni tjetrin dhe kishin ardhë këtu prej katundit për me e celebrue martesën. Çupa i paska pasë humbë prindët e vet prej kohësh dhe qenka nën kujdesin e ungjit të vet, i cili nuk e lejueka me u martue me djalin, për shkak se ai qenka i vorfën dhe nji kohe shërbëtor i tij. Natyrisht, mbas mendësis së plakut, shërbëtori nuk munt të bahej dhandri i tij. Me fjalë të tjera ai s'qenka nga ndonji derë e mirë që të bahesh ort me mbesën e plakut, por ku ndigjon dashunia se?! Prandaj djali e vajza ikin dhe vijnë në Tiranë për t'u bashkue.
Vrasësi asht i biri i ungjit të vajzës dhe paska qenë ushtar në Tiranë. U kap mbassi e kreu krimin e shëmtueshëm. Ai beson se ka vramë për të mprojtë nderin e familjes dhe për t'a mbajtë naltë zakonin. Të mjerët na Shqiptarët që shkojmë kot. M'u dhimsën për së tepërmi viktimat e këtij zakoni barbar. I qava, shpirtnisht, ata të shkretë që e gjetën vdekjen atje ku shpresojshin e besojshin se kanë me e gjetë lumtunin.

13 Qershuer.
- Hajde kos! kos taze! kos Kavaje, thërret nji Lumjan për t'a reklamue kosin që ka për me shitë.
- Breh! breh! se ç'qenkan! Mjaltë të bekuemet, bërtet nji tjetër për qershiat

e veta që don me i shitë.

Ajo pjesë e koridorit që asht afër derës, në padin e poshtëm, asht bamun si merkadoja e burgut, pse aty shiten - prej të burgosunve - barishte, pemë, kos e tjera.

17 Qershuer.
Mumri i vrasësve po shtohet dita ditës. Seicili prej këtyte ka vramun nji njeri dhe, me këtë mënyrë, ka shue nji dritë. Ka edhe asish që kanë vramë dy, tre, ase katër vetë. Typat e kësajë kategorije krenohen për... trimënin e madhe që kanë bamë.

23 Qershuer.
Në hotelin Skënder Bej që asht për ball burgut janë vendosë grat publike. Për kundrejt Ferrit të kësajë jete nuk asht edhe e papërshtatëshme që të ndodhet tregtiza e grave të liga, ku ekspozohet e shitet nderi i femnës fatzezë, mbassi si na ashtu edhe ato jemi nga ata mëkatarë që kemi lakue - ndoshta me arësye ase nga nevoja - prej drejtimit të caktuem nga Perëndia e nga njerëzia. Këtë e kuptoj, por nuk marr vesht se ç'faj ka Skender Beu që ekspluatohet kaq ndyesisht e poshtërsisht.

Skender Beu, heroi i këtij kombi, kunora e shkëlqyeshme e nderit dhe e mburrjes së popullit Shqiptar a thue se me këtë mënyrë do të shpërblehet prej stërnipavet të vet? Në vend që të ngreheshin, për kujtim të tij e në shej mirnjoftjeje, në të katër anët e Shqipnis monumente madhështore dhe në vend që hoteli ma i math e ma i mirë i kryeqytetit të mbante emnin e ngadhnuesit të pashok, shofim se ai përmendet në faqen e murit të kopleratit me do germna të mëdha e të zeza. Eh sakrific i trathtuem apo i kotsuem!

Tue u mundue t'a mas zemërimin e math që do të ket shpirti i Skender Beut nga kjo përbuzje apo përqeshje e randë, urova që të ngjallesh, të pakën, për njizet e katër orë e të na vërsulesh me shpatën e tij të gjatë për të na tregue, me fluturimin e kaptinavet t'ona, se sa shtrenjt kushton nderi i tij. Tue i sodit këto sqena më ra ndër mend e thashë:

- Në qoftë se kalon kësajë rruge ndonji kalama dhe e pikson në tru këtë godinë bashkë me emnin e Mbretit të pamundun, sigurisht, do të pandehi se aty asht ndonji institut femnuer, por në qoftë se të nesërmen në shkollë e shtyen kureshti foshnjën e padjallëzueme dhe e pyet mësuesen ase mësuesin mbi këtë strehë shndërimi, vall ajo e gjora ase ai i ngrati si do t'i përgjigjen? Kush e din se në ç'pozitë delikate do të mbetet mësuesja ase mësuesi para nxansit të vet. E shkreta mësuese, i ngrati mësues. Sigurisht do të tronditen dhe do të nisin me bëlbëzue tue mos gjetë fjalë që t'a kabojnë fëmin. Me fjalë të tjera nuk do të jenë të zotët me e shlye këtë njollë të zezë që i vihet emnit të Gjergj Kastriotit, historia e të cilit asht Kurani apo Ungjilli i shqiptarizmës dhe Iliada e nxanësve ndër shkolla.

Nuk dij se si nuk i shofin syt, se si nuk i skuqet fëtyra dhe si nuk i nxehet shtati kryetarit të Bashkis së kryeqytetit për kët turp.

28 Qershuer.
Për fat të mirë sot na nxuen n'oborr, mbassi muret u naltësuen deri më tri metro e gjymës. Mbas sodi do të ngopemi me ajr të pastër. Un qysh sot nisa me bamë banja Dielli.

3 Korrik.
Keto ditë vdiq në spitalin e këtushëm kushrina e eme Ferizati. U pikëllova nga vdekja e sajë, mbassi ishte edhe shum e re. Prap sot mora vesht se disa ditë ma parë paska vdekë në Manastir Hidajeti, bashkëshortja e vëllaut t'em Halitit. Edhe kjo m'u dhims shumë, mbassi qe e re dhe nuk e gëzoi jetën.
Pezmatimi i em në rasa të tilla asht dy fish, sepse me nji anë e ndi hidhënimin e shkaktuem prej vdekjes së tyne dhe m'anë tjetër përshtypem nga shkaku se s'mundem me i pamë, makar, në çasin e fundit.

5 Korrik.
I kam mësue të burgosunit që të bajnë banja Dielli. Ma shum se njizet vetë vazhdojnë regullisht, por disa prej tyne, nga ndonji herë, rrijnë shumë dhe u bahet shpina pashkull.

7 Korrik.
Ende nuk e kam marrë vesht, me siguri, shkakun e vërtetë të ekspulsimit tem nga Jugosllavia e të dorëzimit në Shqipni. Dikush thotë se më kanë ekspulsue e dorëzue në Shqipni për shkak se paskam dashë me e vramë Mbret Aleksandrin. Çudi! E qysh do t'a vritsha Mbretin e Jugosllavëve kurse un isha i ndaluem me dalë jasht qytetit të Manastirit, makar, edhe për të shëtitë? Dikush thotë se më paskan dëbue pse un qenkam antar' i Federasionit Ballkanik. Asht për t'u urue borgezia Sërbe për hollësin e mendjes së sajë që ka arri me u futë deri në gji të Federatës Ballkanike e të kuptojë se un qenkam njeni nga antarët e saj! Dikush thotë se më paskan ekspulsue për shkak se qenkam anmik i vjetër i tyne dhe se nuk qenkam bindë me u vue n'akord me ta. Në qoftë se ky asht shkaku i vërtetë, kanë pasë të drejtë të më nxjerrin jasht shtetit të tyne, por kurrë nuk duhesh të më dorëzojnë n'at shtet, prej ku isha arratisë për shkaqe politike, mbassi e drejta ndërkombëtare e ndalon, kryeképut, nji veprim të tillë. Veç kësaj un besoj se violenca e brutaliteti nuk munt të jenë mjete t'afta për me e bindë e me e afrue kundërshtarin politik. Dikush thotë se qenkam ekstradue me dy komita Bullgarë, gja të cilën nuk due t'a besoj, mbassi nuk m'a merr mendja se vlen aq shumë koka e eme. Ma në funt thonë se më paskan ekspulsue e dorëzue se qenkam Bolshevik. E kush u tha Sërbëve se jam Bolshevik? Mos i njoftoi Internasionalja e tretë apo e gjetën me... mend? Sidoqoftë nuk kishin të drejtë të më keqpërdorojnë, mbassi isha refugjat politik në

shtetin e tyne dhe mbassi s'bana ndonji veprim që t'a turbllonte borgezin e t'a tronditte kapitalizmën Sërbe. Mbasandaj asht tjetër të jesh Bolshevik ase t'a simpatizojsh atë doktrinë, asht tjetër të veprojsh për realizimin e saj. Sidoqofte un kujtoj se u gabuen Sërbët me ekspulsimin t'em, sepse e njollosën historin e vet dhe me këtë mënyrë e humbën besimin para botës së qytetnueme.

9 Korrik.
Mërzia ka kalue ç'do kufi. Ajo duhej quejtë disi ndryshe, por s'kemi nji fjalë tjetër në gjuhën t'onë që t'a përmbushi kuptimin e saj. Në thança se jam dëshpërue, prap s'më duket se e shfaqa, plotsisht, gjindjen t'eme të tronditun shpirtnisht. S'dij se ku do të arrijë ky pezmatim shpirtnuer. Do të jem fitues në mos pësofsha ndonji sëmundje nervash.

12 Korrik.
Sot erdh me më pamë Riza Drini, nji nga shokët e mij të vjetër. Rizai, për fat të keq, asht sëmunë. Atij i vinte keq tue më pamë të mbyllun në vorrin e kësajë jete dhe mue më vinte keq tue drashtë se mos rrokulliset ai në vorrin e asajë jete.
- Do të shkoj në Korçë me u shtri në spital, por para se me u nisë erdha me të pamun, se ndoshta nuk shifemi ma, më tha.
Këto fjalë më ranë në zemër si plumba. Ai, ndoshta, e parashef vdekjen, por asht tepër guxmtar dhe nuk i tutet. Sigurisht e thot të vërtetën e hidhët për t'u tregue shokve se as mordja nuk mundet me e ligështue e me e përkullë.
U ndamë të pezmatuem e të prekun thellë në shpirt për gjindjen e njeni tjetrit.

17 Korik.
Herë mbas here shokët e kthinës bisedojnë mbi çashtje fetare. Me qenë se kuvendimi nga ndonji herë mbaron me hidhnimin e palëve u jam lutë që të mos fjalosen ma mbi të. Antagonizma fetare për herë ka ekzistue në mes të njerësve dhe miljona njerës ka korrë mordja për shkak të saj. Mëkati i këtyne viktimëve duhet të randojë mbi klerin, mbassi ai e nxit njerëzin për t'u ndamë në grupe kundërshtare që e urrejnë dhe e luftojnë njeni tjetrin deri në vdekje, kurse fet, në realitet, s'janë tjetër veçse do ligjë të kopjueme prej njena tjetrës dhe të përmirësueme mbas nevojave të kohës e të njerëzis.

20 Korrik.
Dje mbrama, n'ora nandë mbas darke, u ba nji dëgamë këtu në burg për shkak të dy pederastëve. Me qenë se pederasti passif ishte Katolik të burgosunit Katolikë e gjejnë vetëhen të fyem dhe e rrafin, dy herë me radhë, pederastin aktif, i cili asht Musliman. Në rrafje e sipër, për fat të keq,

Katolikët i shajnë gjith Muslimanët. Kjo e shame kishte pas qenë si nji xixë për t'i dhanë flakën zjarrit. Me nji herë sulen disa Muslimanë dhe kacafyten me ta. Me qenë se numri i atyne që rrifeshin ishte ma se tredhet vetë, ata që hynë ndërmjet për t'i ndamë qenë gati gjashtëdhet vetë. Un dola nga kthina dhe desha të shkoj me i ndamë, por nuk më lanë të burgosunit, të cilët m'u zotuen se vetë kishin me ndërhy për me e shafitë dëgamën. Me të vërtetë e përmbushën premtimin. Kthina e eme asht në funt të koridorit. Kur dola jashtë, si thashë edhe ma naltë, m'u shfaq para sysh nji sqenë betejeje. Nji grumbull ishin kërleshë dhe po përpiqeshin me e mposhtë njeni tjetrin. Thirrjet, klithmat, bërtitjet, të shamet dhe zhurma oshëtojshin në koridor si në nji shpellë mali. Nji numër i math prej tyne u përgjak nga koka e nga shtati, sepse si armë u përdorën poça, nallane, këpucë, ibrikë, llamba, tagarë, pjata, ftere e gjithshka tjetër. Sa poça e llamba janë thye dje mbrama aq të mira i ardhshin burgut.

Gjith burgu u lëkund dhe u furr në nji shfryemje nervash të ndezuna. Gardiani q'ishte mbrenda në roje u mshef. Gjindarmeria e burgut ashtu edhe gjindarmeria dhe policia e kryeqytetit e rrethuen burgun tue pandeh se do të bahej nji sulm nga mbrenda për t'u arratisë. Më thanë se gati gjith kryeqyteti ishte lemerisë, për shkak se poterja e kësajë turme t'egërsueme kishte qenë ndigjue deri në kërthizë të qytetit.

Mbassi u shafit dëgama me ndërhymjen t'onë dhe mbassi i mbyllëm të burgosunit ndër kthina, hyni mbrenda Drejtori i burgut e post-komandanti, prokurori, rreth-komandanti e qark-komandanti i gjindarmeris së kryeqytetit, disa oficera e graduatë të gjindarmeris e t'ushtris, prefekti, mjeku dhe Ministri i P. të Mbrendëshme.

Të ganduemit e të shituemit u mjekuen dhe disa prej tyne u çuen në spital të shtetit.

Me fjalë të tjera dje mbrama të burgosunit i kishte kapë rrebja dhe banë nji betejë ma se t'ashpër. Nashti zotnon qetësia dhe ngjarja komentohet me të tanë hollësinat e karakteristikat e saja.

Gjith kjo dëgamë, që për pak qe tue përfundue me shum viktima, u ba për shkak të dy pederastëve, të cilët janë të shkulluem fare moralisht. E për këta dy immoralë u dërmuen të burgosunit si t'ishin anmiqt e gjakut, e gjuhës e të tokës. Për pak qenë tue e djegë jorganin për inat të pleshtit.

24 Korrik.
Isha shtrimë, sot mbas dreke, mbi shtrat t'em për t'u prehë dhe, po t'ish e mundun, për të flejtë pak. Ndërkohe ndigjova nji pëshpëritje mbas shpinës s'eme. Njeni i rrëfente tjetrit se si e kishte vramë anmikun e vet:
- Kishte qenë trim e i shkathët i shuemi, tha dhe shtoi: Un e dijsha se asht djalë azgën dhe se nuk i tutet syni nga pushka. Prandaj i pata porositë shokët e pritës me e synue mirë dhe me e mbajtë në pushkët e para. Kur e pamë se po vinte nisëm me frugullue. Sa u avit për ball ushezës e qëlluem.

Ai, me nji herë, u hodh poshtë dhe e rrotulloi pushkën.
- Shtiu?
- Nuk i lamë kohe se e qëlluem rishtazi. Po të mos kishim shpejtue kishte me na msye dhe kishte me na gri të gjithë.
- Edhe ai rrezikziu i em, tha tjetri, ishte i fortë si nji ari. M'u turr me drapën dhe po të mos isha shtëmangë do të m'a shkurtonte kryet si ndonji lakën. I mshova me sëpatë dhe e godita në krahë të djathtë. Me gjith që ishte plagosë randë m'u vërsul rishtazi. Më kapi për fyti me dorën e majtë.
- Heu! Qenka kulshedër i bir' i thiut, tha tjetri.
- Mor, për shpirt të Pejgamberit, qe tue më mbytë. Kujtova se po më shtrëngon me dana e jo me dorë. Qeshë tue ngordhë, por i rashë me nji grusht në plagë dhe shpëtova. I dhimti plaga dhe më liroi. Mbasandaj i rashë me shqelm dhe e lëshova poshtë në vijë, por prap u ngrit dhe desh të më sulet me nji thikë në dorë.
- Ku e muer thikën?
- E kishte pasë në bres të shkretën. E pashë se isha në rrezik. Prandaj e mblodha vetëhen dhe i solla me sëpatë. I a shkurtova kryet. Shpërtheu gjaku si cyrilat e shadërvanit. Kur u avita pashë se syt e tij ende ishin në jetë dhe m'i nguli me urrejtje.
- Çudi!
- Sot e asajë dite ata dy sy më shfaqen n'andërr si dy gryka furi që duen me më përpimë.
- Ai t'emi ka nji vëlla që s'kam çare pa e vra se...
Qeshë tue plasë. M'u sos durimi. U ktheva prej tyne dhe i qortova.
I kam porositë shokët e kthinës që të mos fjalosen kurrë mbi fajet që kanë bamë. Me këtë mënyrë due t'i baj që t'i harrojnë mbrapshtit dhe t'u vihen në gjumë pjerrjet e dobta.

27 Korrik.
Vapa asht e fortë, ujt i ngrofët e i paktë dhe mërzia e madhe.

31 Korrik.
Ka disa djelm të squet në mes të këtyne të burgosunve, por mjerisht fati i ka sjellë këtu. Sikur t'ishin në shkollë, pa dyshim, do të përfitonte mjaft njerëzia prej tyne. Un përpiqem me i mësue e me u a korrigjue gabimet.

1 Gusht.
Tue kuvendue me Drejtorin e burgut, rasësisht, më tha se në burgun e grave qenka nji fajtore e dënueme me tredhetë e disa vjet burgim për nji vrasje dhe kjo qenka sjellë këtu nga nji burg tjetër për sigurim ma të math. Kush e din se ç'farë shtrige do të jet kjo krimmele?
Burgu i grave asht, diku andej, në shtëpi t'Osman Mangullit.

4 Gusht.
Oh sa të gjata janë këto orët e burgut. Nuk ec ora përpara dhe gjan sikur kanë qëndrue në vend grepat. Ban ora tik! tak! por s'hudh para asnji hap. Përse janë kaq të gjata këto orët e mërzis? Oh jet' e shkretë! Jeta asht nji lavirë që ma fort të helmon se sa të gëzon. Me gjith këtë na e lakmojmë si të shkallitun. Lum ata të rrallë që nuk e përfillin.

9 Gusht.
Qelben e kundërmojnë erë të keqe nevojtoret nga shkaku se gjypat janë të ngushtë dhe nuk kemi mjaft ujë që t'i lajmë shpesh.

13 Gusht.
Marr vesht se disa të burgosun paskan dërgue nji letër në zyrën sekrete të Ministris së P. të Mbrendëshme dhe paskan deklarue, në trajtë ankimi, se gjoja un i ngatrruekam të burgosunit dhe i shtyekam të zihen në mes të tyne. Letrën e paska çue nji graduat i postës së burgut, birazer me njenin nga shpifësit. Dikush thotë se ata pesë a gjashtë vetë që nënshkruen në letër qenkan shtye prej graduatit me veprue kësodore dhe ky qenka pilotue prej tjerësh që rrojnë, si burra të ndershëm, në botën e jashtme. Kishin fillue hetimet dhe ishin stërhollue deri në pikën e funtme, por s'dij se si kanë përfundue, mbassi mue nuk më thanë kurrgja.
Ku e kanë pasë hallin këta njerës që kanë dashë me më cimbue, tinëzisht? Ata e dijnë fare mirë se un i kam pajtue dhe nuk i kam ngatrrue të burgosunit. Do të gëzohesha sikur zyra sekrete t'a çonte atë letër në gjykatën politike - në mos e ka dërgue - që të baheshin ndjekjet ligjore, se atëhere do të demaskoheshin ata dhe do të merrshin dënimin e meritueshëm për këtë shpifje që nuk i përgjigjet së vërtetës. Nuk e kuptoj se pse Ministria e P. të Mbrendëshme nuk e kryen detyrën e sajë në rasa të tilla dhe e len hapët shtegun! Sidoqoftë më vjen keq për sjelljen e dobët të shpifësve, të cilët më dhimsen ma fort se nji tyberkuloz, për arësye se shpifsi kurrë nuk munt të qetsohet shpirtnisht dhe urrejtja që përqendrohet në zemrën e tij e ban të vuejë vazhdimisht. Mjerë ata.

15 Gusht.
U burgos sot Nedim Nevica, i akuzuem politikisht si lajmëtar për ekzistencën e nji komiteti të mshefët në Vlonë që paska për qëllim të veprojë kundër regjimit. Akuza e prokuroris së gjykatës politike bazohet në nji letër anonime gjoja dërgue prej tij gjykatës së naltpërmendun. Ky e mohon kryekëput.

17 Gusht.
Këtu kemi nji revir apo spital, ku mbahen të burgosunit e sëmunë. Nder këta ka edhe tyberkulozë e me sëmundje tjera ngjitëse. Thonë se mjeku ka

raportue për me i çue në spital të shtetit, por pa dobi. Zani i tij ka humbë si në shkretinë. Nuk asht marrë asndonji masë për veçimin e tyne prej nesh që s'jemi të sëmunë. Qeveria do të bante nji vepër të lavdërueshme po t'i çonte këta në spital, sepse jo vetëm që na do të shpëtojshim nga rreziku i sëmundjes, por edhe ata do të mjekoheshin dhe, ndoshta, do të shëroheshin. Këta të sëmunë shëtisin bashkë me ne dhe s'asht caktue as edhe nji nevojtore që të mos përzihen me tjerët. Tue e konstatue këtë gjindje më duket sikur na kanë shtrëngue me bujtë afër fuçiave të barutit me huna zjarri në dorë.

19 Gusht.
Sot erdh me e inspektue burgun Z. Izet Leskoviku, kryetar i gjykatës kolegjiale të Tiranës dhe Z. Emin Meta, prokuror i shtetit. Si kryetari ashtu prokurori i kshilluen të burgosunit me fjalë t'ambla dhe i ngushulluen tue u dhanë shpresë faljeje. Ikën të përcjellun prej urimeve të përzemërta të të burgosunve.

21 Gusht.
Më duket se po shkallis, sepse shpesh herë më gjan se e kam pamë n'andërr, me sy hapët, nji punë që baj sot. Kjo soditje dhe disa tjera që gjasojnë me këtë, sigurisht, do të jenë symptomet e marrëzis. Nuk kam pas luejtë mendsh ndonji herë, por e marr me mend se kështu do të jenë shenjat e para të saja. Po të më pyetshin se a due të dal prej burgut i vdekun apo i marrë, pa dyshim, kisha me preferue të dal i vdekun se sa i lafitun. Në qoftë se më luejnë drrasat kush e din se sa do të tallen të burgosunit me mue, por edhe un kush e din se sa do të shfrej tue shamë mbarë e prapë.

26 Gusht.
Disa kohe ma parë gazetat e kryeqytetit kishin shpallë nji konkurs letrar që kishte bamë shoqnia Miqt e Artit. Konkuruesat, simbas shpalljes, do të shkruejshin nji vepër dramatike me nji subjekt të marrun nga jeta e jonë dhe fituesi do të shpërblehesh me 25 napolona e të tjera. Vendosa të shkruej dishka. Prandaj hartova nji dramë me emnin Tana, por këtë desha t'i a çoj nji shokut për me e korrigjue. I a dhashë Drejtorit të burgut, simbas regullit, dhe i thashë se kuj desha me i a dërgue, por ai më njoftoi se ma parë do t'a çonte, simbas urdhnit të posaçëm që kishte për mue, në prokurori të gjykatës politike. Natyrisht u binda. Vetëm i u luta që të mos bije ndër duer të hueja dhe të mos m'a vonojnë, mbassi po afrohesh koha e dorëzimit. Shpresoj të mos më pengojnë.

29 Gusht,
Nji i quejtun Rexhep Kosova, i dënuem me disa vjet burgim për faje politike, u lirue sot me Dekret Mbretnuer, pa pritë e pa kujtue.

1 Shtatuer.
Edhe festa e Monarkis kaloi si tjerat pa gëdhendë në zemrat t'ona kujtimin e paharrueshëm të liris që shpresojshim se do t'a fitojmë sot.

4 Shtatuer.
Kur faji s'asht i ndeshkueshëm me ma shum se tre vjet burgim gjykata, mbi kërkesën e t'akuzuemit të padenuem, munt të vendosi lirimin e tij nga burgu me dorëzam. Me këtë mënyrë i pandehuni shpëton nga vuejtja dhe siguron nji avantazh moral e material tue u kthye në shtëpi e në shoqni. Me këtë dispozitë ligjore legjislatori, sigurisht, ka parapamë se i pandehuni në mbarim të gjyqit munt të dali i pafajshëm dhe nuk e ka gjetë të drejtë t'a mbajë në burg përpara se të jet vendosë fajsia e tij, sepse jo vetëm që ai do të vuente kotësisht në burg, por edhe, tue mos qenë i lirë, do të damtohesh moralisht e materialisht, mbassi s'kishte me sigurue kurrfarë fitimi.
Në dukje dhe për nji ças njeriut i gjan sikur legjislatori nuk ka lanë asnji shkak që i akuzuemit të mbetet i fyem ase i damtuem tue parashikue se ai, si thamë edhe ma sipër, munt të dali i pafajshëm, por... Por po të mendoj më se i vorfëni kurrë s'do mundet me gjetë nji dorëzanës të pasun ase nuk mundet me depozitue nji sasi të holla, kuptohet fare lehtë se kjo dispozitë asht si nji farë privilegji vetëm për të pasunit. E i vorfëni, sikundër e kam konstatue sa e sa herë, për mungesë garanti ase të hollash ka mbetë në burg dhe ka pësue humbje morale e materiale. Shpesh herë ka qëllue që ai ka dalë i pafajshëm, por e ka humbë punën që ka pasë jashtë në ndonji puntori. Gjith ashtu e ka humbë edhe shëndetin e mirë që ka pasë para se të mbyllesh këtu. Veç kësaj nuk kanë qenë të rralla rasat që të ket vdekë ndonjeni prej prindëvet ase prej fisit të tij kur ai ka qenë në burg dhe kështu ka dalë prej këndej me pezm e helm në zemër. Po t'a shtojmë edhe rasën kobare që ai vetë vdes në burg lark prindëve e dashamirve, atëhere, çashtja bahet ma se tragjike. Prandaj lypset me u gjetë nji mënyrë tjetër q'edhe i pandehuni i vorfën të përfitojë nga e drejta e lirimit prej burgut, mbassi edhe ai ma në funt, asht njeri dhe nuk ka asndonji ndryshim nga i pasuni veçse fatkeqësis që ka qëllue i vorfën.

6 Shtatuer.
Nji ngjarje e çuditëshme i ka harlisë të burgosunit. Nji të burgosunit, kur paska shkue dje mbrama natën n' nevojtore të padit të poshtëm, i paska dalë nji Arap dhe e paska kapë për fyti; e paska gërvishtë dhe... s'dij shka tjetër. Thonë të burgosunit se ai nji herë rrëfeu dhe tash nuk flet fare. T'a besojmë këtë si të vërtetë që ka ndodh apo si nji bestutni që e ka ngacmue imagjinatën e sëmunë të të burgosunit? Un s'mundem me e besue pa e konstatue vetë. Me gjith këtë edhe un, deri diku, jam supersticioz, sepse kshillat e porosinat që më kanë dhanë prindët në fëmini ende i respektoj. Për shembëll kurrë nuk e mbath këpucën e kambës së majtë përpara se t'a

kem mbathë të djathtën, nuk flas kur jam në nevojtore, i fryej dorës kur e prek gushën etj.

Sidoqoftë nuk munt të besoj se ekzistojnë lugetën, xhindë e tjera deri sa të mos i kem pamun vetë dhe ç'do rrëfim mbi ngjarje të tilla e konsideroj si trillim për me e turbullue mendjen e njeriut.

9 Shtatuer.

M'anën e tejme të ndërtesës s'onë asht burgu ushtarak. Sot mbas dreke ushtarët e burgosun kishin dalë n'oborr dhe po mahiteshin me njeni tjetrin. Un rasësisht pata dalë në dritare dhe po i shifsha ushtarët që prralleshin me shoqi shoqin. Ndërkohe vuna re se njeni prej tyne u ngjit mbi nji grumbull gurë dhe u tha shokve:

- Heshtni se do të mbaj fjalë!
- Fol! Hë de! Hë pra, thirrën disa.

Zotnoi heshtja. Të gjithë i drejtuen syt kah ai të rrëmbyem prej kureshtit.
- Popull! Popull Shqiptar! Popull... mistrec! tha ushtari dhe shpërtheu në gaz. Të gjithë qeshën dhe e duertrokitën.

U hoqa prej dritares dhe zuna të mendohem: Vall a asht, me të vërtetë, mistrec populli Shqiptar? Kjo përbuzje a thue se qe shprehja e nji shpirti të rebeluem kundër popullit t'onë apo adjektivi i përshtatshëm që i nep ai vetëvetëhes nga që e gjen të pakrahasueshëm me shokët? Cilado qoftë nuk më pëlqen dhe uroj të bahemi të zotët me i hjekë prej vetëhes adjektivat që na apin të huejt ase vetë vetëhes s'onë në nji rasë dëshpërimi.

14 Shtatuer.

Më gjan se të burgosunit më pandehin për frikacak. Kujtojnë se druej edhe nga hija e eme dhe se i shtëmangem ç'do ngjarjeje që ka lidhje me rrezikun. Po t'a kisha pasë ndërgjgjen e mpit ase të lëgatun edhe ata do të mahniteshin nga guxmi i em dhe do të bijshin përmbys prej tmerit. Kishin për të pamë se, për t'i kënaqë kapricjet e mia, kisha me e djegë krejt Tiranën, si Neroni Romën, por nuk më lejon ndërgjegja. Qysh do t'a diqsha Tiranën? Atë nuk e them, por po të pranojsha të bahem Dreq, kurrgja nuk munt të më pengonte dhe ç'do tril i emi, me doemos, do t'ishte i realizueshëm. Ma në funt edhe dreqi vetë do të habitesh nga djallëzia e eme dhe do të më falesh. Vetëm atëhere do t'a kuptojshin këta të gjorë se nuk asht trimëni me vramun nji njeri mbas shpine, në gjumë ase në pritë. Vetëm atëhere do t'a kuptojshin se ç'do njeri ka nji pjesë nga shpirti i dreqit, por të pakë e të rrallë janë ata që e argëtojnë dhe të shumët e vdekësojnë, me gjith që ai i nxit e i nguc. Për këtë arësye asht e vështirë me qenë njeri dhe njeri i mirë.

17 Shtatuer.

Me ndërmjetësin e disa miqve sot Fiku kishte hymë në konviktin Vaso Pasha me bursë të shtetit. Kujdesi i treguem për djalin t'em fatzi më gëzoi dhe qe si nji farë satisfaksioni për mue. A thue se nisi me u kthye për së mbari rrota e fatit t'em? A t'a quej këtë si nji yll q'u duk mbi horizont për të më ndriçue për jetë apo si nji vetëtimë që shkëlqen në ças për me më lanë prap në terr?

20 Shtatuer.
Nji i burgosun nervoz, i zemëruem prej nëpunsave të burgut, i bije më qafë gardian Aliut dhe e shan. Aliu i durueshëm e ndigjon me atë gjakftoftësi q'e karakterizon dhe me buzë në gaz. I burgosuni i ngushun për së tepërmi mbassi e shan Aliun e gjith gardianët dhe mbassi Aliu i përgjigjet me nji Oh! Oh! e shan edhe Drejtorin. Aliu i a pret:
- Ohoho!
I burgosuni mbasandaj e shan Prokurorin; Aliu i a ban:
- Ohoho!
E shan Prefektin dhe Ministrat me radhë. Sa herë që shan Ali i a ban Ohoho dhe e len të shfrejë. Por kur ai e shan Kryeministrin Aliu çohet në kambë dhe, mbassi i a pret me nji Ohoho shum ma të gjatë se tjerat, veren:
- Mjaft ma! Mos ma naltë!
Sa e mbaron Aliu verejtjen u nep kambëve dhe ik me vrap gjatë koridorit. I burgosuni kur shef se Aliu po ik nga droja, shpërthen në gaz dhe i thërret të ndalohet tue i u betue se nuk do t'atakonte ma.
- Përse ike? e pyet Aliun mbassi kthehet.
- Që të mos të të ndigjoj ma, i përgjigjet.
- Nuk jam aq terbijesëz sa të mos e dij hadhin t'em.
- Estagfurullah efendëm, i a pret Aliu. Por pata frigë se do të bajsh texhavuz naltë.
- Sikur të bajsha ç'do të bajshe? pyet i burgosuni.
- Nuk kisha se ç'të baj veçse të shkojsha ke Drejtori t'a lajmosha se... luejte mentsh, i thotë me droje.

24 Shtatuer.
Mazëhar Peza, vrasësi i kushrinës së vet e të dashnorit të sajë n'oborrin e gjykatës së këtushme më 10 Qershuer 1931, duket se asht pendue për fajin që bani. Pendimin e shfaq sheshit dhe mundohet t'a ndeshkojë at shpirt barbar që ende qëndron në trupin e shum malësorve t'onë. Provat më kanë bindë se ai, përnjimend, asht pendue.

29 Shtatuer.
Po t'a kisha pasë në dorë kisha me i djegë gjith ata libra që bajnë fjalë për vjedhje e vrasje edhe sikur të stigmatizohesh ndër ta vepra e ligë. Do t'i diqsha që të mos përmendeshin ma ato fjalë dhe njerëzia të mos i njifte ato punë të liga. Nji i burgosun kishte marrë sot nji libër që përmbante nji aventurë policore dhe po e këndonte me shije të veçantë. E mallkova

autorin, sepse me këtë mënyrë e injeksionon shpirtin e njeriut me helmin e veseve të liga.

1 Tetuer.
Qeveria muer sot nën armë t'em nip Enverin. Marrja e tij në shërbim ushtarak e paralizoi, krejtësisht, jetën t'eme e të familjes, për arësye se ai ishte i vetmi burim i jetesës s'onë. E tash? Nashti që shterri ky burim si do të mundemi të jetojmë? A thue se s'ka për t'u ndrydhë kurrë kjo fatkeqësi që më vërsulet herë mbas here?

3 Tetuer.
Kushrini i nji të burgosunit që qenka student në Lyceun e Korçës më kishte çue nji libër të vogël të Silvio Pehiko-s, Italjan. Libri, i përkëthyem nga Italishtja në Frengjishte, përmban emnin Mes prisons. Në këtë vepër autori, i dënuem politikisht, e përshkruen jetën e vet plot vuejtje që ka kalue ndër burgje në kohe t'okupasionit Austrijak n'Itaii. Të shofim se si do të mbarojë libri i vuejtjeve të mia.

8 Tetuer.
Kaloi festa pa u ndi fare.

12 Tetuer.
Përgjithësisht për njerzit jeta asht dy pjesësh: Ajo që bahet mbi lamshin e dheut dhe ajo e gjata që kalohet nën palët e zeza të tokës ase në... lulishtet e Parrizit, por për ne të burgosunit ndryshon puna. Për ne jeta asht tri pjesësh: Ajo që bahet në liri, ajo që bahet mbas vdekjes dhe ajo që bajmë na këtu. Kjo t'ona asht në mes të jetës e të mordjes. Kur themi na jeta tjetër kemi për qëllim t'a përmendim atë që bahet jasht këtij vendi të mallkuem e jo atë që kalohet mbrenda vorrit.
Nji i burgosun i ri, që ende nuk e ka kuptue këtë jetë, po më flitte sot për jetën e vdekjes tue thanë jeta tjetër dhe un me të vështirë munda me e kuptue.

17 Tetuer.
Nedim Nevica, i akuzuem për faje politike, sot muer pafajsi dhe u lirue nga burgu.

19 Tetuer.
Më njoftuen sot se em nip Enveri qenka arratisë nga ushtëria. M'u ngritën përpjetë gjith dejt e nervozitetit nga ky lajm i keq. Qeh nji kob i ri që as e kisha shkue ndër mend.

21 Tetuer.
Kur i humb njeriu shpresat nuk asht ma i gjallë, por i vdekun. Kot ban hije mbi fëtyrë të tokës. Edhe un i kam humbë shpresat, por s'kam se ç'të baj. A duhet t'a vras vetëhen? Jo dhe, për inat të dreqit e t'anmikut, jo. Lypset të duroj e t'a përballoj të keqen; duhet të mos përkulem para kësajë fatkeqësije e t'a mposhti burrnisht. Vetëvrasja, simbas mendimit t'em, asht e papajtueshme me logjikën, sepse ajo provon se vetëvrasësi asht i dobët moralisht, se asht mundë në luftën e jetës dhe se i a mohon shoqnis njerëzore ndihmën e vet. S'asht trim ai që vret vetëhen, por ai që e përballon vështirësin e jetës dhe e ngadhnon. Un jam nga ata që besojnë se njeriu ka nji misjon në këtë jetë. E ky mision munt të jet shum i dobishëm për shoqnin njerëzore. Nji njeri që na sot nuk e përfillim fare s'asht çudi që neser t'i bajë njerëzimit shërbimin ma të math. Prandaj vetëvrasja asht e pajustifikueshme, e keqe dhe e neveritëshme.

24 Tetuer.
Lajmi i arratisjes së nipit nga ushtëria qenka i gabueshëm. Në vend të nji tjetrit, me lajthim, paskan lajmue se asht arratisë nipi i em. Ama gabim de! M'a ngrinë gjakun dhe më banë të tres disa killo mbrenda ca ditëve.

27 Tetuer.
Disa kohe ma parë i patën ardhë Drejtoris së burgut do libra për zyrë. Me qenë se ndër ta do të shënoheshin, simbas regullit, të dënuemit, të padënuemit, sasia e ndeshkimit, koha e vuejtjes, mosha e të burgosunve, lloji i fajit, vendlindja e të tjera si këto, m'u lut Dreitori i burgut që të dilsha në zyrë për me i mbushë këta libra. Disa ditë radhas dola në zyrë dhe punova mjaft, por nji ditë u njoftova se s'kishte nevojë ma. U çudita, sepse puna ende nuk ishte kryem dhe donte edhe shum kohe që të mbarohesh. Me gjith këtë heshta. Sot mora vesht se nga rrodhi kjo ndalesë. Ministria e P. të Mbrendëshme na e paska marrë vesht se un dal në zyrë dhe qenka bamë merak për së tepërmi. Alarmohet keq dhe e thërret Drejtorin, të cilin e paska pyetë e qortue vetë Z. Ministri për këtë besim që më dhanka! Ma në funt, tue verejtë se un jam nji njeri shum i rrezikshëm, e paska urdhënue që të mos më nxjerri jasht dhe të më mbajë nën vërejtje të ngushtë. Nuk i beson Drejtorit Ministri me gjith që ai e kishte sigurue se më kishte qitë në zyrë vetëm e vetëm për punë të zyrës. E çon sekretarin e zyrës sekrete që të shofi se a kam shkrue, me të vërtet, ndër libra apo jo. Vjen sekretari në fjalë dhe mbassi i shef librat kthehet i bindun. Vetëm nuk dij se a u qetsue Z. Ministri se nuk kam pas dalë në zyrë për të bamë kryengritje kundër tij. S'marr vesht se pse shqetsohet kaq shum prej meje Z. Ministri dhe herë mbas here urdhënon masa të rrepta kundër meje. Nga rrjedh gjithë kjo antipati apo droje?

2 Nanduer.
Sharrova. Jam tepër ngusht për të holla. Si trashëgim nga koha e lumnueshme më ka mbetë nji varg florini. I a çova sot kët nji mikut si peng që të më dërgonte dy dollarë. Ai m'aktheu prap vargun dhe m'i çoi të hollat. S'dij se si t'a shprehi mirnjoftjen t'eme kundrejt këtij miku, të cilit druej t'i a përmendi emnin me që asht probabël të komprometohet e të bije në syn e lik të Ministris së P. të Mbrendëshme, e cila po më kërcnohet si ndonji kulshedër.

6 Nanduer.
U lejuem të mbajmë maqina e të rruhemi vetë. Kjo leje ka prodhue kënaqësi të madhe ndër të burgosun, sepse me nji anë ka lehtësi dhe m'anë tjetër bahet kursim.

13 Nanduer.
Vetëm nji të mirë ka burgu: kursimin. Këtu bahet kursim, sepse nevojat janë të kufizueme nga shkaku i ndalimeve. Këtu njeriu lypset të mendojë vetëm për të hangër, se sa për tjerat nuk ka pse t'a lodhi kokën. Mvishemi, për shembëll, si të na kandet dhe pa u drashtë se mos na përqeshi kritiku i modës. Jeta mondane asht fare e panjoftun prej nesh dhe e papajtueshme me konditat e jetës s'onë. Prandaj s'kemi se pse të spenxojmë. Ky vend asht për kopracin e jo për bujarin. Nuk përdorim pije, s'bajmë galenteri; nuk mveshim robe, nuk mbathim këpucë dhe as që vemë kapelle mbi kokë. Jemi fare të lirë dhe nuk mundet me na ngacmue etiketa ase moda, sepse ato s'munden me i futë turijt këtu. Shkurt nevojat t'ona janë baras me ato që ka njeriu primitif.

15 Nanduer.
Mbramë gardiani i burgut i ashpëroi fjalët me të burgosunit e kthinës s'eme, për shkak se këta e kishin mbulue llambën me nji letër të hollë që të mos u a vritte syt drita në kohe të gjumit. Ai deshte me e hjekë letrën tue pretendue se paksohesh shum drita, por ata nuk bindeshin. Me zi u ftoritën gjaknat e nxemë.

18 Nanduer.
Dramën Tana që do të çojsha në shoqnin Miqt e Artit prokurori e kishte dërgue në zyrën sekrete të Ministris së P. të Mbrendëshme për t'u prehë n'arshivat e saja kush e din se sa kohe. Ndoshta për gjith jetën, mbassi nuk munt të përmetojë Z. Ministri që të shkruejë nji i burgosun veçanërisht nji i burgosun politik si un q'asht i... rrezikshëm. Paska qenë jetë-shkurtun e ngrata. Sa leu vdiq!

23 Nanduer.
S'kam as të holla, as cigare, as kafe, as edhe... kurrgja. Jam tue marrë gjellë, me kredi, prej Llanit, gjelltuer në burg. Ç'farë gjelle se!

26 Nanduer.
Mora vesht prej nji gardianit se grat e burgosuna ishin kacafytë e përleshë me njena tjetrën. Ai s'e dinte shkakun, por më tha se e kishin gërvishtë njena tjetrën si... macat dhe ishin shkulë flokësh si... grat kur zemërohen. Me gjith që s'janë veçse nja gjashtë a shtatë, ishin ndamë në dy grupe dhe i kishin provue forcat e mpime e të papërdorueme qysh se janë burgosë e largue nga shtëpiat. Kush e din se ç'gjamë e potere kanë bamë të bijat e Evës për me e shprazë vënerin e zemrave të ngacmueme. Ndoshta gjith lagja do të jet tronditë e do të ket tristue prej dëgamës së tyne të bujëshme. Kështu deh! Edhe ato lypset të ndihen ndopak që t'a marri vesht bota e femnave të lira se ka nji burg edhe për gra dhe le t'ë mos pandehin se janë të privilegjueme për me veprue lirisht. A?!

28 Nanduer.
Edhe sot s'u fala.

30 Nanduer.
Që të bahet pastërti u ndi nevoja që të kujdesohen vetë të burgosunit. Prandaj u mblodhën të gjithë kryetarët e kthinave dhe bisedoen. Ma në funt m'u ngarkue mue mbikqyrja mbi shërbëtorët. Kjo punë m'a dyfishoi merzin. Për kët shkak i thirra sot kryetarët e kthinave dhe u thashë që të zgjedhin nji tjetër. M'u lutën që të vazhdojsha, por un nuk u binda. U ba votimi, i mshefët, por prap un u zgjodha. Me fjalë të tjera jam bamë polic' i Bashkis në burg, por pa rrogë.

1 Dhetuer.
Prej kohesh po punojnë puntorët e shoqnis Sita për instalimin e elektrikut në burg. Sot muer funt punimi dhe sonte, për herë të parë, u ndezën llambat. Të burgosunit hovin prej gëzimit dhe e komentojnë çashtjen si nji ngjarje interesante. Të burgosunit Muslimanë që janë ma pleq e fanatikë, i mshijnë syt tue i pamë llambat e ndezuna dhe bijen në shehadet prej drojes se mos u prishet... imani nga kjo shpikje kauri!

3 Dhetuer.
Shpërtheu gazi atje poshtë dhe nji grumbull të burgosunish qeshën me të madhe sa s'mbaheshin dot. Ç'ishte gjith ky gaz? Pyeta dhe më thanë se nji kusar u kishte rrëfyem se si kishte hymë me vjedhë në nji shtëpi, si e kishin diktue grat dhe si ato, të ndihmueme edhe prej fqijeve, e kishin rrafë për vdekje. Kështu e kalojnë kohen kusarët këtu, mbassi nuk okupohen me

ndonji rang.

7 Dhetuer.
Qymyri që na ep shteti për t'u ngrofë në stinë të Dimnit nuk na mjafton. Prandaj na duhet me blemë tjetër, por un s'jam në gjindje që t'a përmbush këtë nevojë dhe dridhem si macë e keqe nga acarrimi i Dimnit.

12 Dhetuer.
Kam vue re se disa të burgosun gardian Ali Cukës e thërresin Jago. Nuk dij se kush u a ka mësue kët emën dhe n'e meriton Aliu apo jo? Un do t'a quejsha Javer e jo Jago.

15 Dhetuer.
E kapërceva lumin. Tash, sa për vetëhe, s'kam hall ma. Qeveria qysh sot nisi me na dhanë nga nji supë në ditë. Për herën e parë sot i njomëm gërmazët dhe i ngrofëm zorrët me minestër. Kjo masë qeveritare meriton të lavdërohet, se shum të burgosun nuk kanë pasë me se me e hangër bukën. Shpesh herë e kanë njomë me ujë, nga shkaku se nuk kanë pasë as edhe krypë. Tash jam si ai miku me lugë në bres!

20 Dhatuer.
Mbramë vdiq këtu nji i burgosun plak që kishte vuejtë shtatë vjet dhe që ishte ndeshkue për nji vjedhje.

22 Dhetuer.
E pashijëshme dhe fare e zbrazët asht jeta kur ajo kalohet pa shpresa, në vobsi, me brengje e në burg.

25 Dhetuer.
Kur e merr rojen e mbrendëshme të burgut gardian Aliu futet ndër kthina dhe ban nji farë kontrollimi tue vue re se ç'ndryshim ka. Pak ma vonë hyn rishtazi, për shembëll, në nji kthinë tue paraqitë nji pretekst dhe veshtron rreth e rrotull mureve. Fillon me bisedue me ndonjenin dhe mbas pak e lëshon për dheu shkrepsen ase ndonji teshë tjetër dhe, kur krruset me e marrë, hudh nji sy kontrollues nën shtretën që të shofi se mos janë shbirue muret. Kurrkush nuk merr vesht gja nga ky rol i luejtun me mjeshtëri të hollë. Herë herë hudhet e ngjitet në dritaret si ndonji majmun i vogël apo iriq - Aliu asht i shkurtun dhe i vogël si ndonji gogël - dhe u thot të burgosunve:
- Oh! Oh sa mirë! Prej këndej shifeshka krejt Tirana.
Ndërkohe duert e tija lëvizin dhe ngjiten nga nji thupër hekuri në tjetrën. Me këtë mënyrë ven re se mos janë sharrue hekurat e dritareve. Mbassi sigurohet kërcen poshtë dhe ikën tue u mahitë me të burgosunit.

28 Dhetuer.

Prej disa ditësh jam i sëmunë dhe i dobët. Çuditërisht shpesh herë shërohemi vetë pa ndihmën e mjekut. Shëndeti në burg asht ma i nevojshëm se gjetiu.

1932

1 Kallnuer.
Pa asnji dysh më gjet moti i ri. Uroj që ky të mos u gjasojë të tjerve dhe të jetë i mbarë si për mue ashtu për gjith njerëzin.

4 Kallnuer.
Ka shum kokë-tula këtu që nuk i ka gëdhendë fare strugu i burgut. Këta trungje duhet të krastiten me sëpatë, se s'marrin vesht. Mjer ai që s'merr mësim nga burgu.

7 Kallnuer.
Oh sa bukur ban koha sot. Më gjan sikur jemi në Prandverë e jo në Dimën. Lum ata që e shijojnë bukurin e natyrës dhe lirin.

9 Kallnuer.
Nji i quejtun Bektash Alite nga Gjinokastra u suell sot këtu i akuzuem për faje politike. Ai pretendon se i kanë bamë shum tortura në Fier, por un s'due t'a besoj.

13 Kallnuer.
Për arësyena të ndryshme e të justifikueme kërkova sot prej prokurorit të gjykatës politike që të veçohem prej të burgosunve ordinerë. S'dij se a do të pranohet lutja e eme.

15 Kallnuer.
Të burgosunit e padenuem sa herë që dalin para gjykatës për t'u gjykue lahen, rruhen dhe ndrrohen me petk të reja ase të pastra. Kur s'kanë vetë robe të reja marri hua ke tjerët dhe dalin të mveshun e të mbathun mirë. Shpesh kam vue re se ai që do të dali me u gjykue ndonjenit i merr xhoken, nji tjetrit brezin, ndokuj brekushet dhe ndonjenit qeleshen ase këpucët. Sikundër kuptohet këtë elegancë e bajnë me qëllim që t'i bajnë përshtypje të mirë trupit gjykues. Edhe kusarët kështu bajnë.

17 Kallnuer.
Edhe sot u përhap lajmi se do të falen disa të burgosun simbas nji liste të pranueme prej Parlamentit... Natyrisht s'e besova lajmin dhe vazhdova

të studjoj në librin që kisha në dorë. Ndërkohe ndigjova zanin e të burgosunve që thërritshin në koridor dhe më gjajti se thanë U falëm. M'at ças duertrokitën dhe brohoritën, kush e din se pse, të burgosunit e ushtëris q'ishin tue luejtë poshtë, n'oborr. U mahnita dhe pandehva se, me të vërtetë, u falëm. Më rrafi zemra me hof dhe shtanga prej gëzimit që ndiva. Asht e para herë që e humb gjakftoftësin në burg. Ah liri! Sa e dashun dhe e adhrueshme je! Dhelet e tua më turbullojnë sa herë që të mendoj, por sot më shkaktove edhe palpitasion. Më paç më qafë!

19 Kallnuer.
Mjer i urti që bije në mes t'immoralëve. Aty fjala e tij plot kuptim qesëndiset. Ai vetë përqeshet dhe quhet i shkallitun. Burrnia, bujaria, shtëfnia, me nji fjalë të gjitha vetiat e mira përçmohen pa aspak mëshirë, sepse ata as nuk duen me i përfillë këto cilësina që ka i urti. Edhe un në këtë gjindje të vajtueshme ndodhem, sepse të burgosunit s'pajtohen me mue as me shpirt, as me karakter, as edhe me ndiesina. Kush s'din apo s'don me rrejtë, me mashtrue, me vjedhë e me vramë, simbas mendësis së tyne, asht i marrë. Mjer ata dhe mjer un! Po t'ishin gjith njerzit si këta dhe po t'i kisha nën dispozision fuqit e Hyut, sigurisht, kisha me e përplasë lamshin e Dheut si nji gastare që të bahesh çika, çika e të mos mbetesh as ma i vogli shej prej tij. Tue e pamë vetëhen të përbuzun nga këta njerës të zhulosun prej vesesh, më ra ndër ment kjo prrallë: Nji njeri dikur shkoi në nji qytet, ku gjith banorët, çuditërisht, ishin gërmuqa. Natyrisht ky u habit, por ata nisnë me u tallë me kët, për shkak se ky kishte shtat të drejtë e nuk ishte gërmuq. Ma në funt ky u shtrëngue t'eci gërmuetas që t'u gjasonte atyne. A duhet q'edhe un të pajtohem me këta të mijt? Jo, kurrë.

24 Kallnuer.
Prap mbeta pa asnji dysh. Ku të marr? Me gjith që prej vjetësh po vuej nga vobsia ende nuk jam stërvitë me e durue.

27 Kallnuer.
Njeriu në burg, çuditërisht, ka apeti me hangër. Ka asish këtu që s'u mjafton nji kg. bukë në ditë. Nuk marr vesht nga se shkaktohet ky oreks kaq i math. Ata q'e kanë stomakun e prishun lypset të vijnë këtu për t'u shërue!

30 Kallnuer.
Birucat apo qeliat që janë në padin e poshtëm të burgut, sikundër dihet, janë për ata që kanë dënime të randa. Me gjith këtë un dojsha me u shpërngulë e me u vendosë në njenën prej tyne që të veçohem prej fajtorve ordinarë dhe të qetsohem disi. Por nuk më lejojnë. Prokurori, prej të cilit kërkova leje me u ulë poshtë, ashtu edhe Drejtori i burgut nuk binden. Thonë se

nuk munden me m'a ndrrue vendin pa pasë autorizimin e Ministris së P. të Mbrendëshme. Çudi! Qenka nevoja me i u drejtue autoriteteve të nalta për me ndrrue vend?!

4 Fruer.
Prokurori i shtetit sot bani nji inspektim këtu. Mbassi iku e pyeti nji burgosun nji tjetër se ç'farë porosinash u dha nëpunsave.
- S'dij, përgjigji.
- Un e ndigjova, i a priti nji tjetër.
- Hë! Ç'farë u tha?
- Vjidhni me mend e me ekonomi u tha, përgjigji i burgosuni tue u zgërdhi. Shpesh herë kritikohen dhe përqeshen nëpunsat e shtetit prej këtyne mëkatarve. Shan ai që meriton të shahet!

7 Fruer.
Nesër gdhin dit' e parë e Bajramit. Sot Muslimanët e pasun, sigurisht, e kanë lodhë trunin tue u mendue se si do të mvishen e do të ushqehen nesër. Përkundrazi Muslimanët e vorfën kanë hofkëllue tue mendue se në ç'farë langu të payndyrë t'a ngjyejnë kafshatën e bukës së kollomboqit. Të dy palët kanë qenë të trazuem prej mendimesh, natyrisht, shemra me të njeni tjetrit dhe s'kanë qenë të qetë. Njena ka qenë argëtue nga pasunia dhe tjetra ka qenë thumbue nga skamnia. Njena zemër ka qenë e llastueme dhe tjetra e gandueme dhe e pezmatueme.

12 Fruer.
Ende flitet prej të burgosunve për nji falje me listë. Ndoshta bahet, por sidoqoftë un nuk besoj se kam me përfitue. Përse? Sepse koha e mirë duket qysh në mëngjes.

17 Fruer.
Jam i dobet nga shëndeti. Konditat e këqia morale e materiale, pa dyshim, bajnë efekt në shëndet.

20 Fruer.
Disa kohe ma parë tre vetë nga kthina e eme, në nji kohe kur un s'kam qenë mbrenda, ngjiten në dritare dhe, me anë të nji pasqyreje, u a lëshojnë grave që kalojnë rrugës rrezet e Diellit të reflektueme nga pasqyra. Dikush prej tyne vjen e ankohet ke Drejtori, i cili mbassi e konstaton edhe vetë këtë gja vjen në kthinë dhe kërkon t'i dijë fajtorët. Më pyet mue. Me qenë se un s'kisha dijeni i pyes shokët, por ata mohojnë kryekëput. Nxehet Drejtori dhe e mbyll dritaren me gozhda.
Sot marr vesht se, me të vërtetë, shokët e kthinës e kishin bamë at faj, kurse mue më rrejtën. Të them të drejtën më vjen turp prej Drejtorit, sepse

e gënjeva i mashtruem prej shokëve, kurse ai paska pasë të drejtë. Shpesh qëllon që njeriu, tue pasë mirëbesim, bije në kurth ase turpnohet.

24 Fruer.
U zgjova me nji andërr të tristueshme. Ora asht njimëdhetë e pesë. Të gjithë shokët e kthinës flejnë. Kthehem në krah tjetër, por s'më merr gjumi. Nji hafsh i nxehtë m'a përshkon shtatin si t'isha futë nën pushtetin e etheve ase si t'isha shtrimë mbi shpuzë. Përpushem, por prap nuk më katëllon gjumi, se shtrati më duket sikur asht mbushë me gjemba. Ndez nji cigare. Mundohem me shpëtue nga influenca e andrrës së keqe, por ajo më sinematizohet vazhdimisht. Më duket se po më merret fryma. Çohem dhe dal në dritare. Flladi i natës m'argëton si nji nanë e mirë, por më dikton roja që endet poshtë dhe më porosit të hiqem s'andejmi. Dash' e pa dashë bindem. Kthehem e shtrihem mbi shtrat. Nis me thithë duhan rishtazi. Ndërkohe u rrëmbeva prej mendimesh dhe më gjajti sikur ndigjova të jehonte nji tingull violine që përplasesh në muret e burgut si nji shushurimë dhe herë herë si nji stuhi e fortë. I mbylla syt që t'a përqendroj e t'a përmbledh mirë fuqin e ndigjesës.

Në fillim, për disa çaste, ajo kumboi ambël e kandshëm tue e nxitë shpirtin në nji hof lakmish t'arta prej fëmije, në nji gaz të kristaltë që shpërthen zakonisht ndër zemra të kalamajve të padjallëzuem, në nji kërcim foshnjarak që nuk e ngacmon brengu i jetës, në nji hudhje guxmtare djaloshare të bame mbas dëshirimeve e argëtimeve të padhunueshme dhe në nji vrap të fortë në ndjekjen e flutrave të bukura shpresëdhanëse... Mbas pak ngeci disi dhe gjajti sikur nxuerr nji klithmë të thekshme si piskëhima e ndjeksit të flutrave që rrxohet pa pandehun. Mbasandaj nisi me jehue rishtazi butë e lehtë sa me t'u shijue, por nuk vonoi të tromakset e të lëkundet si t'a kishte goditë nji rrëfe. Mbas nji cingërimit e nji gjamës së shkëputun prej të ganduemit, ndihet nji rinisje që vazhdon me hapa të matun për drejt rrugës së jetës. Dalë nga dale harmonizohet dhe arrin të bahet e kandëshme dhe e lakmueshme. Nji copë herë jehoi kadalshëm si me dashë të tregojë bindje ndaj fatit dhe mbas pak gjajti sikur po përhapte qeshjet ushtuese të nji djaloshit andrrues që përpiqet me i shgandrrue shpresat, por ma vonë prap nisi me cingërue dhe mandej me ulërue si nji luan i egërsuem q'e msyen anmikun. Si nji duhi përmbytëse që i çon përpjetë tallazt e detit, si nji rrëmet mnerues që i shemb e i përplas edhe malet, njashtu u ndi nji zhurmë e vrazhdët e nji buçitje tmeruese, të cilat u përsëritën dhe vazhduen disa çaste të gjata. Mbasandaj u dobësue ajo buçitje e fortë dhe nisi nji farë munuritje që gjasonte me nji vajtim. Qau e vajtoi nji kohe sa me t'a rrëqethë shtatin. Mandej ulërini disa herë dhe u shue fare si me e nxjerrë frymën e funtme. Disa çaste e përcuell nji heshtje e ftofët atë vdekje dhe ma vonë e ndoq nji melodi tjetër si t'ishte marshi funebër i nji martyrit ase elegjia e nji idealistit të vuejtun tepër.

Ma në funt pushoi e s'u ndi ma.

Ai instrument më gjajti sikur ishte bamun interpret i ndiesive të mia; m'u duk sikur goja e tij i përsëriti rrënkimet e nji të zvarnisuni apo të nji të përbuzuni në këtë jetë; m'erdh sikur flitte me nji gjuhë lotësh e piskëllimesh për vuejtjet e mia dhe sikur katrronte për mue e mbi vorrin t'em. Edhe un e përcolla me disa të fshame të thekshme që u shkëputën nga thellësinat e zemrës s'eme, t'asajë zemre që tashti dukesh se po tundesh nga tronditjet e nji tërmeti.

1 Mars.
Disa ditë ma parë çuen në burg të Gjinokastrës 13-14 të denuem. Edhe sot nisën 12 vetë për atje. Prej burgut të Durrësit u suellën këtu 15 të ndeshkuem. Besoj se kjo farë shpërngulje bahet për t'i denue në mënyrë që të binden e të sillen mirë.

6 Mars.
I a nisi kangës bilbili. Ai këndon e un qaj.

11 Mars.
Erdh sot eme shoqe dhe m'u ankue tue thanë se po bante nji jetë mizere dhe se s'kishte as ushqim. E lajkatova me fjalë të thata tue i thanë se do të na vijshin të holla prej... Qiellit. Sa i pamëshirshëm asht fati për disa.

14 Mars.
Sot erdh em vëlla Haliti nga Manastiri për me më pamun. U gëzova shum nga ardhja e tij.

17 Mars.
Vëllau më ndihmoi pak. Gjithashtu i kishte ndihmue edhe familjes. Me këtë mënyrë u meremetue disi buxheti i shkatrruem.

20 Mars.
Nji vajzë 15-20 vjeçare kishte ardhë sot këtu për me e vizitue nji të vetin që qenka i burgosun. Ishte aq e bukur sa meritonte të quhej Mis Tirana. Syt e saj, të zij, kishin nji fuqi magnetike aq të madhe sa mundeshin me të tërhekë në ças e me të përplasë për dheu si nji landë pylli që e gjuen rrëfeja. Qepallet e gjata gjajshin si ushtat e ushtarve të motshëm që ngulen në zemër e të hapin plagë të pashërueshme. Kur e pashë u dridha si t'isha lëkundë prej nji tërmetit të mbrendshëm. Nji copë herë e kundrova tinëzisht e kusarisht. Ndërkohe vuna re se ajo, s'dij se pse, i kafshoi buzët e kuqe. Edhe mue m'u kafshue zemra dhe më kapulloi nji avull i nxehtë. E mallkova që m'a trazoi qetësin e zemrës, e cila prej kohesh kishte ra në gjumë.

Kur i shef njeriu këto krijesa të bukura dhe kur mendon se edhe mbi to ka me veprue ligji i vdekjes, i vjen t'a mallkojë këtë jetë dhe të pendohet që ka ardhë këtu. A nuk do t'ishte ma mirë sikur të mos mplakesh njeriu ase, të pakën, femna? Le të vdisshim kohe pa kohe, kur t'i tekesh Hyut - ashtu si ngjan nashti - por të mos mplakeshim. Mos i vinte ndonji dam Perëndis sikur t'a vente në zbatim këtë ligjë? Natyrisht jo. Atëhere përse me u bamë dy fijesh dhe si nji këpurdhë e brymosun që rrudhet? Pleqnia asht mosha ma e mërzitëshme e njeriut, të cilën nuk e dëshiron kurrë i riu. Të pakën femna të kishte pasë nji preferencë e të mos mplakesh. Për shembëll t'a marrim këtë çupën dhe të mendojmë se edhe ajo nji ditë ka me u mplakë si shoqet e veta. Ç'do të bahet? Gjith kjo bukuri do të shduket dhe do të zavendësohet me nji dukje të shëmtueshme: Ata sy të zij, që sot përhapin jetë e harë, nesër kanë me e humbë shkëlqimin dhe kanë me u mekë; do të gropohen përmbrenda dhe do të duken si dy thëngij që kanë djegë e janë djegë dikur. Flokët e zij do të zbardhen dhe do të bahen si shkurre që t'a lodhin shiqimin. Balli e fëtyra e trandafiltë do të marrin hijen e murrme e të verdhë; do të rrudhen e do t'a humbin trajtën e sotshme. Faqet do të livaren dhe kokallet do të dalin jashtë. Buzët e kuqe do të zbehen dhe, në vend që të jenë të lakmueshme me u puthë, do të jenë të neveritëshme. Dhambët do të jenë shkulë dhe jargët do të kullojnë nga ajo gojë e bukur që sot shum kush lakmon t'a puthi. Shtati do të krruset dhe shpina do të gërmohet. Me nji fjalë kjo bërbuqe e kandëshme ka me u vyshkë e ka me e humbë krejt fuqin dhe bukurin. Mjerim! A ka vall poezi në nji trup të tillë? S'besoj. Atëhere përse dëshiroi Perëndia që të mplakesh njeriu? Kush munt të na përgjigjet? Sigurisht kurrkush ase pak kush.

23 Mars.
U kthye Haliti për Manastir që t'a marri familjen dhe të vijë këtu.

28 Mars.
S'ka ma e keqe se zhaluzia. Ajo asht anmikja e të zotit dhe, shpesh herë, shkaktarja e mjerimit të tij. Të spjegohemi: Nji fatzi i nxitun nga zilia dyshon se e shoqja ka hymë në relasione të turpshëme me nji kushrinin e vet. Krymbi i dyshimit gjithnji i a bren zemrën dhe s'e len të qetë. E përgjon dhe e kontrollon të shoqen, por s'mundet me e zanë në faj e me ramë në gjurmë.
Djaloshi, i mposhtun nga forcat e papërballueshme të nakarit, nji ditë largohet prej shtëpis tue thanë se do të shkonte, për tregti, në nji qytet tjetër, ku do të qindronte disa ditë. Me këtë mënyrë ai don me e provue të shoqen. Prandaj kthehet mbas darke dhe futet, kusarisht, në shtëpi të vet tue pandehë se do t'a kapte të shoqen n'akt flagrant. Habitet dhe tristohet grueja e pafajshme kur e shef të shoqin që i futet mbrenda në terr e në mes të natës. Natyrisht hesht e nuk bëzan. Aty kah mesnata i duket burrit sikur

shef nji hije njeriu që endet n'oborr. Me nji herë vërsulet e del jashtë me kobure në dorë. Kërkon në të katër anët, por nuk gjen njeri. Kthehet dhe nis me e shtrëngue të shoqen që t'i a rrëfente të vërtetën e t'i tregonte se ku ishte mshefë kushrini i saj, me të cilin ky e akuzonte se dashunohesh. Ajo i a thot të vërtetën, pafajsin e sajë, por ky nuk e beson. Egërsohet ma keq. E rrok flokësh, e tërhek rrëshanas dhe i bije me shqelma. Grueja innocente bërtet e ulërin.

Ndërkohe arrin kushrini i grues që, fatkeqësisht, qenka fqi me ta. Kërkon t'u hyjë në mes e t'i pajtojë. Burri ziliar ndërhymjen e tij e gjykon si mprojtjen që i ban dashnori dashnores dhe i a drejton rovelen. Grueja e ngratë e shef rrezikun që i kërcnohet kushrinit dhe futet në mes për me e shpëtue at nga vdekja e sigurtë dhe burrin nga burgu. Ik e shpëton kushrini. Atëhere urrejtja e burrit dyfishohet. Prandaj e zbraz koburen mbi të shoqen, e cila rrëzohet vdekun për dheu mbas nji klithmës së vrazhdët që nxjerr.

Tash ai dergjet në burg. Asht pendue plotsisht për fajin që ka bamë. E ka kuptue se grueja e tij ka qenë e ndershme dhe e pafajshme. Po t'i a kujtojsh këtë ngjarje i mbushen syt me lot dhe qan pse ka vramë nji njeri, dënes pse e ka vramun atë që e ka dashunue si i shkallitun. Asht i urtë e nuk trazon njeri, por i pezmatuem e i helmuem për së tepërmi.

Eh ku ka dashuni pa zhaluzi! Kush e din se sa miljonë viktima ka regjistrue nakari përpara sajë dhe sa e sa ka me rrëmbye edhe mbaskëndej.

31 Mars.
Sot e ndrrova vendin, ku pata ndejtë plot shtatëmëdhetë muej. Nga çipi i kthinës dola në mes e mu nën dritën e llambës.

2 Prill.
Dje u kënaqën dhe u ngopën rrenacakët tue gënjye. Disa prej tyne gënjyen aq tepër sa i a nxuerrën shijen.

7 Prill.
Këtu ka shum fajtorë që janë dënue me vdekje dhe presin të falen ase t'a fusin kokën në thyesën e litarit të trikambshit për t'a lamë mëkatin e bamun. Në këtë botë, ku banojnë të liqt, ndodhja e të tillë mëkatarve asht si nji punë e natyrshme. Vetëm se disa prej tyne, për shum muej ase për ma shum se nji mot, e presin vdekjen ças e më ças, mbassi aktet e tyne nji kohe mbeten në gjykatën e Diktimit për të marrë formën e preme dhe mandej shkojnë n'Oborr Mbretnuer për dekretim. Natyrisht deri sa të kryhen këta formalitete të doemosdoshme kalon nji kohe mjaft e gjatë.

Un besoj se dënimi ma i randë për fajtorin fillon qysh nga çasi i ndeshkimit të tij me vdekje e deri në çastin që i falet jeta ase çohet ke trikambshi. Nuk munt të përshkruhet tmerri i zemrës s'atij që e din se do të vdesi sot ase nesër.

Pyeta sot nji ish të dënuem me vdekje, që kishte ndejtë afër gjashtë muej i veçuem në nji qeli, se si e kishte kalue kohen.

- Qelia, tha, qe plotsisht si nji vorr i ftofët, mbassi isha denuem për të vdekë. Kur m'u njoftue denimi me vdekje u tremba shum, por hidhësinën e mordjes e ndiva kur më rrasën n'atë birucën e vogël. Atëhere më gjante sikur nji gjarpën helmatues e i akullt më mbështillesh rreth qafës për me më mbytë.

- Kur trembeshe ma fort?

- Natën. Sidomos kur ndrroheshin rojet më shtangte gjaku dhe besojsha se po vijnë me më marrë që të më çojnë ke Saati5. Deri sa t'ikshin rojet e të sigurohesha se nuk isha në rrezik, më rrifte zemra si e zogut të pulës kur e shef hutën. Tronditesh e tanë qenëja e eme dhe besoj se n'ata çaste nuk rrojsha fare.

- Tjetër herë a nuk trembeshe?

- Sa herë që gardiani e kontrollonte drynin e derës ase e hapte derën për me pamë se mos e kisha shpue murin, trembesha dhe më ngriheshin përpjetë gjith flokët e kokës. Nji lëvizje e vogël, nji kërcëllimë e lehtë mjaftonte me m'a shti mnerën.

- Ç'bajshe kur nuk të tranzonte gja?

- I lutesha Zotit dhe argëtohesha prej shpresash. Disa herë më... tha dhe e preu fjalën.

- Ç'të ngjante disa herë? e pyeta i shtyem prej kureshtit.

- Më... më... vjen turp t'a them.

- Fol or jahu! Pse me t'ardhë turp?

- Disa herë më mundte dëshpërimi dhe zhgrehesha në vaj.

- Si? Qajshe?

- Po. Pse me të rrejtë? Qajsha dhe qajsha si ndonji foshnje me shpirtin pezull e me zemër të coptueme.

- A flejshe mirë?

- Kurrë. Shkëpurdhesha në shtrat si nji gjel i therun. Edhe kur më merrte gjumi zgjohesha tristueshëm prej andrrave të këqia që shifsha.

- Ç'farë andrrash shifshe?

- Shifsha sikur po më mvarin, sikur më turresh me pushkë ai që kam vramun, sikur më kapshin gjindarmët e më tërhiqshin rrëshanas...

- Mirë, por a u gëzove kur të njoftuen se të fali Mbreti?

- U mpina fare prej gëzimit. U turbullova për së tepërmi. Kisha frigë se mos jam n'andërr, se nuk më besohesh.

Mbas këtij pyeta nji tjetër, nji ish të dënuem me vdekje politikisht:

- Ç'përshtypje të bani fjala Je denue me vdekje kur e shqiptoi trupi gjykues?

- M'u rrëqeth krejt shtati, më shtangu zemra dhe për nji ças, ndiva se më bani përc dishka në themrën e kambës së djathtë e prej andej m'a përshkoi shtatin si nji thupër zjarmi. Me fjalë të tjera ndiva nji përzhitje të fortë qysh

---

5 Saati në Tiranë ka qenë vendi ku ekzekutoheshin dënimet me vdekje.

nga kambët e deri ke koka si të më kishte prekë nji shigjetë rrëfeje.
- Mbasandaj?
- Mbasandaj as ndiva as edhe pashë gja. U turbullova fare.
- Po a fole gja?
- Po. E thumbova trupin gjykues për vendimin e padrejtë që dha dhe i shava disa miq t'anmiqve të mij që po zgërdhiheshin prej kënaqësis.
- Ç'u the?
- Përse qeshni more paçi faqen e zezë? Mos u denue ndonji Sërb që u gëzuet kaq fort? u thashë dhe i shiqova me inat.
- E kur shkove në burg si të gjau?
- Për shum kohe, besa, qeshë i nxemë. Kujtoj se po të më kishin mvarë atëhere nuk do të më dhimsesh jeta.
- Po kur nisi me t'u ftofë gjaku si t'u duk?
- Keq. Atëhere zuna me e mendue jetën e ambël dhe vdekjen e hidhët. Kurrë s'më pëlqente që të vdes.
- Un kam ndigjue se ti ke qenë trim dhe nuk besojsha që të ligështoheshe kaq shum prej vdekjes.
- Po or jahu! Trim? Mbassi nuk je dënue ndonji herë me vdekje nuk t'a kam për mëni. (E uli zanin dhe m'u afrue ke veshi). Don të t'a them të vërtetën? Ndigjo: Me gjak të nxehtë edhe nji jevg asht trim e të vret, por kur ftofet gjaku të luen mendja nga friga.
- Kur trembeshe ma fort? Natën apo ditën?
- Natën or jahu. Gjith natën rrijsha zgjuet si dreq dhe po të ndigjojsha zhapllimë kambësh, me nji herë, hudhesha në kambë si ndonji karcalec.
- A flejshe mirë?
- Ahu! Më duket se po tallesh.
- Përse? Të siguroj se nuk po prrallem.
- Të thashë or jahu se nuk flejsha fare. Friga me nji anë dhe prangat m'anë tjetër nuk më lishin me mbyllë sy.
- Kishe edhe pranga?
- Si jo. Kisha nji palë pranga që peshojshin nja tridhetë okë.
- Me nji fjalë qenke trembë mjaft, ashtu?
- Fort besa. U bana edhe si merak: Më bahesh vesvese ç'do gja. Sa herë që shifsha dy vetë tue folë me za t'ulët, më dukesh sikur kuvendojnë për mue dhe më gjante se ata dijshin dishka për kobin që më pritte.
- Mirë, por nga i shifshe ti këta tue u fjalosë? A nuk ishe mbyllë në qeli?
- Jo xhanëm se s'kishte qelia në burg të vjetër.
- Don me thanë se atëhere paske qenë dënue me vdekje?
- Atëhere pra. M'a prishe mendjen; harrova se ku e pata fjalën.
- Pate thanë se... ishe bamë merak.
- Hë! Bahesha merak kur shifsha njerës që fjaloseshin kadalshëm. E sikur të më shiqojshin me bisht të synit, më mbushesh mendja se atë natë nuk do të gdhijsha i gjallë ma. Akull më bahesh zemra dhe nji erë e ftoftë, era e

mordjes shtrigë, m'a mbëdhithte trupin.
- Mbas sa kohe t'u fal dënimi i vdekjes?
- Mbas nji muej. Përfitova nga ndryshimi i regjimit t'onë prej republikës në monarki.
- Ti sigurisht do të jesh monarkist i fortë.
- Ma fort se Mbreti vetë. Dhe kam të drejtë se me atë rasë e fitova jetën.
- Po faljen si e prite?
- S'u turbullova fort, se lajmi i faljes pat ardhë dalë nga dalë e mbrenda disa ditëve, për shkak se qe mbledhë asambleja që e ndrroi formën e regjimit.
- E sikur të vinte befas?
- Do të kisha shkallitë prej gëzimit.
- A të lejojshin me takue me prindët e tu?
- Po, por ç'e don? Ata m'a futën lëngjyrën ma fort se kryetari i gjyqit.
- Përse?
- Sepse flitshin kot e më kot. Nji ditë kishte ardhë halla dhe më tha se kishte shkue ke Nana Mbretneshë dhe i ishte lutë për mue. Mbasandaj më rrëfeu se sa shëmtueshëm i dukesh shtëpia pa mue, sa shpesh më kishte kujtue dhe sa shum lot kishte derdhë për mue. Nji copë herë foli halla plakë dhe m'argëtoi me dhimë e dashuni, por pa pritë e pa kujtue m'u lëshue dhe më tha me nji herë: Mirë t'a banë more dreq se edhe ti s'rrijshe rehat.
- Ç'pati plaka?
- Ç'pati deh! E kapën xhint shtrigën! Sa iku ajo erdh em vëlla bashkë me njenin nga kushrit e mij. Vëllau ishte pikë, por kushrini ishte dehjë e ishte bamë thump. Kur zu vëllau me më dhanë shpresa për falje, ai i a priti:
- Shif këtu! Sidoqoftë ti banu burrë e mos u tut. Vdekjen e kemi hak dhe litari asht për burra.
- Ububu ke m'a futi lëngjyrën, thashë me vetëhe dhe shiqova t'em vëlla si i vramë.
- Pusho or dreq, i tha em vëlla me qëllim që t'a binte për mentsh, por ku pushonte ai se?
- Përse të pushoj more? i tha vëllaut tue i rrotullue syt e turbulluem prej pijes dhe m'u kthye: Ti mos i ven veshin këtij budallai. Shif se mos na e... turpnojsh fisin se... për Zotin... s'të flas me gojë ma, më tha.
M'erdhi shpirti në majë të hundës dhe s'munda me durue ma. U çova në kambë dhe i pështyena.
- Tuh mor horra! Shporruni mor ju mbaroftë Perëndia, u thashë dhe ika i hutuem fare.
U ndava prej tij tue qeshë me lot.

11 Prill.
Me Dekret Mbretnuer i u fal dënimi i vdekjes tre të dënuemve: Nue Lleshit, vrasësit të Rexhit të Vogël nga Kosova, dhe Azem Hajrullahut nga Luma bashkë me shokun e tij. Të tre qenë ndeshkue prej gjykatës politike

dhe prej disa muej e këndej kanë qenë të veçuem ndër biruca. Çuditem se si nuk shkallitën prej tmerit të mordjes q'e pritën ças e më ças për aq muej.

15 Prill. (Mbrame)
Tash u liruen njimëdhetë vetë të dënuem e të padenuem, fajtorë politik e ordinerë. Këta fatbardhë u falën mbas nji liste të votueme, disa kohë ma parë, prej Parlamentit dhe e dekretueme prej Mbretit. Un duket se nuk do të dal i gjallë prej këndej pa i mbushë pesë vjetët. Gjatë kohes që ndodhem në burg u dënuen dhe u liruen shumë, por un mbeta mbrenda.
Të gjith burrat ven e vijnë
Burr' i qyqes e harroi shtëpin.
Kështu këndoi dikur grueja Shqiptare që e pritte të shoqin të kthehesh nga balli i luftës, kurse ai kishte vdekë. Kështu duhet të këndojë e të katrroje edhe eme shoqe. E gjora!

16 Prill.
Sot erdh em vëlla nga Manastiri bashkë me familjen e vet. Mbas këndej besoj të mos ndodhem ma në ngushticë, për shkak se ai ka me e pasë në kujdes familjen t'eme dhe ka me më ndihmue edhe mue.

21 Prill.
Mer Keçi ka za t'ambël, por nuk këndon, veçse kur i teket e i kandet. (Meri asht njeni nga shokët e kthinës s'eme). Shpesh herë zgjohet në mëngjes heret dhe merr ndonji kangë me za t'ulët. Atë ditë të gjithë çohemi me qejf, se kanga e tij na e shduk plogtin e gjumit dhe na e ban jetën të shijëshme. I lutemi të kangëtojë për herë e sidomos në mëngjes, por a ndigjon se? Asht njeri nervoz e nopran.

28 Prill.
Të burgosunit e kanë kërkue Kryeinspektorin e Oborrit Mbretnuer që t'ankohen kundër Drejtorit të burgut. Drejtori dyshon se mos i kam shtye un të burgosunit që t'ankohen. Dyshimi i tij asht në kundërshtim me të vërtetën, sepse jo vetëm që un nuk i kam shtye, por as edhe nuk i kam mësue kur më kanë pyetë se si të veprojnë. Merret me mend se nuk i kam mësue, se un nuk do t'i lejojsha të drejtohen në Kryeinspektoriat t'Oborrit Mbretnuer përpara se t'ankoheshin n'autoritetet tjera. Ata që i thonë Drejtorit se un jam agjitatori i kësajë lëvizjeje janë vetë faktorët kryesorë të këtij ankimi dhe nga ata typa që kërkojnë me përfitue prej kohës së turbullueme. Drejtorit i kishte hije që të mos u vente vesh këtyne shpifjeve, mbassi e ka provue se un nuk jam aq i vogël sa me u ulë në shkallën e këtyne njerësve të zhytun në pellgun e veseve. Shkurt më ka dalë emni uk e nuk beson njeri se jam qingj.

2 Maj.
Prej disa ditësh jam tue vuejtë nga dhëmballët. Asnji mjekim nuk po më ban dobi. Sharrova e s'dij se ç'të baj.

7 Maj.
Këtu, në burg, kemi edhe xhazband. Natyrisht ky farë xhazbandi asht i përbamë prej atyne instrumenteve që përmeton bota e jonë. Mahmut jevgu ulet mbi nji arkë vojguri dhe me nji anë imiton me gojë ndonji pjesë muzikore dhe m'anë tjetër i bije arkës për anësh. Meri nga ndonji herë i a thot kangës. Mahmuti e ndonji tjetër e ndihmojnë. Dikush trokit lugën mbi nji sëhan ase qelq. Ky farë xhazbandi disa herë tërheq mjaft admiruesa.

Kangët që marrin janë të ndryshme: Trimënije, kombëtare e dashunije, por gati të gjitha janë të degjenerueme, mbassi në shumë pjesë të tyne nuk ka rythmë, nuk asht vargëzue mendimi dhe mungon shprehja e gjallë e Poetit. Kështu asht mashtrue edhe melodia.

Me gjith që s'jam kompetent në muzikë besoj se shumica e kangëvet t'ona kanë melodi të huej: Sllave, Greke, Turke dhe nji pjesë Italjane. Ky problem ka me u zgjidhë nesër prej muzikantëve të vëndit t'onë mbas nji studimi të gjatë e serjoz dhe ka me u nxjerrë në shesh kapitali thjeshtë muzikuer i popullit për me u përdorë si bazë për muzikën Shqiptare. Por tash asht e vështirë me u dhanë nji gjykim i pagabueshëm e me thanë se kjo asht melodi Shqiptare e ajo e huej. Sa asht e dyshimshme dhe e trazueme muzika aq asht e sigurtë se poezia e kangëvet t'ona pa ma të voglin dyshim, asht prona mendore dhe pjella e thjeshtë e vjershëtorve të këtij populli. Kangët e trimënis, të tjerruna rreth heroizmës së tregueme ndër lufta të rrepta, janë gurrat e epopes së kombit t'onë të papërkulun prej anmiqve të tij gjatë qindvjetave të jetës kombëtare. Të parët t'onë historin e ngjarjeve dhe kreshnikin e fatosave, në vend që t'a shkruejshin ndër libra - sikundër bajshin fqijt - e publikojshin me anën e vjershëtorve, të cilët - me gjith që të panjoftun - qenë Omirët e Virgjilët e këtij populli fatkeq. E ku kishte nge Shqiptari që të merresh me shkrime? Ku e lishin të qetë? Fqijt ashtu edhe korrbet barbarë at e sulmuen pa rreshtun për me e robnue dhe atij i u desht me qëndrue me pushkë në dorë për t'i mprojtë trojet e veta. Prandaj ai, në vend të penës, e mbajti pushkën. Me gjith këtë heroizmën dhe shprehjet e zemrës i përhapi me ndërmjetësin e vjershëtorve dhe i shkroi mbi fletët e trunit të vet për t'i lanë trashëgim brez mbas brezi. Qeh si shprehet vjershëtori i jonë për Ali Pashë Tepelenën:

Kjo kalaja me bedena
Ç'far' asllani paska mbrenda
Ali Pashën me shtat zemra...

Diku, ma poshtë, u flet Toskëve me gojën e Ali Pashës:

Përpiqi, o Toskë, përpiqi
Të përpiqi, të luftoni
Ali Pashën t'a kujtoni.
Të përpiqi mor jezitë
Se do të vinje një ditë
Që t'ju vijnë Osmanllijtë
T'ju venë përpara si dhit...

Në nji kangë tjetër mbi luftën e Tunës ndihet britma ankuese e vjershëtorit për humbjet t'ona n'interesë të sunduesit:

Tunë e zeza Tunë
Sa nana i le kërcunë
Sa nuse i mblove me futa...

Kur erdh Dervish Pasha në Kosovë me tridhetëmij ushtarë për me e shtypë lëvizjen Shqiptare që u përgatit nga Lidhja e Prizrenit, poeti populluer i Kosovës kreshnike me kangën e posht-rreshtueme na e rrëfen, kjartazi, shpirtin kundërshtar t'atyne herove Kosovarë që luftuen e vdiqën për idealin e nji Shqipnije të lirë:

Or pampor, pampor i ri
Shum po qet asqer të zi
Shum ma të zez po i qet se korbi
Dervish Pashën prej Stamboolli.
Ku i ka çadrat Met Sokolli?
Ku i ka çadrat, ku i ka t'partë?
M'ka çu Mbreti me ja çartë.
Met Sokolli mvesh jelekin
Nuk kam frig' thot, as kral as Mbretin
Pse kam me vedi Smajl Mehmetin
E kam Smajlin e Malsin
Kam lidh bes' me gjith Shqipnin...

Mbassi poeti katrron e qan me dënes për këta fatosa që ranë dëshmorë në luftën e përgjakshme, kthehet dhe na e paraqit, pikëlluese por njikohësisht madhështore, sqenën tragjike të mvarjes në nji lis të Sejf Koshares prej Dervish Pashës që e kapi rob në luftë e sipër:

- Sejf Kosharja i par' i fisit
Hije t'paska maja e lisit.
- Po, m'ka hije or djemt e mi
Se e dhash shpirtin për Shqipni.

Në nji kangë dashunije tue dashtë vjershëtori të tregojë se sa fort ishte mposhtë nga forca e dashunis që e kishte mjerue, thot:

Pal' e flokut ra mbi ball
Paska qen' e zez' për mu
Oh ma mir t'mos ishim pa
Se sa m'u dash e m'u largu...

Me gojën e Qerimes së Beratit vjershëtori e shfaq ankimin e saj kundër jetës që i mbaroi tragjikisht dhe thot:

T'a dinja se kishte varre
Më mir të mos kisha lindur fare...

Kështu shprehi Abdi Sturcja e Sulejman Pitarka i Dibrës, Nazimi i Beratit, Zyko Kamberi i Korçës, Osja i Falltores së Shkodrës dhe gjith të tjerët që, për fat të keq, nuk u a dij e nuk u a mbaj mend emnat.
Jam i mendimit që duhen ruejtë kangët popullore, plotsisht, si zakonet e mira, si petkat kombëtare ase si nenet e kanunit të Lekë Dukagjinit që mbahen mend prej pleqve të malevet t'ona. Ç'do krahinë e Shqipnis ka pasë dhe ka edhe sot disa vjershëtorë popullorë, të cilët t'inspiruem prej ndonji ngjarjeje, herë mbas here, na kanë dhurue tubza të bukura vjershash të freskta dhe na e kanë ushqye shpirtin. Asht për t'u ardhë keq se këto vjersha, disa ndër të cilat shum të bukura, me kohë pezmatohen e degjenerohen prej disa egoistave tue i ndryshue simbas andjes së tyne trashanike dhe kështu e kanë humbë origjinalitetin e bukurin e tyne. Ngatrrohen aq fort sa shpesh takon të mos kuptohet mendimi i vjershëtorit. Ky asht nji faj i pafalshëm dhe gjan me atë që desh t'i ndreqi vetullën e i nxuer syn.
Këto kangë janë thesarët e paçmueshëm të poezis s'onë dhe dikur do të zbulohen prej poetit t'ardhshëm për t'u begatue.

10 Maj.
Më thonë shokët e kthinës se natën në gjumë, jasht zakonit t'em, rrënkuekam si nji i sëmunë. Sigurisht rrënkon shpirti i pezmatuem e i helmuem.

14 Maj.
Mahmut Azizi, jevgu simpathik i burgut, herë mbas here ban sikur flet Gjermanisht. Pa dyshim nuk e din Gjermanishten, por e imiton aksantin dhe i hueji, që nuk e njef këtë gjuhë, beson se ai e zotnon. Jevgu flet pa u përtypë, pa u matë dhe i ban të gjithë ata gjeste që lanë përshtypjen se ai, përnjimend, shpreh nji mendim, kurse në realitet nuk thot gja. Meri e luen rolin e përkëthyesit në mes të tij e t'onin. Në rasa të tilla bisëdimi bahet

nji komedi e gjallë, mbassi Meri nis me u prallë. Disa herë vargëzon nji grumbull lutje, kinse të bame prej jevgut, për t'i dhanë ndonji lek ase me e dorovitë me ndonji send tjetër. Në két mes rolin kryesuer e luen Meri, sepse ai i përqesh shokët me gojën e jevgut. Gazi arrin kulmin dhe jevgu këput ndonji lek.

19 Maj.
Koha e bukur m'a ka shtue mërzin edhe ma tepër. Oh sa dëshirojsha të jem i lirë e të shëtitsha nëpër fusha. Andërr e pashgandrrueme!

25 Maj.
Pardje erdh me e inspektue burgun Z. Xhafer Ypi, Kryeinspektor i Oborrit Mbretnuer. Me gjith që s'ishim pamë prej shum vjetësh më njofti dhe më përshëndeti. Më porositi që t'i paraqis nji lutje N. M. së Tij Mbretit për të më mëshirue. Përpara se të më kshillonte kësodore më tha:
- Asnjeri nuk ka pas besue e nuk ka pas dashë Mbreti sa ty, por ti vetë... gabove.
- Po, e dij, i thashë dhe heshta. Ç'munt t'i thojsha?
Lutjen e bana dhe e çova me anë të Z. së tij.
Të burgosunit, për fat të mirë, nuk u ankuen fare.

30 Maj.
Mora vesht se ende nuk i qenka dorëzue Z. Xhafer Ypit lutja që i çova për N. M. e Tij Mbretin, sepse qenka mbajtë prej Ministrit të P. të Mbrendëshme. Ndoshta edhe ajo do të përballohet me fatin e tjerave e s'ka me u dërgue fare.

1 Qershuer.
U muer vesht se disa të burgosun të denuem me burgim të përjetshëm kishin shpue nji birë ndën shkallët e Veri-Lindjes së burgut me qëllim që të dalin n'oborr dhe prej andej, mbassi t'a mbytshin rojen, t'i kapërcejshin caqet e robnis. Punimi kishte vazhdue prej ditësh dhe sistematikisht. Nji i burgosun, rasësisht, i diktoi dhe e lajmoi Drejtorin. Fajtorët, me nji herë, u mbyllën ndër biruca. U suellën puntorët për me e mbyllë birën dhe me e forcue vendin me nji mur të dytë.

4 Qershuer.
U njoftova prej vëllaut se ma në funt i ishte paraqitë Mbretit lutja që i çova me anë të Z. Xhafer Ypit . Tash le të shpresojmë.

9 Qershuer.
Dy sekretarë të gjykatës politike sot muerën në shënim identitetin e të dënuemve për faje politike. Për két shkak fajtorët politik besojnë se do të

bahet ndonji falje. Un nuk munt të besoj se do të bahet nji falje, mbassi s'ka as shkak as edhe rast.

13 Qershuer.
U shumue numri i të burgosunve në kthinën t'eme dhe arrini më katërmëdhetë vetë. Si nga vapa ashtu edhe nga frymët e kaq vetve na duket sikur po qelbemi. S'e kam në dorë që t'a ndrroj vendin e të shpëtoj nga kjo urgji.

18 Qershuer.
Prap nisën me më rrejtë disa miq se do të falem për së shpejti. A të besoj?

23 Qershuer.
Dje mbrama vdiq këtu nji plak 60-70 vjeçar i quejtun Dem Bërzuli nga katundet e Tiranës. Ai qe denue për vrasjen e së bijës.

28 Qershuer.
Nji tubë lule më suell sot dikush. Këto, simbas mendimit t'em, simbolizojnë të pastrën, të bukrën, innocenten dhe të urtën. Me gjith që më pëlqejnë dhe i due shum, nuk m'erdhi mirë që të futen në këtë Ferr e të merren nëpër duer prej këtyne mëkatarve. Këto qenë si nji dhuratë e ardhun nga Prarizi i kësaj bote, por m'u dhimsën kur i pashë të futen mbrenda kësajë errësine. Un do t'u shërbej dhe do t'i mbaj me kujdesin ma të madh deri sa të vyshken e t'u bijen fletët.

2 Korrik.
Jam sëmunë si nga trupi ashtu edhe nga shpirti. Nuk më duket se ka me e durue trupi e shpirti këtë vuejtje që shtohet dita ditës.

6 Korrik.
Jam tretë në fëtyrë dhe jam dobësue nga shëndeti prej sëmundjeve të ndryshme e sidomos nga dhimja e dhëmballëve që kam pasë këto javët e funtme. Edhe shija e bukës m'asht prishë dhe nuk ha fare. Gjella më duket e zbarrët dhe nuk më pëlqen. U thashë shokve të kthinës që të mos lejojnë me më çue në spital në qoftë se e humb mendjen, se due të vdes këtu, ku vuejta e t'u ap shkak shokëve e miqve për me më qamë. Kush e din se ç'ka shkrue Desteni mbi pllakën e fatit t'em.

10 Korrik.
Ma shum se tredhetë vetë janë lirue nga kthina e eme qysh se kemi hymun në këtë burg e un jam bamë si zot shtëpije që pret e përsjell.

15 Korrik.
Jam tue rrënkue nën pushtetin e mërzis. Ndoshta mbassi të lirohem - n'u lirofsha - do t'a kërkoj këtë jetë dhe do t'a preferoj këtë merzi. Ndoshta bota e jashtme, për shum arësye, ka me qenë për mue si nji burg i math dhe njerzit si gogola. E keqja nuk ka funt dhe nji kob i math të ban t'a harrojsh të voglin. Kështu ngjan shpesh dhe kështu asht jeta përgjithësisht.

17 Korrik.
Thonë se spitali civil i shtetit paska vendosë me mos pranue të burgosun të sëmunë për shkak se bakan figurë të keqe gjindarmët që i ruejtkan këta. S'pat nevojë me marrë nji vendim të tillë, mbassi të rralla kanë qenë rasat që të burgosunit janë çue në spital dhe shumica e tyne kanë vdekë këtu. Të burgosunit, edhe sikur të jenë të pasun, nuk munden me shkue në ndonji spital ase shtet tjetër për me u mjekue, mbassi e kanë humbë lirin. E nji vendim i tillë asht si nji thikë vdekje-dhanëse për ta. Po të gjykohet çashtja me ndërgjegje e njerëzi kuptohet fare lehtë e drejta. As logjika as edhe ndërgjegja e nji mjekut, që ka për qëllim t'a luftojë mordjen dhe t'i shduki dhimjet trupore të njeriut, nuk lypsesh të pajhtoet me kët vendim dhe nuk duhesh të lejohesh që të vuen nga sëmundja nji i burgosun sidomos kur ai asht kandidat për të vdekë. Themi për të vdekë se të shumët e atyne që janë çue në spital kanë qenë aq të sëmunë sa munt të thuhet se kanë pas arri në buzë të vorrit. Po, se me përjashtimin e ndonji jetë-gjatit të tjerët nuk janë kthye ma. Gati 95% nga këta çohen në spital sa për të vdekë e jo për t'u mjekue apo shërue, mbassi nuk dërgohen veçse nja dy ditë përpara se të vdesin. Sefer Shkalla, Qazim Shënbati, Italjan Ferrari dhe të tjerë, që tash nuk më bijen në mend, janë shembuj që provojnë pretencën t'eme.
Shpresoj se Drejtoria e spitalit ka me e korrigjue kët gabim dhe s'ka me lejue që të përsëritet kjo padrejtësi.

20 Korrik.
Sot, për fat të mirë, erdh Dantist Z. Avni Lako dhe m'a shkuli njenin dhëmball që ishte ma i prishun se tjerët. Jam mirnjoftës kundrejt tij për mundimin që muer me ardhe deri këtu dhe më shpëtoi nga nji dhimje e padurueshme që po më torturonte prej kohesh.

21 Korrik.
Ma në funt u bind Drejtori që t'ulem poshtë në nji qeli. Prandaj sot zbrita poshtë dhe u vendosa në birucën Nr. 14. Këtu besoj të jem ma i qetë.

26 Korrik.
Herë herë më gjan se këta fajtorë që janë mbyllë këtu nuk janë bindë aspak dhe se nuk e kanë kuptue qëllimin e ligjit në dënimin e tyne as edhe shkakun e vuetjes. Më duket se këta mendje-shkretë burgun e pandehin si nji vend

défrimi apo si nji strehë, ku munt të harbojnë kafshërisht. As turpja as edhe droja s'ka fuqi me i pengue disa nga këta mëkatarë n'argëtimin e veseve të liga. Përmbi të gjitha trimnia e kapadailëku shiten fare lirë. Njeriut i dyndet vëneri kur i shef të mburren e të llastohen këta mistrecë të pabindun. S'dij se deri kur ka me u shijue ky popull me këto marrëzi e me këta vese që e ulin në shkallën e popujve primitif.

Nji ish i burgosun pat shkrue në faqen e murit të kthinës së vet këtë vjershë:
Kush e ban burgun shkollë
Hyn i trashë e del i hollë.
Kush e ban burgun shpi
Hyn gomar e del ari.
Besoj se ai me këtë vjershë e ka shprehë fare bukur mendimin e vet dhe e ka qëllue mirë gjindjen morale të të burgosunit. Ka shum viça në mes të këtyne që tash janë bamë dema dhe ka shum gomarë që kanë metamorfozue dhe janë bamun ari.

28 Korrik.
Thonë se kur e krijoi Perëndia botën i a dha të keqen drunit, por ai plasi e s'e duroi. I a dha gurit, por edhe ky u thye e nuk mundi me e mbajtë. Ma në funt i a dha njeriut dhe vetëm ky u bind që t'a mbajë e t'a durojë. Me të vërtetë njeriu e durueka të keqen sa kurrkush, se për ndryshe un do të kisha plasë prej kohesh në këtë vend të mallkuem e në mes të këtyne të liqve.

1 Gusht.
Vetmia më kënaq. Ma mirë në vetmi e me qetsi se sa me shokë e i surbulluem në kokë. Për këtë arësye jam i kënaqun nga biruca, e cila më gjan si ermitazh dhe vetja si eremi.

4 Gusht.
Vetëm ai që s'e vret mendjen e s'e lodh vetëhen me brengjet e kësajë jete asht i lumtun, me gjith që na i quejmë të lehtë njerzit e kësajë kategorije. Gjith ata që nuk e përfillin këtë jetë na i konsiderojmë torrolakë, por në realitet ata janë të mentshëm e na të marrë, sepse ata e gëzojnë jetën dhe na e helmojmë ças e më ças. Sa typa të tillë ka këtu që nuk e përfillin as burgun as edhe jetën.

9 Gusht.
Edhe të burgosunit, sikundër kam përmendë edhe nji herë tjetër, mundohen me e shfrytëzue njeni tjetrin: Dikush shet gjellë, dikush barishte e pemë, dikush gazos e dikush duhan. Vetëm un s'kam se ç'të shes. Veç në shitsha kshilla, por kuj se?

11 Gusht.
Mora vesht se qenka arratisë nga burgu njena prej grave të burgosuna dhe, me gjith që gjindarmeria e paska ndjekë e kërkue, me zi e paskan zanë në nji katunt të malësis së Tiranës. Sikur t'a kisha pasë bashkëshorte këtë trimëneshë nuk do të kisha frigë prej kurrkuj, por ç'e don! Ajo kishte me m'a hangër orën dhe kishte me më bamun skllav për me e nxjerrë në mue krejt mllefin që kanë grat kundër burrave. E atëhere do t'isha ma i mjerë.

15 Gusht.
Më pyesin të burgosunit se si nuk mërzitem tue studjue. Nuk e dijnë këta të ngratë se ndër libra gjej shokë shum të mirë që më ngushullojnë e s'më besdisin fare. Po të mos ishin librat në kët vend të mallkuem, sigurisht, do të kisha shkallitë prej kohësh. Mirë, por të burgosunit e padijshëm nuk e kuptojnë kët rol që luen libri në shpirtin e njeriut sidomos këtu në burg.

18 Gusht.
Kam vue re se të burgosunit dalin ndër dritare dhe i kundrojnë grat publike që janë grumbullue në nji ndërtesë përball burgut. Po të mbetesh puna vetëm në nji banjë sysh kurrgja nuk do të na shqetsonte, por... Por disa prej tyne mbështeten për muri dhe nisin me u spërdredhë e me u dridhë si t'i kenë zanë ethet! Ç'ngjet? Asgja. Shdukje nevoje: Dora e djathtë ase e majtë lëviz nën shalët dhe i burgosuni, mbas pak, i zgurdullon syt e mpihet fare.
I a kujtova Z. Drejtorit dhe besoj se ai ka propozue që të çohen kurvat në ndonji vend tjetër, lark burgut.

21 Gusht.
Prej disa ditësh shkruejnë gazetat se qeveria, simbas lajmërimit t'Idriz Jazo Kuçit, paska zbulue nji organizatë dhe paska arrestuem shum njerës. Nuk m'a merrte mendja se munt t'ekzistonte sot në Shqipni nji organizatë kundërshtare, mbassi regjimi asht ma i fortë se kurdoherë. Thonë se t'arrestuemit qenkan ma shum se njiqind vetë.
Kjo ngjarje më bani të gëzohem që s'jam lirue deri tash nga burgu, se do t'isha burgosë rishtazi dhe ndoshta do t'isha torturue disa ditë me radhë. Disa herë ajo që na e quejmë të keqe del e mirë dhe bahet prita e nji rrezikut evantual.

26 Gusht.
Bixhozi asht përhapë në burg si nji sëmundje epidemike. Me gjith kujdesin e gardianve të burgosunit vazhdojnë të luejnë, natyrisht, tinës. Lanë roje ke dera e kthinës e kur shofin se vjen gardiani, me nji herë, e prishin lojen dhe zanë vend andej e këndej. Kurrë s'ka qenë e mundun që të kapen n'akt flagrant.

30 Gusht.
Oh sikur të kisha pasë nji femën, por nji femushkë që t'a dashunojsha. Do t'a dashunojsha dy herë dhe do t'a argëtojsha amblas me mallin e atij që prej vjetësh nuk ka marrë erë femne. Do t'a puthsha kadalshëm, por kurrë s'kisha me e kafshue, se do të drojsha se mos më zemrohet e m'ik. Sa shpejt do t'ikshin atëhere orët e burgut. S'kishte për t'u kuptue as dita as edhe nata dhe të gjitha do të përbajshin, bashkarisht, nji tok çaste t'ambla të kalueme, si vetima, n'argëtime dashunije. Atëhere ky Ferr që po më mundon sot do të bahesh nji Parriz i panjoftun prej tjerve, por i paharrueshëm prej meje. E pesë vjetët e dënimit t'em do t'endeshin, si pesë vetima, në këtë atmosferë të turbullueme dhe mandej të kthjellueme për mue. Ajo do të m'a hiqte, me duert e veta të njoma, mërzin e burgut që m'asht futë në zemër si nji copë akull që nuk shkrihet kurrë. Ajo do të më qetsonte, do të m'argëtonte, do të më lumnonte dhe do të më... kënaqte, por ku asht? Oh mungesë e paplotsueshme dhe e pazavendësueshme me kurrgja në këtë jetë! Qeh m'u ftek femna dhe s'më hiqet mentsh. Ajo po më shfaqet, si në vegim, me fytyrën e kandëshme e me buzë në gaz. Asht pak e imët dhe e ajthtë; me mes të hollë e me shtat mesatar. Ka dy sy të zij, dy sy vergjineshash, të pastër e të kthjellët që të shiqojnë deri në skutat ma të thella të shpirtit dhe të përpijnë si dy pusa magjikë. Fijet e gjata të qepalleve i ka si shtizat e harqeve dhe njeriu druen se mos i ngulen në zemër. Palët e flokut të gështenjtë i kanë ramë mbi ballin e bardhë dhe herë mbas here dhelatohen nga tundjet e kokës së vogël. Nën hundën e drejtë e të hollë paraqiten dy buzë të kuqe, si dy fletë karafili, dhe më gjan sikur kërkojnë të puthen, të nduken, të kafshohen e të... këcen deri sa të... përgjaken.
Oh i mbylla syt për me mos e pamë ma, se druej mos shkalllis. I shkreti un!

31 Gusht.
Nashti më njoftuen se paska ardhë këtu eme motër bashkë me të shoqin. Jam fare i gëzuem. Tash ma u grumbulluem të gjithë këtu.

1 Shtatuer.
Festat, për të burgosunit, janë si shtigjet apo si urat që e bajnë të kapërcejë nga pellgu i robnis në fushën e bukur të liris. Për kët shkak i presim me padurim dhe t'argëtuem prej shpresash. E kur nuk bahet ndonji falje na duken si ditë mordjeje, mbassi na vdeksohen shpresat.

3 Shtatuer.
Zotni Kiço Bisha, Prokuror' i gjykatës politike, dhe Z. Ramazan Skenderi, Hetues' i sajë, kishin ardhë sot këtu asokohe kur un po endesha n'oborr. Kishin dalë në dritaret e Drejtoris dhe më panë. Mbassi u përshëndetëm më tha Z. Prokurori që të kërkojsha lirim kondicional në bazë të nenit 17

të kodit penal. E falenderova dhe i u përgjigja:
- Ajo liri që nuk do të më jet akordue me nji falje Mbretnore, për mue, ka me qenë si nji torturë e padurueshme dhe e shoqnueme, ndoshta, edhe prej përbuzjesh e... rreziqesh. Prandaj s'e due.
Heshti e nuk m'u përgjiq.

6 Shtatuer.
Sikur të kisha pasë leje me i kapërcyem caqet e liris që na ka vuem shoqnia e sotshme, do të shfrejsha sot tue i shtjellue mendimet e mia reth nji pjerrjeje që shum herë e shum kush e argëton. Me qenë se ligjët e shoqnis s'onë e denojnë këtë pjerrje, shtrëngohem të hesht e të mos shkruej gja. Me gjith këtë un po e shkruej atë në librin e trunit t'em për t'a mbajtë të paprekun nga ç'do dorë e huej. Vetëm dojsha të flas nji herë lirisht e të rrëfehem si i Krishteni përpara priftit, si Zhan Zhak Ruso (Jean-Jacques Rousseau) para botës. Ku të lanë se? Në nji rasë të tillë gjith bota do të çohesh në kambë dhe do të më vursulesh me urrejtjen e bishës. Je në regull e i ndershëm po të mos e thuesh të drejtën, se sa kur lakon me e thanë të shkretën. Kështu i don drut mushka sot.

9 Shtatuer.
Gjykimi i fajtorve politik t'organizatës së mshefte vazhdon regullisht dhe, si duket, kanë me u dënue shum vetë. S'dij në janë dhe deri ku janë fajtorë. Por dij të them se buja e madhe që u ba për këtë organizatë, sigurisht, do t'a ket hapë shtegun ma të volitshëm për zhvillimin e nji propogandës së damshme për këtë regjim, mbassi bota e jashtme, me të drejtë, ka me besue se ekziston nji parti kundërshtare e revolusionare në vendin t'onë. Për këtë arësye qeveria bani gabim dhe gabim trashanik që ka me i kushtue Shqipnis me cenimin e kredis përpara botës së qytetnueme. Veç kësaj qeveria u ngut që e zbuloi organizatën. Duhesh të presi, mendoj un, që ajo të fillonte nga veprimi, se atëhere do të kishte të drejtë me i dhanë nji dënim shembëllues, kurse sot qëllimi i saj asht si nji dëshir i parealizuem, si nji tentativë e sajueme dhe si nji vepër e pakryeme. Ndoshta gabohem, por ky asht gjykimi e konviksioni em.

13 Shtatuer.
Nji i quejtun Hajdar Fërtuzi, 45-50 vjetsh, prej disa kohe ndodhet në burg për shkak se e ka vramë të shoqen. Ky njeri, thonë ata që e kanë pyetë, s'din gja fare për vrasjen e bashkëshortes së vet, të cilën e paska pas dashunue shumë dhe paska çue nji jetë fare të mirë me të. Asht fare i urtë dhe nuk i ndihet zani. Mjekët që e vizituen konstatuen se ai ka qenë anormal kur e ka krye krimin. Mjeri ai që e humb mendjen.

16 Shtatuer.
Sot suellën në burg 34 të dënuem nga gjykata politike si pjestarë t'organizatës së msheftë, e cila thuhet se subvensionoheshka dhe drejtoheshka prej nji shteti të huej dhe se paska pase për qëllim me veprue kundër regjimit e Mbretit. Dënimet janë tri shkallësh: 15, 101 vjet burgim dhe me vdekje. Të denuemit me vdekje janë: Tare Libhova, Myqerrem Hamzarai, Qazim Kokoshi, Skender Muço, Murat Tërbaçi, Beqir Sula dhe Hysni Lepenica.

17 Shtatuer.
Shtatë të dënuemit me vdekje i drejtuen sot nji lutje N. M. së Tij Mbretit dhe kërkuen t'u falet jeta.

19 Shtatuer.
Shumica e antarve t'organizatës së msheFët u habitën kur më panë gjallë, mbassi disa qenkan informue se qenkam shdukë misteriozisht dhe disa paskan kujtue se kam vdekë në qelit e burgut mizuer. Ky asht nji fakt që provon se sa pak janë interesue për jetën t'eme shokët e mij të vjetër. Veç kësaj asndonjeni prej tyne s'erdh me më pamun, makar nji herë, dhe as që më çoi ndonji ndihmë të hollash. U a thashë keqardhjen t'eme për indiferencën e tregueme para kobit që pësova. U përpoqën të justifikohen me fjalë të thata që s'i gëlltit logjika.
Ah burg, me gjith që je i vrazhdët, më dhe posibilitetin me e kuptue se cili asht mik e shok i vërtetë.

25 Shtatuer.
Të shtangun e të tristuem janë antarët e organizatës nga droja e ekzekutimit të shtatë shokve që janë ndeshkue me vdekje. Un e baj detyrën që m'impozon ndërgjegja: I ngushulloj dhe u ap shpresa.

29 Shtatuer.
Gardianët bajnë nji mëkat: Herë mbas here, natën, i kontrollojnë kthinat e të dënuemve me vdekje. Nuk munt të them që të mos kenë kujdes e të mos bajnë kontrollime sidomos ndër ato kthina, ku ka të denuem me vdekje, por këtë detyrë lypset t'a kryejnë pa u kuptue fare, sepse ata rezikzij q'e kanë litarin në qafë shtangin e tristojnë sa herë që gardianët u futen mbrenda. Disa herë asht përsëritë kjo dhe ata kanë mbetë gjith natën pa gjumë. Sidoqoftë jeta asht e ambël dhe e dashun. Gardiani s'duhet t'a ndrydhi ndërgjegjen kur të nisi me e krye detyrën e vet, e cila në rasa të tilla bahet ma se delikate dhe lyp nji zotësi e squeti të veçantë. Sa e muer vesht Drejtori i burgut se gardianët ashtu edhe graduatët e gjindarmeris bajshin nji veprim të tillë të pandërgjeqshëm, dha urdhën qe kurrkush të mos hynte natën ndër ato kthina, ku ka të dënuem me vdekje. Sjellja e Drejtorit të burgut, me të vërtetë, asht njerëzore.

2 Tetuer.
Asht punë e vështirë me bamë rezistencë e me mos u influencue nga veset e liga kur njeriu asht i shtrënguem me jetue bashkë me të liq. Sikurse asht e pamundun me mos u ndragë kur të rrasin e të përplasin në llome e në bugati ashtu asht lark mendjes që të shpëtojsh pa u lëgatë prej vesesh kur je i rrethuem prej të liqve. Sigurisht do të jenë të rrallë dhe tepër të fortë ata që munden me shpëtue pa u ndragë prej ndyesinave immorale që e mbushin këtë pellg.

8 Tetuer.
Festa kaloi. Un ende në burg se në burg.

11 Tetuer.
Këto ditë kam qenë sëmunë prej ethesh. Sot kam vjellë shum.

14 Tetuer.
Tash në mbrame Drejtori i burgut i njoftoi të shtatë të dënuemit me vdekje se N. M. e Tij Mbreti u a fali jetën. Skender Muçoja, n'emën të shokëve, mbajti nji fjalë dhe, mbassi e naltësoi personin e Mbretit në kikël të virtyteve, siguroi se do të jenë besnikët ma të përvujtë të Mbretit e të regjimit. Me këtë ton u dhanë edhe telegrame falenderimi e homazhi. Fjalimet, urimet, kangët e vallet e pasuen këtë lajm gazmuer, i cili bani përshtypje të mirë edhe ndër të burgosun tjerë.

17 Tetuer.
Më thonë antarët e organizatës se shtypi Shqiptar nuk kishte shkrue gja mbi dorëzimin t'em prej Sërbëve dhe mbi burgosjen e dënimin t'em këtu. Vallë përse ka kalue në heshtje? Prap ata më thanë se shtypi i huej e paska bamë bujë të madhe çashtjen e ekspulsimit t'em prej Jugosllavëve. Heshtja e njenës palë dhe gërthitja e anës tjetër m'a tërhoqën verejtjen.

22 Tetuer.
Nji i dënuem për vrasjen e nji djalit të ri u kap sot tue luejtë bixhoz. Drejtori i burgut, si për ndeshkim, e kishte mbyllë derën e kthinës, por mbas pak e kishte hapë me qëllim që t'a kshillonte. Me këtë rasë bixhozçiu i llastuem e shtyen Drejtorin dhe, mbassi i bije nja dy grushta barkut, ik e shkon në kthinë të vet, me gjith që Drejtori i thërret të ndalohet. Mbas darke, vonë, hyn Drejtori në burg bashkë me post-komandantin e disa gjindarmë dhe kërkojnë t'a mbyllin në nji birucë, por nuk bindet kapadaiu dhe këta kthehen prap. Përshtypje të keqe bani ndër të burgosun sjellja dhe kundërshtimi i këtij krimmeli, për të cilin thonë se pin raki drekë e darkë dhe luen bixhoz sa herë që t'i kandet. Të gjithë të burgosunit janë besdisë prej tij dhe duen t'a rrafin, por druejnë prej Drejtorit. Drejtori edhe

kësajë radhe dha prova se asht i urtë e i matun sidomos kundrejt atyne që e attakojnë personalisht.

27 Tetuer.
Më vizitoi Z. Dr. Harxhi dhe më gjet malarik. Më dha disa barna. Jam fare i raskapitun.

1 Nanduer.
Dje dhe sot çuen disa të burgosun, nga antarët e organizatës, në burg të Durrësit, t'Elbasanit, të Korçës, të Shkodrës, të Beratit dhe të Gjinokastrës. Nji pakicë prej tyne ka mbetë këtu.

4 Nanduer.
Sot, me urdhën të Drejtorit të burgut, erdha në kthinën Nr. 4, ku kam qenë ma parë. Këtu janë vendosë pjestarët e organizatës që kanë mbetë këtu. Këta janë: Dr. Bilali, Remzi Baçi, Tare Libhova, Neki Ruli, Myqerrem Hamzarai, Ahmet Kajca, Qazim Kokoshi, Hysni Lepenica, Skender Muço, Lufto Toto, Basri Çuçi, Ahmet Demi dhe un. Un nuk dojsha me u shpërngulë nga biruca, mbassi qeshë qetsue, por insistoi Drejtori tue thanë se kishte nevojë për qelin, me që ishte njoftue se do të sjellkan edhe shum t'akuzuem të tjerë për çashtjen e abuzimit të bamë në pullat e shtetit. Dash' e pa dashë u binda. Ç'të baj? Asht Drejtuer. Më ka në dorë.

10 Nanduer.
Ha tok me pjestarët e organizatës. Kemi marrë nja dy të burgosun, të cilët na e bajnë gjellën dhe na shërbejnë. Besoj se do të na kushtojë ma lirë.

13 Nanduer.
Të gjithë pjestarët e organizatës kërkojnë të shfajsohen tue i a ngarkue fajin njeni tjetrit e sidomos Myqerrem Hamzaraitit, të cilin e shajnë mbas shpine tue i dhanë njimij lloj adjektiva. Me nji anë zihen me njeni tjetrin tue thane se ti rrëfeve, ti zbulove dhe m'anë tjetër më flasin e më betohen me fjalë të nderit për pafajsin e tyne si të kisha qenë Kiço Bisha e jo Haki Stërmilli. Çudi!

16 Nanduer.
Arësyena të ndryshme më kanë brengosë e më kanë pezmatue ma fort se kurdoherë. Randon mërzia mbi shpirtin t'em si nji ankth' i mnershëm që s'të lejon të marrish frymë kur të fut nën pushtetin e vet. Ky pezmatim shpirtnuer nji kohe m'a rrëmbeu edhe mendjen dhe më zhyti në nji pellg aq të math sa drashta se do të ngec mbrenda. Nji copë herë u përpoqa mbrenda atij llomi që po më përpinte në gji të vet për me më sosë, por ma në funt u hodha tej me nji vërsulje dhe shpëtova.

- Ç'ke? i thashë vetëhes mandej. Mos je vetëm ti i brengosun e i dëshpëruem në këtë vend e në këtë botë? Natyrisht jo. Sigurisht në këtë ças, kur ti rrënkon nën kthetrat e fatkeqësis s'ate, me qinda mij njerës qeshin e dëfrejnë, e gëzojnë jetën dhe e shijojnë lumnin, por ka edhe disa miljona që qajnë e vajtojnë, vuajnë e tristojnë dhe vdesin në mënyrë ma të tmershme. Atëhere përse nuk shkundesh nga ajo zgjedhë? Përse nuk e përçmon këtë jetë që të sjell vërdallë me andrrallat e saja? Lene të qeshi ase të qajë, si t'i kandet, dhe mos e përfill aq shumë, se vetëm atëhere do të qetsohesh.
Me këtë mënyrë shpëtova nga ajo influencë e damshme.

18 Nanduer.
Kam vue re se antarët e organizatës janë të privilegjuem e të favorizuem mjaft. Kjo kuptohet nga fakti se sa herë që u vjen kush me u takue - qoftë burrë ase grue, qoftë fis ase mik - i nxjerrin jashtë ndër zyra dhe lejohen me kuvendue lirisht e me orë. E un as në gjashtë muej nji herë nuk lejohem me takue me t'eme shoqe. Me qenë se vendi i takimit asht i ndamë me thupra hekuri, me nji distancë gati dy metrosh lark prej njeni tjetrit, un ende s'kam mundë me i a shtrëngue dorën vëllaut që ka ardhë prej Jugosllavije afër tetë muej ma parë. Gjith për këta shkaqe nuk munda me e pamë kushrinën t'eme Ferizatin, e cila vdiq pa u shmallue me mue. Shkurt un nuk i gëzoj të drejtat e shokëve të mij politikanë.
E dij se autoritetet kanë dhanë urdhna të rreptë që të mbahem nën verejtje të ngushtë. Vetëm nuk dij se a më druejnë apo m'urrejnë tepër që marrin kaq masa shtrënguese për mue.

23 Nanduer.
Hof se ç'm'a lodhën kokën disa nga këta politikanët e mij. Më paskan pandehë për kokë-shkretë dhe më thonë nji grumbull marrëzina. Thonë, për shembull, se organizata qenka pjella e imagjinatës së sëmunë të disa shokëve dhe se ata qenkan viktimë. As lodhen tue fole as edhe kanë turp kur i akuzojnë e i shajnë shokët e tyne, me të cilët, po të kishin ngadhnue, do t'a ndajshin fitimin e gëzimin. Nuk marr vesht se ç'farë njerzish janë këta. Besa besë çuditem nga atituda e tyne. Gazetat patën shkrue gjanë e gjatë se sa edhe si kishin pohue këta para gjykatës politike. Mohimet që bajnë tash këtu duket të kenë nji qëllim: Të diftohen gjoja të fortë, të papërkulshëm dhe kësisoj idealistë. Ndoshta janë.

26 Nanduer.
Myqerrem Hamzarai ka zanë nji kand në kthinë dhe nuk trazohet në kurrgja. As flet as edhe del me shëtitë. Kam vue re se nuk flen gati gjith natën. Duket se asht tue përshkue përmes nji krize mendore e shpirtnore, natyrisht, e shkaktueme nga përgjigjësia që duen me i ngarkue shokët e vet. Nji pjesë e shokëve nuk i flet fare dhe pjesa tjetër në të rrallë e përshëndet.

Të them të drejtën më dhimset.

28 Nanduer.
Iku festa e flamurit tue i marrë me vetëhe edhe shpresat e faljes.

2 Dhetuer.
Njeni nga antarët e organizatës, pak ditë para festës së flamurit, më foli mbi veprimet e tyne që u banë shkak të burgosen e të ndeshkohen. Nuk më foli si shok i vjetër e i përzemërt, por me gjuhën e nji dipllomatit. Krijoi nga imagjinata e vet nji rrenë të gjatë që nuk u gjante as edhe prrallave. Gjith kjo prrallë e trillueme me mjeshtëri kishte nji kuptim e nji qëllim: Të formojsha konviksion n'innocencën e tyne dhe, po të lirohesha e po të vijsha në kontakt me njerëzit e regjimit, të përpiqesha me i bindë se këta janë... të pafajshëm! Gati dy ore tringëlluen tragzat e këtij mullini me... erë. Qysh në fillim e kuptova pozitën t'eme para shokut; e mora vesht se po gënjehem, por nuk i bana asnji vërejtje dhe e lashë t'i lodhi nofllat e të besojë se më kaboi. Do të mbetesha shum i kënaqun sikur t'a mbaronte fjalën tue më thanë:
- Kaq dijta, kaq rrëfeva dhe sa desha të gënjeva!

7 Dhetuer.
Të burgosunit shpesh herë formojnë nji trup gjykues në mes të tyne dhe e gjykojnë shoqi shoqin. Me këtë mënyrë stërviten e përgatiten për me u mprojtë përpara Drejtësis.

11 Dhetuer.
Sot, nuk dij se pse, ndij nevojë të madhe për të qamë. Oh sa do të kënaqesha po të shngrehesha në vaj e t'a shfrejsha kët duf. Shpesh e kam ndi vetëhen të ligështum, por asnji herë sa sot. Kurrkush s'ka ardhë me më pamë. Më duket vetja i harruem, si nji foshnje pa nanë që nuk gjen asnji dorë të vokët për me e argëtue dashunisht. Ndiesina të ndryshme po më shungullojnë në zemër si tallazet e nji deti që vëlon përmbrenda; mendime të çuditëshme po më lëvizin në magjen e truve si murrani në bjeshkë. Due t'i përshkruej, por druej se nuk do të jem i zoti. Prandaj po hesht e po i mbyll mendimet mbrenda kësajë koke që ka vuejtë shum vjet dhe ndiesit mbrenda asajë zemre që vjetë me radhë rrafi dhimshëm nga pikëllimi e mjerimi që pësova.

14 Dhetuer.
Vej re se njeni ndër këta politikanët e mij përpiqet me më diskreditue e me m'ekspozue liksht përpara disa të burgosunve ordinarë që kanë falimentue moralish. Përshpërit andej e këndej kundër meje dhe kërkon të ndërhyjë edhe në jetën t'eme private. Vall përse? Mos asht anormal, sikundër mundohen me e paraqitë shokët e vet për me e shpëtue nga përgjigjësia?

Jo, por duket se asht ase asht bamun egoist e mendje-math. Gjith fajet i ka gjykata politike që i a rriti mendjen dhe e bani të kujtojë se asht politikan, hero dhe gjithshka tjetër. Ai ende s'ka shpëtue nga veset e nga vogëlsit fshatarake. Mjerisht nuk e njef vetëhen dhe as i njef tjerët. Beson i ngrati se gjith njerzit, veç atij e miqve të tij, s'kanë ndonji vlerë e meritë. Prandaj don t'i përdori si shamia hundësh. Të them të drejtën ky djalosh, i llastuem e i rritun jasht Shqipnis, më gjan sikur fluturon me krahë të hueja nëpër mjegullina dhe nuk shef se ç'ka përpara vetëhes. Asht plotsisht si nji i dehjun që e ka humbë fuqin e gjykimit dhe ndërgjegjen e veprës. E kam pasë shok, por tash jam i shtrënguem me e vorrue atë dashuni shoqnore, mbassi ai ka nisë me i pamë njerzit me anën tjetër të tejqyres, me atë anë që i difton njerzit fare të vegjël dhe t'i largon prej vetëhes.

18 Dhetuer.
Prej disa kohesh ndodhet i burgosun këtu Hashim Hakani, Laze Sulejmani dhe Abas Shehu, tre t'akuzuem nga Prokuroria e gjykatës politike si pjestarë t'organizatës së msheftë, të ngarkuem për me bamun atentate. Tash janë tue u gjykue. Hashimi më tha se e paskan shtrëngue tepër dhe e paskan rrafë e torturue shum që të tregonte se asht i porositun e i shtyem prej meje për të bamë atentate. Kështu thot edhe Laze Sulejmani e Abaz Shehu. Çuditem prej dyshimit që shfaqin autoritetet kundrejt meje herë mbas here. Nuk po mundem me e kuptue se ky dyshim a asht pjella e nji paramendimi apo, me të vërtetë, asht nji farë droje që u nep personi i em. Në qoftë se druejnë prej meje tue më konsiderue njeri të rrezikshëm, duhet t'u a pranojë logjika se un, edhe sikur të due, nuk munt t'i shtyej tjerët me bame atentate, mbassi jam rrasë në thellësinat e burgut, ku më mungon ç'do mundësi veprimi. Veç kësaj lypset mendue se a më ndigjojnë vall ata që un do t'i shtyej me bamë atentate? Prandaj më duhet të besoj se edhe kjo akuzë asht nji shpifje e trillueme si tjerat e prej atyne bark-mëdhejve që e kanë zemrën nën kërthizë!

21 Dhetuer.
Sot prap zbrita poshtë dhe u vendosa në qelin Nr. 1. Shkaqet kryesore që më shtyenë me u shpërngulë qenë këta: Mungonte qetësia e nevojshme për të studjue e për të shkrue, dritaret mbaheshin mbyllë, pastërtia mungonte dhe vendi nuk ishte i mjaftë për aq vetë që dergjeshim aty. Prandaj e preferova vetmin e qelin.

22 Dhetuer.
Hashim Hakani, Laze Sulejmani dhe Abas Shehu u ndeshkuen me nga njiqind e nji vjet burgim.

28 Dhetuer.
Lamshi i jetës asht aq i ngatrruem sa un besoj se kurrkush s'ka mundë e s'do të mundet me e shkatrrue. Kot, pra, mundohem me i gjetë shkaqet e vuejtjes s'eme. Lum ai që nuk e lodh menden me këtë problem të koklavitun.

30 Dhetuer.
Jam i dobët nga shëndeti. Kam dhimje fyti e koke. Edhe të burgosunit tjerë lëngojnë si un. Duket se ka ramë gripa.

1933

1 Kallnuer.
Edhe ky mot më gjet në burg. Kush e din se ç'ka sjellë me vetëhe për mue. Uroj që të jet i mbarë si për mue ashtu për tjerët.

4 Kallnuer.
Pyeta sot nji të burgosun se si më njifte dhe si gjykonte për mue.
- Un e dij se ti ke qenë qatipi i Mbretit, më tha me buzë në gaz dhe tue e thithë cigaren që kishte ndër gishta. Të gjithë të burgosunit më njofin e më prezantojnë si ish sekretarin e N. M. së Tij Mbretit.
- Hatri mos të mbetet, por ti kishe qenë i marrë, më tha dhe e plotsoi fjalin.
- Përse? pyeta.
- Po të mos ishje i marrë nuk do të ndaheshe prej Mbretit dhe sot do t'ishe në Pallat e jo në burg.
- Mirë por njeriu ndahet edhe prej vëllaut e jo ma prej nji tjetrit që nuk i a ka pjellë nana.
- Po, po, por ti s'duhesh të ndaheshe se...
- Ke të drejtë, por më qe mbushë mendja me ndjekë nji udhë tjetër për interes t'Atdheut. Prandaj i hudha tej interesat e mia tue besue se do t'i shërbej vendit.
- More nji rrugë që t'u duk ma e dobishme për Shqipnin dhe sigurisht vuejte mjaft, por tash po të pyes se ku të çoi ajo udhë?
- Në burg.
- Hë! i a bani si me dashë t'a shprehi kënaqësin e shpirtit dhe shtoi: Po a i provove shokët?
- Po.
- Si i gjete?
- Të mirë.
- Nuk besoj. Fare pak do të kesh gjetë të mirë e të ndershëm në mes të tyne. E dij, e dij; un nuk haj bar, jo, tha tue u nxemë dhe mandej shpërtheu në gaz.
- Përse qesh? i thashë me zemërim, sepse isha goditë në sedrë.
- Qesh se ti pësove si ai djali që duel me e kërkue fatin.

- Si? pyeta.

- Kjo asht nji prrallë. Po deshe t'a rrëfej. Ti ndoshta nuk u nep randësi prrallave, por mos harro se ato mshefin, në gji të vet, kuptime shum të nalta. Vetëm duhet të dijsh me i marrë vesht.

- Eh mirë; m'a rrëfe!

- Po, tha mbassi e thithi edhe nji herë cigaren dhe e hudhi tej. Ndigjo: Dikur ishte nji djalë jetim. I kishte vdekë i ati dhe s'kishte njeri në jetë përveç nji nanës plakë. I ati nuk i kishte lanë as mall, as katandi, veçse nji shtëpi të vogël e të keqe. Djali ishte i bukur si ylli e i shkathët si kurrkush, por i vorfën, pa zanat e pa fat. Prandaj nji ditë i u mbush mendja dhe i tha s'amës:

- Nanë due me shkue në gurbet për me e kërkue fatin t'em.

- E ku të më lash mue kërcunën bir-o? Un vdes pa ty, i tha e ama dhe s'desh me e lejue, por ai nguli kambë dhe ajo u bind.

U nis djaloshi dhe shkoi. Vajti në nji Mbretni tjetër me besim se do t'a gjinte fatin. Nji ditë tue udhtue për mes nji pylli, takoi në nji uk plak.

- Udh' e mbarë djal-o! Ku po shkon? i tha uku.

- Mbarë paç! Po shkoj me e kërkue fatin, gjegji djali.

- Në qoftë se hasisht në te, të lutem, pyete edhe për mue se ç'asht shkaku që prej kohesh s'kam pasë fat me hangër njeri?

- Mirë, përgjigji djali dhe e vazhdoi rrugën.

Kur duel në fushë me habi të madhe pa se dy Mbretën po baheshin gati me hy në luftë. E çoi rruga djalin t'onë që të shkonte përmes ushtëris së njenit Mbret. E zunë dhe e çuen para Mbretit, i cili e pyeti. Edhe ky i tha se ku po shkonte.

- E po në qoftë se e ndesh Zojën e Fatit pyete se a do t'a fitoj luftën dhe se ç'duhet të baj për me e mundë anmikun, i tha Mbreti.

- Mirë, gjegji djaloshi dhe u nis.

Tue kalue rranzë do arave i thirri nji shelg dhe e pyeti se ku shkonte.

- Kur the se e pyeti uku nuk të kundërshtova që të mos të t'a pres fjalën, por nuk mundem me të lanë me kalue ma aq lehtë, verejta.

- Përse?

- Përse?! Se due të dij se qysh foli uku e shelgu, i thashë.

- Nuk kërkohet shkak e arësye në rrëfimin e prrallave. Mue kështu m'a ka pas rrëfye gjyshja. Ti ndigjoje deri në funt dhe mandej merri ajkën, më tha.

- Vazhdo pra, i thashë.

- Po. Ku e pata? Hë! E pyeti shelgu dhe ky i tregoi. Atëhere i u lut dhe i tha shelgu:

- Të lutem, pyete Zojën e Fatit edhe për mue se ç'kam që prej disa vjetsh nuk hap gjethe e nuk gjelbërohem.

- Po e pyes, tha djali dhe iku.

Mbas nji udhtimi mjaft të gjatë pa nji plakë që rrinte buzë nji kronit dhe po e ndante ujt e tij në vija e drejtime të ndryshme.

- E ku po shkon bir-o? e pyeti plaka.
- Shkoj me e kërkue fatin, gjegji djali.
- Avitu se un jam Zoja e Fatit, i tha plaka.
- Ti je?! Oh sa jam lodhë tue të kërkue? E ku asht fati i em mori e urueme?
- Ktheu e shko, se nashti e lëshova. E ke përpara, i tha.
- Hej shyqyr, bani djali dhe mandej e pyeti për Mbretin, shelgun dhe ukun. Mbassi muer përgjigje për cilin u kthye.

Kur u takue me shelgun, simbas njoftimit që i kishte bamun Zoja e Fatit, i tha se ai nuk munt të gjelbërohesh pa e nxjerrë nga rranjët nji kazan me flori e xhavahirë që qenka mshefë nën të.
- Nxjerri dhe merri për vetëhe, i tha shelgu.
- Jo, s'kam nge. Do të shkoj me e gjetë fatin t'em, gjegji.
- Qite kazanin djal-o, se vetë do të bahesh zengin dhe un do të shpëtoj, i tha shelgu, por ky nuk u bind dhe iku.
- Ti kishe qenë femën, i tha djali Mbretit kur e hasi.
- Hesht! Mos bërtit, verejti Mbreti.
- Kështu më tha Zoja e Fatit dhe ti nuk mundesh me e fitue luftën pa u martue me nji djalë jetim që të jet nga nji mbretni e huej.
- Atëhere martohemi bashkë, propozoi.
- Jo, kurrë. Un do të shkoj me e gjetë fatin t'em, tha djali.
- Bindu djal-o, se kam me të bamun Mbret dhe do të bahesh i lumtun, i tha, por ai nuk u bind.
- Hej mor bir a e gjete fatin? i tha uku kur u takuen.
- Po, e gjeta.
- Po përse u vonove kaq shumë? pyeti uku.
Djali i a rëfeu ukut të gjitha sa i kishin ngjamë.
- Po për mue ç'të tha Zoja e Fatit? pyeti uku mbassi i muer vesht të gjitha.
- Më tha se ty nuk do të çilet fati pa hangër nji të marrë.
- Atëhere banu gati se kam me të hangër, i tha uku.
- Si? Me më hangër?! Mue? Përse? pyeti djali i trembun.
- Po, po. Do të ha, se s'kam ku gjej ma budalla se ti që le kazanin me flori e me xhevahirë dhe Mbretneshën me gjith mbretnin.
Sa e mbaroi fjalën uku, me nji herë, u vërsul dhe e shqeu.
- A mbaroi? pyeta.
- Po, por a e kuptove se ty duhet me të hangër nji uk plak? më tha me qesëndi.

Heshta dhe nuk i dhashë asnji përgjigje. U zhyta në mendime dhe, nji copë herë, u përpoqa të zhustifikohem para vetëhes s'eme për sa kam bamë deri sot si luftëtar për me e arri at qëllim që e gjeta të mirë e të dobishëm për kët popull, i cili herë më quen trathtuer dhe herë të marrë. Shpërblim i meritueshëm për njerzit e sakrificit! Nuk dij se pse kaq të pamëshirshëm janë njerzit kur i gjykojnë tjerët.

6 Kallnuer.

Oh sikur të mundesha me pimë ndopak raki e të rrumbullohesha. Oh se ç'do t'i hudhsha tej, për disa orë, brengjet e jetës e mërzin e burgut. Mundet që të ngjante e kundërta e të pezmatohesha, pse munt të më kapte melankolia si ethet që përsëriten në Dimën. Por jo. Do t'i a fillojsha me të mirat e do t'i thojsha: Shyqyr që u poqëm mbas kaq vjetsh! Qeh m'u ftek, me të vërtetë, rakia dhe po më shkojnë jargët. M'u turbullue mendja. U përftue nga fantazia nji shok, i cili erdh e u ul pranë meje. Më pyet me buzë në gaz:

- Ç'do të pijmë? Raki rrushi apo mastikë? Konjak, bierrë apo shampanjë?
- Jo or jahu! S'duem na pije të hueja se na e prishin stomakun. Të vendit, or, të vendit.
- Ç'fare? Raki rrushi apo mastikë?
- Mastika të mbyt me erën e randë. Prandaj naj sjell nji poç raki rrushi, por prej asajë të famshmes që ban Koçi vetë.
- Bukuri.
- Shtroje, pra, rrogosën. Sjell edhe disa meze.
- Qepë, hudhra, gjizë, djathë?
- Mos sjell qepë e hudhra se ka me na qelbë era por pak djathë, disa ve të zieme e, po pate, pak mishi gjell deti.
- Ekstra! Po ma?
- Ma?! Në patsh ve peshku, bojame të krypuna, tranguj e spece të rregjuna dhe... ca sardella e mëlçi të fërgueme.
- Njitash.

Shtrohet rrogosa. Ulemi ngjat. Poçi i rakis qëndron në mes. Dy gotat për bri. Mezet e ndryshme vihen për anë poçit, i cili gjan si nji minare xhamije në nji qytet gjellësh. Mbushen gotat.

- Hajt pra! Në gëzime.
- Në gëzime. Anmiku na i marrtë të ligat!

Rrokullisen gotat mbassi trokiten. Shprazen tri herë me radhë e me shpejti. Setëcilën e përcjell nji Hoho! kënaqësije. Sa e pi gotën e tretë e hudh kambën e djathtë mbi të majtën gjithashtu dorën e djathtë e mbështes mb'i, kurse me dorën e majtë i kap gishtat e kambës së djathtë. Kjo asht poza madhështore e Shqiptarit kur i dei mendja mbi kësulë. Shoku rrin kambë kryq.

- Hëde, m'a ban shoku dhe e përplas gotën e vet në t'emen.
- Pooo!

Gota e katërt e kthjelloi mirë qiellin e vranët të mendjes dhe e shgërreu zhulin e zemrës së mpime prej brengjesh. Dishka nisi me lëvizë e me më kilikosë mbrenda zemrës, e cila zu me shungullue. Këto qenë shenjat e para t'ashikllëkut që po zgjohesh e po çonte krye, mbas kaq kohe, prej megjeve të zemrës së shitueme randë. Po. Nji hafsh i nxehtë, si avulli i nji banjës, m'a kapulloi shtatin dhe nji dëshir i zjartë më ngucte e më shtyente për me

e... kapë atë. Atëhere u spërdrodha disi dhe e rroka gotën e rakis.
 - Epi!
 - Për shëndet t'and e në gëzime.
 - Në gëzime, në gëzime.
 E shkullova krejt. Nuk i a bana të gjatë ma. I a nisa kangës, se s'ka shije pija pa kangë.
 - Hajt pra!
 E fillova:
 O! shkon skifte-e-ri-i ze-e-mëru-umun
 more Za-avalliu ooo si ka-ia-a pësu-uiu-mun...
 - Hoh! hof! U dogjëm, mor, u dogjëm!
 - Të lumtë goja!
 - I lumtun qofsh!
 Por edhe kanga pa pushkë, besa, nuk i ka hije as edhe shije Shqiptarit. Marr me nxjerrë, por më ndalon shoku. I shprazim gotat edhe nga nji herë. Nis nji kangë tjetër:
 Meraku-u ma i ra-a-nd' se plumbi.
 E paske zemrën hajde moj ka-a-a-tile-esh'
 Oh bi me flejt' e s'më-ë-ë merr gjumi-i-i
 Dish më lujti me-e-endja krës fare aman!
 | - Hajt! hajt, i a bante shoku i cili e mbante tempon tue i përplasë shuplakat.
 - Nashti merr ti nji.
 - Mos e prish, dish Zotin, se mirë e pate. Hë he të këndoftë zemra!
 Prap u shkulluen gotat dhe u kanitëm me meze të ndryshme.
 - Rakia pa kangë s'ka shije.
 - Thueja nji herë pa le të përmbyset bota.
 - Cilën t'a marrim?
 - Cilën të duesh. Vetëm thueja nji herë.
 - Hajt pra!
 E nisëm:
 Do të shkrihem të venitem
 Si kandi-i-ili ku-u-ur s'ka vaj
 Ba-alt e pluhur do të bëhem
 Të më shkelnjë këmb' e saj.
 Ba-alt e pluhur do-o-o të bëhem
 Të-ë-ë më shkel, të më shkelnjë këmb' e saj.
 - Epi! epi! Thueja bre të lumtë goja!
 Tash ma ashikllëku i kishte kapërcye shtigjet dhe kishte arri në kulm. Prandaj duhej nxjerrë dufi. E shpraza koburen: bam! bum! Krisma e pushkëve më shkundi nga kjo kllapi dhe më bani të kuptoj se ku ndodhem. Shpesh qëllon që na këtu andërrojmë kështu me sy hapët.

12 Kallnuer.
Na janë beditë mit dhe s'na lanë të qetë. Un i kam tug e mëni për së tepërmi. Prandaj gati për herë e mbaj mbyllë derën e birucës.

14 Kallnuer.
Dy të denuem për vrasje me paramendim dhe nji kusar sot pinë gjak dhe u vëllaznuen. Jeta e përbashkët, natyrisht, i miqson dhe i vëllaznon këta të liq.

17 Kallnuer.
Që t'a marrim vesht se ç'fat na pret, herë mbas here, shtijmë fall, por edhe ky s'na kënaq e s'na gëzon për herë. Shtijmë fall me libra, me letra bixhozi, me kokra groshe dhe me finxhanin e kafes. Disa prej nesh janë bamë maniakë dhe e përsërisin dendun provën e zbulimit të fatit. Nga ndonji herë i shofim edhe shpatullat e berrave dhe mundohemi të gjejmë... shum sende. Me nji fjalë bajmë gjithshka na vjen për dore që të marrim vesht se a do të lirohemi nga burgu apo jo. Po të kishim dijtë me bamë magji, sigurisht, do t'i përvisheshim edhe asajë mjeshtërije për t'a bamë të mundun daljen nga ky vend i mallkuem. E sikur të kishim pasë nji hoxhë në mes t'onë s'kishim me e lanë të qetë pa na bamun disa nuska që të shpëtojshim prej këtij Ferri.
Njeni nga shokët e parashikon fatin në finxhan të kafes, këto ditë ka nisë me profetizue tue thanë se falja asht e sigurtë dhe fare e shpejtë. Ky paralajmërim, natyrisht, neve na pëlqen dhe e besojmë si të parët t'onë Fatthanën e Dodonës.
Nji arrixhi i shkurtun, sa nji Çinez, ndodhet i burgosun për nji jorgan që ka vjedhë. Ky shkurtalak i zeshkët edhe këtu e ushtron profesionin e rodit të vet: Shtjen fall. Mue ashtu edhe nji shokut na shtiu fall sot. Me qenë se un i thashë se jam i pamartuem më njoftoi se do të... martohem po sa të lirohem. Nji copë herë na gënjeu tue na premtue lirim nga burgu, pasuni, fatbardhësi dhe ma në funt edhe martesë me nji vajzë të bukur. A ka ma mirë?
Falli n'Europë ka kalue nga gjindja primitive dhe asht modernizue. Don me thanë se edhe ai, si gjith të tjerat, asht qytetnue. Fati i klientit asht shkrue në nji letër dhe asht mbyllë në nji pliko elegante. Përmbajtja e letrës, natyrisht, s'asht tjetër veçse nji premtim, nji ngushullim dhe nji lajkatim.
Ç'asht falli? Asgja apo nji rrenë e trillueme për t'i argëtue shpresat foshnjërisht. Arrixhiu ase arrixheshka shpërthen në nji ligjërim të turrshëm dhe prekës për at që i beson. I thotë fatshikuesit se ka vuejtë, se ka qenë sëmunë, se ka kapërcye nji rrezik, se asht shpirt mirë, se ka nji ase disa miq, se nji femën shkrihet e digjet ndër vetëhe prej dashunis që ka për të, se do të bahet i pasun e i lumtun, se do të ngadhnojë mbi anmiqt, se e se...
E kuj' nuk i përshtaten e nuk i pëlqejnë këto? Edhe nji Mbret ka vuejtë e ka kalue ndonji rrezik relativisht me pozitën e vet dhe ashtu si e kupton ai

e jo ma nji tjetër. Apo jo? Prandaj falli, simbas mendimit t'em, asht nji hiç i math.

21 Kallnuer.
Mbramë vdiq këtu Rifat Dorëzeza, nji i dënuem nga katundet e Elbasanit. Më thanë se mbas dy muejsh e mbushte kohen e vuejtjes që i kishte caktue gjykata. Prej kohesh dergjesh këtu nga tyberkulozi. Mbassi vdiq u çue në spital... kufoma e tij.

26 Kallnuer.
Ramazani mbaroi. Nesër asht Bajram. Sot më çoi nji mik dy dollarë. Shum herë miqt më kanë dërgue të holla, por dërgesa e sotshëme nuk u gjasonte atyne tjerave. Kur m'i dhanë m'u nxe shtati dhe u skuqa, sepse po pranojsha nji lëmoshë. M'u desh të shtrëngohem që t'i impozoi vetëhes përkulje. Ç'të bajsha? Me gjith që nuk jam mësue, fati më bani të mbahem me ndihma e me lëmosha si shum kush. Kurrë mos i harrofsha këta ditë të zeza dhe këto ngjarje që m'a ngacmojnë sedren e ndërgjegjen.

27 Kallnuer.
Sot gdhini Bajram. Erdh vëllau me m'urue. E kishte marrë me vetëhe edhe Sidkiun, të birin. Pashë se Sidkiu nuk ishte mveshë me robe të reja. E pyeta vëllaun se pse nuk e kishte mveshë djalin me petka të reja dhe ai më tha se s'kishte mundë me e kënaqë nga shkaku se s'kishte pasë të holla dhe nga arësyeja se ishte i ngarkuem me borxhe të randa. M'u dhims vëllau, por ma fort foshnja, e cila paraqitesh e zymtë dhe e pezmatueme, mbassi s'ishte mveshë e stolisë si shokët e vet. Gjindia e foshnjes së mjerë më la vragë dhe më hapi plagë në zemër.

1 Shkurt.
Po të harrojshin gjith njerzit si un, sigurisht, nuk do të kishte mbetë dijetar në botë, pse kishin me i harrue shka të kishin lexue. E shum kuj do t'i duhesh me e marrë me vetëhe bibliothekën sa herë që të dilte në treg ase sa herë që të shkonte në ndonji vend tjetër. Në nji rasë të tillë pun' e madhe do t'u hapesh karrocierve e shoferve.

4 Shkurt.
Më thanë se paska vdekë sot Elmas Mixha mbas nji dergjejes së shkurtun. Ai qe burri i s'eme emtë, por un e dojsha si nji at. Më erdh shum keq dhe aq ma tepër tue mendue se nuk më pa të lirë, sikundër dëshironte.

7 Shkurt.
Sot, në kohe të zamrës, m'erdh me postë Sakuntala, dramë pesë aktesh, vepër e poetit Hindian Kalidasas, që ka jetue njimij e pesëqind vjet ma

parë. Vepra asht përkthye nga gjermanishtja në gjuhën t'onë prej Profesor Z. Skender Luarasit dhe ai m'a ka çue, si nji kanisqë që i dërgon i shëndoshi të sëmunit, me nji shënim miqsuer. Me nji herë u vuena me e shijue Sakuntalën, Mbretneshën e Bukuris, të Pastertis, të Pafajsis dhe të Hirësis së Hindit dhe s'e lëshova nga duert deri sa u kënaqa dhe u ngopa me të: deri sa e mbarova. Përkthimi asht i përsosun, pjella e nji mjeshtrit të hollë që i zotnon të dy gjuhët dhe aq i lehtë e i rrjedhshëm sa i duket njeriut se asht tue lexue nji vepër origjinale e jo nji përkthim. Vepra vetë, Sakuntala, asht nji mbrekulli e pashoqe nga ato që ngjajnë në Hindin misterioz. Qysh në hof të parë u rrëmbye shpirti i em dhe fluturoi mbi horizontin e Vendit plot magji e bukuri.

Shpirti i em i unshëm, mbassi brodhi nji kohe ndër lulishte të Parrizit Hindian, u end rreth Sakuntalës si nji flutur rrotull qirinit, por kur u shue ajo dritë lumnuese prej nji murranit t'egër rashë e u mbyta në Ganges, në lumin e lotve të derdhun prej dëshprimit. Po. U fundosa në thellësinat e këtij lumi dhe vdiqa, por dora e Perëndis së Brahmës që pat mëshirë për mue më shpëtoi, më ringjalli dhe më lumnoi tue më ribashkue me Sakuntalën.

Që të mos zgjatem po e shkurtoj; Në vazhdim të leximit të veprës zemra e eme shpesh herë u rrëmbye nga rryma e dashunis së flaktë që dikohet herë mbas here, u pezmatue e u kënaq simbas rasës dhe shum herë mbeta i shtangun ase me shpirt pezull. Me nji fjalë derdha lot dëshpërimi e gëzimi dhe shkaktarja e kësajë gjindjeje qe Sakuntala.

13 Shkurt.
Nji i dënuem nga Dibra i lutesh sot Z. Dr. Harxhit që t'a vizitojë e t'a mjekojë tue i thanë se jeta e tij ishte në rrezik, për shkak se i luejtka shpirti herë ndër gjunjë, herë ndër llanë dhe herë herë i ardhka deri ke fyti për t'i dalë jashtë.
Bashkëfjalimi interesant u zhvillue në këtë mënyrë
- Tunjatjeta or Zotnej, tha malësori Dibran tue i u avitë Doktorit.
- T'u ngjattë jeta, përgjigji Doktori dhe u mat t'a pyesi, por ai s'i la kohe dhe i tha;
- Të lutem më shejf nji herë or Zotnej se jom shoum keç.
- Ç'ke? pyeti mjeku.
- Ç'kom?! Allaji po më luen shpejrti, tha tue bamë shej nga kambët, nga shtati, nga krahët e nga gjymtyrët e tjera dhe mandej shtoi: Herë më bon pëc këtou, pëc atej, pëc e pëc nër krahë ene më vjen shpejrti mon në fejt. Çeh njer këtou, tha tue e vue gishtin në fyt.
- Mos u bën merak, i tha Doktori me buzë në gaz se s'është gjë. Të lëviz gjaku...
- Heu! bani malësori i habitun.
- Po, tha Doktori, por kjo s'është nonjë sëmundje e rrezikshme. Është një

farë nevrastenije.
- A?! Si? pyeti Dibrani tue e vuem dorën mbas veshit që të ndigjonte ma mirë, mbassi s'e kuptoi fjalën nevrasteni.
- S'ke gjëkafshë. Lëvizja të bëhet nga mërzia. Prandaj s'duhet me u mërzitë.
- Jo, bre tunjatjeta, se burgu osht për bourra.
- A je dënuar?
- Po besa.
- Me sa vjet?
- Besa më denoen nji herë me njiçint e nji vjet, po Zoti i dhashtë imër Mbretit m'i fali e m'a proenë në pesëmdhejt.
- E po mos u mërzit se të fal Mbreti.
- Allaji i a boftë ditën njimij. Ene tej të rrofshin coullët.
- Kështu, kështu, i tha Doktori tue e argëtue në sup.
- Mejr or Zotnej, po a s'të t'm'apish nji laç?
- S'ke nevojë.
- Pej besa më dhem krejët shpesh e ka nji herë më vjen se po më del kapaku.
- Po t'ap një aspirin, i tha Doktori tue qeshë dhe e porositi gardianin që t'i nepte nga ata që mbahen si rezervë në zyrë të burgut.

18 Shkurt.

Prap më zu belaja: U shpërngula nga biruca n'atë pjesë, ku ka qenë burgu i ushtëris, i cili u zbraz dhe u caktue për politikanët. Kam harrue të shënoj se disa dite më parë u suellën këtu nga burgjet tjerë gjith pjestarët e organizatës së mshefte. Tash të gjithë jemi grumbullue në tri kthina të veçueme për ne. Jemi plot dyzet vetë: Seit Qemali, Qazim Kokoshi, Skender Muço, Murat Tërbaçi, Myqerrem Hamzarai, Beqir Sulo, Hysni Lepenica, Gani Abazi, Dhimitër Konomi, Neki Ruli, Dr. Bilali, Sabri Qyteza, Kost Çekrezi, Lufto Toto, Ahmet Demi, Ahmet Kajca, Xhevdet Mehqemeja, Tare Libhova, Remzi Baçi, Vesim Kokalari, Duro Dino, Jonus Topulli, Duro Tabaku, Rahmi Kanberi, Mehemet Pavari, Muço Fratari, Gani Aliko, Shemso Hajro, Llaqi Mandi, Rexhep Troqe, Hasan Dosti, Haxhi Shehu, Asim Mero, Halit Sferi, Hashim Hakani, Abaz Shehu, Laze Sulejmani, Bektash Alite dhe un.
Un, natyrisht, preferojsha të mbetem në birucë, ku kisha mjaft qetësi. Por nuk më lejoi Drejtori, i cili tha se kishte urdhën prej Ministrit për me i bashkue në nji vend të gjithë politikanët. Eh si s'më la rehat ky Ministri as edhe këtu.

22 Shkurt.

Sot kam qenë ma se i mërzitun. Nji pezmatim i paspjegueshëm m'a mbushte zemrën. M'u duk sikur m'a nduku dikush zemrën dhe më këputi nji copë prej saj.

27 Shkurt.
Disa nga shokët, që t'a paksojnë mërzin, luejnë poker, ram, konsolitë dhe tre-gurësh. Kjo e fundit luhet në kurt tue hudhë rrasa rreth nji guri të quejtun Muç, mbi të cilin vihen të hollat. E kush i rrëzon i fiton.

1 Mars.
Jeta për disa shokë këtu asht nji poker i vazhdueshëm që ka fillue dikur dhe që nuk dihet se kur ka me mbarue. M'ora 10-11 para dreke zgjohen prej gjumit dhe shpesh vonojnë me u ngritë prej shtratit deri sa shtrohet dreka. Rrijnë në shtrat, pijnë kafe, çaj ase qumësht dhe shtryqen e llastohen si fëmij të përkëdhelun. Sa mbaron dreka, disa herë pa pimë edhe kafe, fillon loja, e cila pëson nji interval vetëm kur shtrohet darka. Mbas darke, natyrisht, nis akti i dytë i lojës, e cila disa herë vazhdon deri m'ora dy, tri të mëngjezit. Un bije me flejtë heret, por shpesh herë, nëpër gjumë, ndigjoj nji pëshpëritje që vjen nga vallja e pokerit: pot, bujo, kontër bujo, kartë, nji, dy, tri, dy herë, tri herë, dy per, titanik, sekansë, tris, ful, flosh, flosh royal, flosh imperial, karre, dhe kokrrat e fasuleve që i zavendësojnë fishet, me nji zhurmë delikate, rrokullisen nga nji kand i tryezës në tjetrin. Kur mbaron loja nisin komentet e kritikat të cilat, nga ndonji herë, bahen mjaft të nxehta. Herë herë edhe në kthinën t'onë, sikurse në tjerat, formohen dy grupe pokeristësh dhe vazhdon loja me nxehtësi.
Edhe un marr pjesë nga ndonji herë, por të shumët e herëve humbi, se nuk e dij mirë.

4 Mars.
Flokë-spërdredhuni sot në mëngjes u zemërue me mue tue thanë se i a paskam prishë gjumin. Ai ka nji shezlong e nji tryezë të vogël që i përdor n'oborr. Kur hyn mbrenda, në vend që t'i lejë në funt të kthinës, i mbështet në tryezën e bibliotekës. Po t'i a prekish hidhnohet keq. Un, që të merrsha dishka nga biblioteka, i hoqa kadal me nji anë. Ai pretendon se atëherë paskam bamun zhurmë dhe i a paskam prishë gjumin. M'u furr me inat dhe shpërtheu në fjalë. Un nuk e lashë të zgjatesh se drojsha mos më kapin rrebet dhe e kap për fyti. Prandaj i hoqa librat ashtu edhe tryezat dhe i lashë shesh të lirë që të harboje i llastuemi i gjykatës s'onë politike.

5 Mars.
Po të dalish nga kthina në koridor të përballon era e qelbët e nevojtoreve dhe ama e gjellëve që bahen në sqoll. Po të kthehesh prapë e të hyjsh në kthinë, të sulmon era e qelbët e frymëve, e duhanit dhe e... tjerave sepse, që të mos ftofet flokë-spërdredhuni, mbahen mbyllë dritaret! Po të hapish nji dritare kris poterja. Prandaj përpara se t'a çelish lypset të marrish në sy që të bahesh protagonisti i nji skandali. Hall' i math!

7 Mars.
Disa ditë ma parë vëllau ishte ngushtë nga shkaku i nji borxhit që kishte në bankë. Këtë punë disi e regulloi me ndihmën e miqve, por nga shkaku se s'ka punë më tha se kishte vendosë me e mbyllë dyqanin. Erdh sot me më pamë. Ishte bamë si nji skelet dhe ishte tretë fare prej brengjeve. Më njoftoi se e kishte mbyllë dyqanin dhe se e kishte ndrrue shtëpin. Kishte zanë nji të vogël! Më rrëfeu edhe se i kishte dhanë disa mobile të zotit të shtëpis për kundrejt qiras.
- S'të pruna cigare, se s'kisha pare me blemë, më tha ma në funt me nji za të përvajshëm. Aq u përshtypa nga gjindja e tij sa për pak qeshë tue u zhgrehë në vaj.

11 Mars.
Kam vue re se jo vetëm na që kemi vuejtë prej vjetësh, por edhe shërbëtorët ashtu edhe kafexhi Rustem Buci harrojnë. Të gjithë janë bamë si të hutuem e t'harlisun. Ky asht nji fakt që konstatohet disa herë në ditë. Veç kësaj të gjithë jemi bamë nopranë e nervozë. Tue e studjue këtë gjindje anormale më bahet të besoj se në pak kohe do të bahemi kandidatë për t'u çue në shmendinën e Vlonës. Un, po ta kisha në dore, qysh tash do t'a pagëzojsha shmendinë këtë pjesë të burgut, mbassi të gjithë jemi tue diftue symptoma marrëzije.

13 Mars.
Kjo pjesë e burgut që dergjemi na fajtorët politik, dalë nga dale, po merr fëtyrën e Monte Karlos. Të gjitha lojet e bixhozit janë vue në rendin e ditës. Sidomos pokeri luhet me nxehtësi dhe, me orë, i mban lojtarët të mbërthyem rreth tryezave. Kjo sëmundje i ka ndemë krahët dhe i ka futë nën sqetull edhe shërbëtorët të cilët, sa t'a gjejnë vetëhen të ngeshëm, nisin me luejtë në sqol.

16 Mars.
Gardian Aliu, herë mbas here, vjen me kontrollu ndër kthinat t'ona, por që të mos diktohet prej nesh e ban detyrën me mjeshtëri. Për shembull në vend që t'i ngrejë sexhadet e mvaruna në faqet e mureve për të pamë se mos janë shbirue muret, ban sikur i shef në janë të mira apo jo. Ne sa i shef sexhadet kthehet e u thot shokëve:
- Eh! Sa sexhade të mejra kom pasë në Dibër, po m'i moerën Sërbët, eh Zoti i mbaroftë.
Un e dij qëllimin e Aliut, se jam mësue ma me të gjatë këtyne vjetve. Prandaj i kafshoj buzët që të mos qesh. Ai më shiqon me bisht të synit dhe shton tue qeshë:
- E dije en Haki Efendeju se sa sexhade të bukra kom pasë. En ai ka pasë, po i a moerën Sërbët çi dalshin faret, thot dhe e kthen kindin për me e

pamë murin nën të.

Ky njeri asht shum i zgjuet, i shkathët dhe i zoti për me e krye detyrën e vet. Gardianve tjerë as që u shkon ndër mend me bamë kontroll dhe nji kontroll kaq me mjeshtëri sa me mos u kuptue. Kjo asht nji veçanti q'e ka vetëm Aliu. Besoj se Tahiri, me kohe, munt të bahet nji gardian i mirë, mbassi asht djal' i ri dhe mjaft i squet. Por sa për tash s'ka gardian që të munt të krahasohet me Aliun.

19 Mars.
Burgu më ka damtue në ç'do pikpamje. Po të lirohem, përpos shëndetit, të gjitha munt të shdamohen e munt të përmirësohen. Nga shkaku i nevojës që kam pasë për femna, i nxitun prej pasionit, shpesh herë kam bamë masturbasion, punë kjo që m'a ka tronditë shëndetin dhe m'a ka shkatrrue fuqin e kujtesës. Jam bamë i humbun, i hutuem, harrun dhe i mpimë fare. E dij që masturbasioni asht i damshëm dhe tue e dijtë vazhdoj në kët ves të keq. Ç'të baj? Kjo nevojë e papërballueshme nuk shduket ndryshe se! N'asht se nuk do të lirohem shpejt dyshoj se do të sëmurem. E vetë jam shkaktari i shkatrrimit të shëndetit t'em.

22 Mars.
Plot sot katër vjet më mbyllën këtu për t'i shtue vargut të mjerimeve t'emigrasionit t'em edhe nji vuejtje shembëllore. Përpiqem me e studjue vetëhen që të kuptoj se ç'ndryshim kam bamun gjatë ktyne katër vjetve, por s'jam i zoti me dalë prej vetëhes që të baj nji gjykim e t'ap nji mendim të pagabueshëm. Kjo pazotsi, sikundër kuptohet, rrjeth prej vuejtjeve që më kanë mpimë e më kanë përmbledhë në vetëhe, plotsisht, si nji këthmi në livoren e vet. E tanë qenëja e eme asht përmbledhë përmbrenda, në shpirt, dhe për kët shkak nuk jam i zoti të shkëputem e të dal nga vetja për t'a pamë vetëhen. Vetëm mundem me dallue se ndiesinat më janë mpimë dhe trut më janë ndryshkë.

23 Mars.
Sot i jemi përveshë e kushtue nji vepre, me të vërtetë, të dobishme: Z. Kost Çekrezi na propozoi të përpilojmë nji fjaluer Shqip, Frengjisht, Italisht e Anglisht. Në kët fjaluer, natyrisht, do të bahet definisioni i setëcilës fjalë Shqipe dhe mandej do të diftohet kuptimi i saj edhe në tri gjuhët tjera. Puna asht tepër e vështirë dhe, simbas mendimit t'em, jasht kompetencës s'onë. Prandaj s'besoj se do mundemi me i a mbrrimë qëllimit, por po e nisim mbassi insiston Çekrezi. Na do të kemi sadisfaksion moral shërbimin që do t'i bajmë gjuhës s'onë dhe mundimi i jonë do të diftohet në parathanëje të librit. Në kët punë ka marrë pjesë Dhimitër Konomi, Myqerrem Hamzarai, Bektash Alite, Vesim Kokalari, Duro Tabaku, Rexhep Troqe, Abaz Shehu dhe un.

Disa shokë, me qëllim që të na ngucin, na thonë se jemi ba bujqit e Çekrezit mbassi fitimi moral e material ka me i takue vetëm atij. Ai, nga droja se mos prekemi në sedrë dhe e lamë punën, na betohet se puna e jonë i dedikohet kombit dhe se kemi për të korrë lavdërime prej tij. Qesëndia dhe përqeshjet vazhdojnë dhe nuk kujtoj se kanë për të pra ndonji herë. Talljet e shokve janë aq thumbuese sa e kanë bamë Çekrezin të lodhet shumë për me na mbajtë të painfluencuem.

25 Mars.
Sa herë që bahet fjalë për femna të gjithë i ngrehim veshët si të zijosun dhe pikturohet ndër fëtyra krejt lakmia e gjallnia mashkullore. Me andje të madhe i ndigjojmë avanturat e dashunis dhe i përcjellim me jargë në gojë. Syt xixëllojnë dhe gojët e langështueme mbeten hapët, si të jenë gati për të puthë e për t'u puthë.

28 Mars.
- Sëmunë je babe? më tha Piku sot, në mëngjes, kur erdh me më pamun.
- Jo, i u përgjigja.
- Po pse nuk të qesh fëtyra? pyeti djali.
E sigurova se s'jam sëmunë, por asht e vërtetë se prej shum kohësh jam tue vuejtë shpirtnisht. Pezmi e helmi që m'a kanë mbushë zemrën, sikundër duket, e thartojnë dhe e shëmtojnë edhe fëtyrën. Eh fat i keq!
Besoj se edhe gomari do t'a ndrronte trajtën po e po shpirtin po të mbahesh mbyllë katër vjet e disa kohe e jo ma njeriu i gjorë. Un, disa herë, edhe vetë habitem e s'marr vesht se si kam mundë me e përballue furrin e këtij rrëmeti. Durova e qëndrova deri sot, por druej se do të përkulem mbas sodi nën forcën e këtij ankthi dhe do të mbaroj fare. Të shofim. Kam frigë se nga burgn do të shkoj në vorr për të nisë nji jetë tjetër. E në vdeksha në gjinin e ftofët të burgut kush e din se sa vetë kanë për të qa e sa kanë me u fa, por ma në funt të dy palët kanë me u lodhë dhe kanë me më harrue, apo jo?

29 Mars.
Disa ditë ma parë Z. Dr. Harxhi më muer gjak për të bamë nji analizë. Sot më njoftoi se përfundimi i analizës qenka negatif. Po t'a analizojsha gjakun edhe për sëmundje tjera, sigurisht, do të kishte përfundime pozitive, sepse un jam bamë tina e sëmundjeve.

1 Prill.
E mbarova pjesën e punës s'eme që mora, për herë të parë, për përpilimin e fjalorit. Shokët që nuk kanë marrë pjesë në punë, ende vazhdojnë të na tallin.

2 Prill.
Sot u ngjitëm naltë, në padin e dytë. Un e disa shokë u vendosëm në kthinën Nr. 6. Të gjithë jemi vendosë naltë në katër kthina. Kemi nji sqoll më vetëhe dhe katër nevojtore. Gjithashtu koridori që zgjatet deri ke spitali, ku asht ndamë me thupra hekuri, na përket vetëm neve. Këtu besoj të jemi ma mirë se poshtë, mbassi nuk ka lagështi dhe kemi mjaft vend.

6 Prill.
Kapadailleku, sikundër duket, qenka nji sëmundje që i kap të burgosunit si ethet e Gushtit. Ky ves i ka kapë edhe disa politikanë ndër na. Disa prej këtyne i kishin mbyllë sot nevojtoret me kyça. Ishin ndamë në grupe dhe kishin shënue secili nji nevojtore për vetëhe! Do të kishin, plotsisht, të drejtë me i mbyllë po të ishim bashkë me fajtorët ordinerë, mbassi në mes të tyne ka shum të sëmunë dhe kundërshtarë të pastërtis. Por nji punë e tillë ndër na nuk qe e hijëshme. Në mes t'onë s'kemi ndonji të sëmunë dhe asndonjeni munt të pretendojë se asht ma i pastër se tjetri. Prandaj mbyllja dhe monopolizimi i nevojtoreve qe i paarsyeshëm. Për kët shkak u turbullue, me nji herë, atmosfera e këtij cerkli politik dhe nisën kërcnimet, agjitasionet dhe, ma në funt, negosiasionet ndërmjet grupeve antagoniste. Për fat të mire u arrit marrëveshja dhe u hapën nevojtoret pa u shkaktue ndonji insident dipllomatik!... Nashti nevojtoret i kemi... Porto-Franco!

10 Prill.
Gazeta Vatra lajmon se Parlamenti sot do t'a bisedueka mosionin e paraqitun prej dyzet e katër deputetve, të cilët kërkuekan të kthyemit e Parlamentit n'Asamble, që të bisëdojë e të vendosi ndryshimin e disa neneve për sa i përket arësimit kombëtar. S'marr vesht se ç'farë ndryshimi munt të bahet në nenet që kanë lidhje me arësimin t'onë kombëtar. Sidoqoftë çashtja do të ketë randësi të veçantë dhe munt të jetë nga ato që vihet kombi para nji dilemi të ri. Të shofim.

11 Prill.
Katër vetë, prej nesh, që patën shkue në spital u kthyen sot, mbassi ishin shërue. Ka shum ndër ne që dëshirojnë me u sëmue pak për me shkue në spital, ku munt të prehen disi dhe hanë mirë e... gratis. Kështu dëshirojnë edhe ushtarët e sidomos ata që i shpije fati në ball të luftës.

14 Prill.
Burgu, për disa njerës, asht si nji vend që ka klimë të fortë dhe të shëron ase të vdekëson në nji kohe të shkurtun. Edhe ata që hyjnë këtu o shkallisin shpejt asembushen me mend, se burgu i shtrëngon tamthat si nji mengene çeliku.

19 Prill.
Disa kohe ma parë, kur pat ra gripi në burg, Zotni Dr. Harxhi u pat dhanë të burgosunve permangenat që të bajshin gargara. Tash marr vesht se të burgosunit e përdorkan në vend të melanit permangenatin që u ka teprue. E ku ka si ky popull që s'i shkon gja dam?!

26 Prill.
Parlamenti i transformuem, disa kohe ma parë, n'asamble e pranoi mosionin e dyzet e katër deputetve për shtetëzimin e shkollave private. Dje Ministria e Arësimit, telegrafisht, e paska vue në zbatim kët ligjë. Thuhet se u mbyllën pesëmëdhetë shkolla private dhe nxansit e tyne qenkan repartizue ndër shkolla shtetnore. Gjith ashtu thuhet edhe se pesë shkolla private vetë paskan pranue me u shtetëzue. Vendimi i Parlamentit ashtu edhe i qeveris, simbas mendimit t'em, asht tepër i guximshëm, mbassi koha dhe konditat gjajnë si të papajtueshme me këtë reformë. Sidoqoftë ky regjim i shtoi vetëhes edhe nji varg të pakënaqunsh, por edhe nji kunorë mburrjeje e lavdërimi në historin t'onë t'evolusionit e të civilizasionit. Kiji mëni por foli hakun, thot nji fjalë popullore, e cila m'erdh në majë të gjuhës kur e mora vesht këtë reformë që erdh mbas kodit civil e të tjerave dhe më duhet t'a them haptazi se intelektualët ashtu edhe brezat e rij lypset t'i jenë mirnjoftës Zogut I. për kët hof të ri që po i nep popullit drejt rrugëve të mbara, të drejta, të lira e të ndriçueme që të shpijen në lumni.
 Me reformën shoqnore q'u ba me anë të kodit civit dhe me laicizmin e shtetëzimin e shkollave kemi të drejtë të besojmë se u sigurue bashkimi kombëtar dhe u shduk
 antagonizma fetare, ajo antagonizmë që shpesh herë e ka mbytë popullin në gjak dhe ka pas arri në atë shkallë sa me u rrezikue edhe qenëja e jonë si komb e si shtet.

27 Prill.
Mbramë vdiq këtu Riza Liçini nga Rogozhina e Peqinit. Ai qe denue me pesë vjet e tetë muej për nji rrafje dhe kishte vuejtë gati katër vjet. Gjatë kësajë kohe u ba tëberkuloz dhe e përlau mordja. As n'orët e funtme nuk u çue në spital, të pakën, sa për t'u ngushullue.

30 Prill.
Malësorët t'onë janë tue kalue për mes nji periudhe të vështirë, sepse as munden me shpëtue nga verigat e forta të zakoneve e të kanunit të Lekë Dukagjinit as edhe munden me u pajtue me ligjët e reja të Zogut I. Me nji anë duen me e argëtue zakonin dhe m'anë tjetër dëshirojnë me e i nderue ligjët e reja, por nga shkaku se këta janë në kundërshtim me njeni tjetrin i përball dënimi i popullit të pagëdhendun ase i qeveris. S'dijnë kah t'i a mbajnë. Të mbeten besnikë të mikut të vjetër apo të pajtohen me

mikneshën e re? Janë hutue fare dhe shum prej sish që s'kanë mundë me shpëtue nga mendësia e vjetër janë bamë viktimë dhe kanë ra në burg për hakmarrje e të tjera si këto.

2 Maj.

Nji i quejtun Halim Kumria nga katundet e Elbasani, i denuem me burgim të përjetshëm, prej kohesh dergjet këtu si tyberkuloz. Ky njeri mbramë ka rrënkue randë e vrazhdët. Sot mora vesht se paska luejtë mentsh. Oh sa afër fatkeqësis e vdekjes asht njeriu në burg. Or' e ças të kërcnohet ndonjena nga këto forca misterioze dhe t'i mpije trut e ndiesit, t'i shkullon burimet e shëndetit dhe ma në funt t'i përpije fuqit e qenëjes. I mjerë e rrezikzi asht ai që bije në kët Ferr dhe i lumtun asht ai që nuk asht këtu.

5 Maj.

Sot u denue me shtatë vjet e gjymës burgim Izet Kadiu, nji djalosh 17 vjeçar nga katundi Vleshë i Skraparit. Historia e ngjarjes q'u ba shkak të burgoset thonë se rrjedhe kështu: Ky, me gjith që i vogël në moshë, me dhelpni kishte mundë me hy në shkollën e oficerave të xhenjos në degën radio-telegrafike. Qenka pranue në shkollë mbas nji provimit të bamë dhe i paska vazhdue mësimet, tre vjet me radhë, tue dalë fitues e i pari në ç'do provim, por fatkeqësia e ndjek me nji kob. Komandanti i xhenjos qenka në dizarmoni me Drejtorin e shkollës. Për kët shkak komandanti e lufton djaloshin e simpatizuem prej Drejtorit dhe përpiqet t'i a humbi notat në provimin e fundit, me gjith që ky del i pari. E riprovon dhe i a humb të drejtën. Ankohet djali. Merret në provim prej nji komisioni të kryesuem nga Gjeneral Mirdaçi dhe fiton. Çashtja i raportohet Oborrit Mbretnuer dhe djali argëtohet, por komandanti prap dhe për herën e pestë e merr në provim. Prap djali fiton, por ai i a mohon dhe e përbuz. Atëhere djaloshit i soset durimi dhe zhvillohet kobi: Nxjerr revolen dhe e qëllon komandantin. Ai shpëton për shkak se plumbi i parë i shkon rranzë veshit dhe i dyti nuk rrëshet nga koburja, e cila i prishet. Djaloshi, sikundër munt të kuptohet fare lehtë prej gjithkuj, ka nji zotësi e pjerrje natyrore për radio-telegraf dhe kët e dashunon me të tanë fuqin e shpirtit, si nji i sëmunë i avulluem prej ethesh që don me e shkullue krejt poçin e ujit, por mjerisht i u nxi jeta dhe u dënue të kalbet në burg. Edhe gjykata i ka dhanë maksimumin e dënimit dhe s'asht tregue ndopak e mëshirshme për të. Djali fatzi në burg e kalon kohen me studime dhe në kohen e funtme asht regjistrue si student në shkollën radiotelegrafike të Romës me korrespondencë. Asht i urtë, me buzë në gaz dhe studioz.

6 Maj

Ish të dënuemit me vdekje t'organizatës së msheftë, për veç Myqerrem Hamzarait, sot banë nji fotografi më vetëhe për t'a pasë si kujtimin e kësajë jete. Mbasandaj u ba nji fotografi e përbashkët tue i përmbledhë gjith antarët e organizatës. Fotografia e burgut, me të vërtete, asht nji kujtim, por nga ata që të ndjellin mërzi e pezmatim tue t'a kujtue këtë jetë të mnershme.

8 Maj.
Më mundi sot mërzia dhe shkulma shkulma u furr nga zemra në syt, të cillët vuellën, nji kohe të gjatë, ujë të vokët e helm.

10 Maj.
Bektash Aliteja që prej gjashtëmëdhetë muejsh dergjesh këtu i akuzuem për faje politike sot muer papërgjigjësi nga gjykata politike dhe u lirue. Lirimi i tij më la vragë në zemër, mbassi me të pata kalue shum ditë të zeza në kët vend të mallkuem. Lum ai që e fitoi lirin.

11 Maj.
Prej kohësh nuk jam marrë me fajtorët ordinerë dhe nuk kam përmendë se ç'ngjan m'anë tjetër të burgut. Nuk kam tregue, për shembëll, se asht sjellë këtu nji bishë me fëtyrë njeriu që e paska vramë t'amën, për shkak se ajo nuk i paska dhanë të holla, me tepri, që t'u a hudhte ky jevgave në prehën bashkë me këllinjën e trupit të vet. As nuk kam thanë gja mbi dy shnderuesa që i kanë prishë virgjin nji vajzës së ngratë. Gjith kjo mungesë ka rrjedhë nga anormaliteti i em i shkaktuem prej mërzis së tepërme që kam pasë në këto kohet e funtme.

Sot e gjej vetëhen ma të ngëshëm. Disa ditë ma parë pata shkrue në këto fletë se Halim Kumria e humbi mendjen. Sot vdiq ky rrezikzi. Vdekja e tij më bani përshtypje për këto arësye: Kur ai po hiqte shpirt për t'i thanë lamtumirë kësajë jete plot brengje e vuejtje disa të burgosun kishin marrë nji kangë Myzeqarçe, disa tjerë kangëtojshin Gegënisht, disa politikanë luejshin tregurësh në kurt dhe disa prej tyne po i kundrojshin grat publike nga plasat e derës s'oborrit. Shkurt nuk u tregue as ma i vogli respekt e konsiderasion për udhtarin e asajë jete, të pakën, kur ai ishte në nisje e sipër. Kështu asht njeriu, kështu asht jeta. Dikush qan e vajton, dikush qesh e gëzon.

16 Maj.
Marrim vesht prej vizituesve se marrëdhanjet t'ona miqësore me Italin qenkan dobësue mjaft për arësye se ajo paska kërkue të gëzojë disa të drejta në vendin t'onë. Simbas thanëjeve të këtyne kuptohet se aleatja e jonë paska kërkue nji varg të drejta, koncesjone e privilegje që na venë në pozitën e nji vendit të... robnuem ekonomikisht e politikisht.

S'dij se deri ku i përgjigjen së vërtetës këta lajme, por në qoftë se nuk më kanë gënjye duhet të çuditem për këto kërkesa, mbassi ato s'lypsesh të na bahen prej nji shteti aleat dhe mbassi nuk janë të pajtueshme me parimet e independencës e të sovranitetit që duhet t'i nderojë shteti i jonë. Më duket se shpejt dhe fare shpejt u mërzitën Italjanët prej nesh dhe u ngutën tepër për me i shfaqë tinëzit e zemrës. Besoj se edhe ata dikur kanë per t'a kuptue se kjo politikë asht e gabueshme dhe e papajtueshme edhe me interesat e tyne.

21 Maj.
Kam vue re se mbrenda këtyne vjetve që ndodhem në burg jam thinjë fare. Prandaj leshnat e kokës më janë zbardhë krejt. Sot dallova se edhe qymet e fëtyrës m'ishin zbardhë. Këto janë, pa fjalë, shenjat e gjalla të vuejtjes s'eme këtu.

25 Maj.
Këta politikanët e mij herë tregohen dipllomatë dhe mundohen me zgjidhë probleme të randësishme me karakter kombëtar ase ndërkombëtar dhe herë herë janë aqë të lehtë sa njeriu habitet. Për shembëll sot u tha Drejtori i burgut se kishte ndigjue prej nji oficerit tue i thanë nji të burgosunit se po përgatitet nji falje. Kët lajm politikanët e gëlltitën pa u mendue fare. S'asht çudi që të bahet nji falje, por asht e vështirë dhe jasht logjikës që t'a mësojë oficeri. Mbasandaj mundet që oficeri t'a ket rrejtë të burgosunin me qëllim ngushullimi ase mundet që Drejtori të ket trillue nji lajm të tillë për t'a provue fuqin gjykuese të tyre, në mos për t'u tallë. Por këta e bluejtën kët lajm në moknat e truve dhe u bindën se falja asht e sigurtë. E mbassi falja asht e sigurtë t'i a themi kangës, thanë. Nisi, pra, kanga e vallja dhe vazhdoi deri sa... u lodhën. E humb logjikën njeriu në burg dhe bahet fëmi.

26 Maj.
Shërbëtori i jonë Llambi sot u rraf me Kiçin, nji shërbëtor tjetër. Llambi i a kishte çamë kokën Kiçit. Dy shërbëtorë tjerët i kishin ndihmue Kiçit dhe e kishin rraftë Llambin. Por s'kishte marrë funt dëgama me kaq, pse edhe dy politikanë marrin pjesë aktive në këtë grindje shërbëtorësh: Njeni i fut Llambit ca grushta dhe tjetri disa shqelma. E kuptoj fare lehtë zanëjen që munt të ndodhi në mes të shërbëtorve, por nuk e marr vesht përuljen e këtyne dy politikanve në shkallën e Llambit sa me e rrafë pa pasë ndonji shkak ase arësye.

31 Maj.
Dje mbrama zbrita poshtë në birucën Nr. 8 për t'u vendosë në qelin Nr. 1, ku kam qenë ma parë. Prej kohesh i lutesha Drejtorit që të më lejonte me u bartë s'andejmi, por ai nuk bindesh pa marrë lejen e Ministrit. Prap Ministri më del përpara. Çudi, s'm'u nda.

1 Qershuer.
U vendosa në birucën Nr. 1. Tash jam i qetë ma.

3 Qershuer.
Mbramë n'andërr i thashë nji plakës që po m'argëtonte: Jam fatkeq moj plakë, dhe u zgjova gati i tristuem. Me të vërtetë jam fatkeq, sepse për ndryshe sot do t'isha i lumtun e jo i mjeruem. Më shkoi rinia dhe jeta në zi e me brengje. Gjithashtu s'dij se si do të jet e ardhmja e eme, e cila më duket fare e errët.

6 Qershuer.
Më tha nipi i em Enveri se kishte blemë nji qingj për me m'a sjellë që t'a hajsha me shokët. Për atë natë e kishte çue qingjin në fabrikën Pastërtia, ku punon, dhe e bashkon me pesë a gjashtë të tjerë që kishin blem shokët e tij të fabrikës. E len aty me qëllim që të m'a sillte të nesërmen, por kur shkon me e marrë shef se qingji mungonte. E kishin vjedhë dhe vetëm at e kishin vjedhë. Edhe kjo ndodhinë provon se sa nopran e t'egër e kam fatin, i cili herë mbas here më përqesh e më lufton. S'dij se kur do të ngopet.
Kjo ngjarje më suell ndër mend nji anekdotë nga ata të Nasradinit, humoristit të famshëm t'Orientit: Nasradini, i shtrënguem nga nevoja, shkon me u lamë në banjë, mir po s'ka asnji dysh. Prandaj i lutet Zotit që t'i napi nji grosh për me e pague banjën ase t'i gjejë nji tjetër mënyrë shpëtimi. Ndërkohe bije nji tërmet i fortë dhe shembet banja. Nasradini ikën e shpëton për mbrekulli. Por me qenë se ishte lakuriq, futet në xhamin që ishte përkundruell banjës. Vetëm nji besnik ndodhesh mbrenda tue i u lutë Perëndis. Nasradini struket në nji kand dhe zen me u mendue se ç'të bante për me u mveshë, mbassi robet i kishin mbetë nën gërmadhat e banjës. Ndërkohe ndigjon se besniku i lutesh Zotit që t'i nepte njiqind flori. Ngrihet Nasradini dhe i afrohet kadalshëm. I fut nji paraveshë shinit me sa fuqi që kishte pasë dhe i thot:
- Për nji grosh që i kërkova e shembi banjën e nuk m'a dha. Ti mos don që t'a shembi botën që i kërkon njiqind flori mor qen e bir qeni?
Edhe un kam frigë t'i lutem për lirimin e fatbardhësimin t'em atij Zoti që lejoi të më vjidhet qingji, se druej mos u ndjell rrezik shokëve të burgosun. Shyqyr që s'i paskan vjedhë edhe qingjat tjerë për shkak t'atij t'emit.

8 Qershuer.
Un e Myqerrem Hamzarai kemi nisë me bamë nji masazh kokësuer! Mëngjes e mbrame i fërkojmë kokat me nji brushë elektriku. Gjith kët mundim un e baj që të më nxihen thinjat dhe ai e ban që t'i bin leshnat. Nuk e dij se a ka për t'a vlejtë barra qiran.

9 Qershuer.
Sot shkova ke dantisti dhe mora masë për t'i ndreqë dhambët. E pashë pjesërisht Tiranën dhe pashë njerës të lirë që endeshin e zbaviteshin simbas andjes së tyne. Oh sa të lumtun ishin ata dhe sa i mjerë isha e jam un. Kur u ktheva në burg më gjajti sikur po hyj në vorr. Sa i shëmtueshëm m'u dukë ky Ferr që e hapi gojën e më përpiu në bark të vet. I shkreti un! Edhe mbassi të lirohem kush e din se sa herë kam me e pamë n'andërr kët vend të mallkuem dhe kam me u zgjue i tristueshëm.

11 Qershuer.
M'ora pesë të mëngjezit u zgjova sot nën përshtypjen e nji andrës që pashë. I thoshja Mbretit, n'andërr, se isha fajtuer para Personit të Tij, mbassi e kam luftue ashperisht. Ndërkohe u zhgreha në vaj. Ai m'a muer kryet ndër duer dhe nisi me m'argëtue me dhimë e dashuni. Un vazhdojsha të qaj me dënes dhe i thojsha: Jam fatkeq. U shkëputa, ma në funt, prej tij dhe ngarenda drejt nji rruge që të shkojsha në qytet. Edhe tue udhtue qajsha me të madhe. Më ndiqte nji yll, i cili qëndronte ndërmjet dy kambëve të mia dhe m'a ndriçonte udhën përpara. Kur arrina në qytet u zgjova, por çuditërisht më shpërthyen lotët dhe qava me të vërtetë. Nji copë herë qava për fatkeqësin t'eme, për jetën që e shkova me vuejtje e brengje, për familjen, për shokët e për të gjithë. Më kishin shpërthye lotët si kronet e maleve dhe u zbrazën nji kohe mjaft të gjatë. S'dij se si m'erdhi kjo ligështi. Nuk besoj që andrra të ket qenë pjella e fantazis apo e ndonji dëshiri të paargëtueshëm, mbassi nuk e kam pasë kue vetëhen me shpresa t'atilla.
Mbassi u ngrita prej shtratit e hoqa fletën e kalendarit. Pashë se sot ishte e Diellë dhe se kishim hymë njimëdhetë ditë në Qershuer. Përposhtë datës ishte edhe ky shënim: Nji njeri i famshëm për nji krim a gabim munt t'i lajë mëkatët e tij më së miri duke u a treguar këto shokëve të tij (Addison). U mahnita nga ky shënim dhe zuna të mendohem. Qenka nevoja me u rrëfye për me i la mëkatët! Mirë, por a do të lumnohem mbassi të rrëfehem?

13 Qershuer.
Dita e Martë prej shum kuj quhet e keqe dhe besohet se atë ditë mbrapshtohen punët, por për ne politikanët e burgosun ajo asht si nji festë, për arësye se asht ditë takimi dhe presim, me shpresa, se mos na vjen kush me na vizitue e me na ndihmue. Të mjerët na që presim nga tjerët dhe i hapim syt si vorfanjakët e unshëm në duert e tyne. Njena dorë lan tjetrën thonë, por jo për herë de! Shkurt u bamë parasitë.

14 Qershuer.
Me gjith që un e Myqerremi po e vazhdojmë, regullisht, masazhin e kokës ende s'ash dukë as ma i vogli efekt. Mue nuk m'a merr mendja se munt të më nxihen thinjat, pse këtu asht vendi ku zbardhen e jo ku nxihen flokët.

Edhe n'u nxifshin mjafton nji natë, e kalueme nën vërsuljet e ashpra të mendimeve, që të zbardhen krejt. Historia na njofton se kur u burgos Marie Antonette, Mbretnesha e Luigjit XVI të Francës, për nji natë gdhini me flokë të bardhë. Asht kot pra, me u mundue. Fundi fundi përse me i nximë? Përgjithësisht njerzit kanë flokë në ngjyrë të zezë, të gështenjtë e të artë, por ç'bahet sikur të bahet modë që të mbajmë edhe flokë të bardhë? Ngjyra e bardhë asht simboli i pastërtis, kurse e zeza e zis, e tmerit dhe e mordjes. Përse të mos kemi flokë të bardha në vend të të zezëve? A nuk do të kishin hije flokët e bardhë të lëshueme mbi kokë si nji kunorë argjandi, si duj rrezesh prej Hane? Ah sikur floku i bardhë të mos përmbante në vetëhe kuptimin e neveritshëm të pleqnis e t'afrimit të vdekjes, un do t'a preferojsha, por ajo m'a turbullon mendjen. Po të mos ishte kjo arësye kush e din se sa poezi do të derdhesh mbi flokët e bardhë dhe sa shum do t'i lakmojshin Zojushat e Zojat.

16 Qershuer.
Sot kishte ardhë Fiku me më pamë. E futën ndër hekura bashkë me tre kalamajt e nji të dënuemi për vrasje. Pa kalue as edhe nji minutë erdh tetar' i rojes, nji gjindarmë i ngrysët e i zymtë si Shënmitri, dhe e qiti jashtë tue thanë se s'kishte leje. Po tre fëmijt tjerë a kishin leje? Natyrisht jo. Për mue dhe vetëm për mue merren këto masa. Desha t'a shaj gjindarmin që e kapi djalin për krahu dhe e nxuer jasht si nji qen, por e mbajta vetëhen se m'erdh turp t'ulem në shkallë të tij.

18 Qershuer.
Disa kohe ma parë, simbas kërkesës së Z. Kost Çekrezit, pata nisë me bashkëpunue me të për përpilimin e fjalorit që patëm nisë shum kohe ma parë nji grumbull shokë dhe që mbet pa u krye. Un pata vendosë që të mos bashkëpunoj me të pa me m'a caktue të drejtën që do të kisha në librin, por ndërmjetësuen disa shokë dhe më bindën. Punova deri tash, por sot i a ktheva librin bashkë me punën që pata bamë dhe u prisha me të, për shkak se më shkruente nji letër - kinse me m'i sigurue të drejtat e mia - por kurrgja nuk më zotohesh. E kuptova se donte me m'ekspluatue, me të vërtetë, si nji bulk.

20 Qershuer.
Thonë se nji tregtar Dibran kur paska shkue, dikur, në Selanik për të blemë mall paska ndeshë në nji grue te mveshun elegant: me çarçaf të mundafshtë, me dorëza të bardha, me skrapina parllaku, me umbrellë në dorë dhe e parfumueme me nji erë tërheqëse. Shtati dhe dukja e sajë e jashtme e bajnë tregtarin që t'i shkojnë jargët për të. I afrohet dhe i flet, por ajo përkëdhelet dhe refuzon. E ndjek magaza në magaza, por s'mundet me shkëputë prej saj as nji gjymës fjale. Ma në funt Zoja niset për shtëpi. Ky e

ndjek dhe i lutet gjatë rrugës që t'a pranonte me i u shoqnue. Ajo s'bindet dhe kundërshton. Gati nji orë, deri afër shtëpis, i shkon mbrapa i gjori tue e lute. Kur futen në rrugicën e shtëpis ajo ndalohet dhe e kthen kryet.
- Ende po më ndjek a? i thot me zemërim dhe e ngren peçen që i mbulonte fëtyrën e zezë. Kishte qenë Arapeshë.
Tregtari që deri at ças kishte besue se asht tue ndjekë nji engjëllushkë të bardhë lemeriset kur e shef Arapeshën, të cilës i thot:
- Puh! Të marrtë murtaja mori shtrigë. A ty të paskam ndjekë?
Edhe un pësova si tregtari i Dibrës, sepse i gënjyem nga maskat e disa pseudo-nasionalistëve mjerova vetëhen dhe familjen. Qoftë falë mjerimi, por dënimi moral m'a bren zemrën si nji krymb që s'din me pushue. Me gjith që mbas arratisjes që ngjau në Dhetuer të vitit 1924 un qesh ndamë prej tyne dhe pata caktue nji drejtim tjetër politik, prap më vjen keq kur mendoj se, sadopak, kam bashkepunue me ta. Me nji fjalë prova të hidhta kam pasë nga shumica e nasionalistëvet bonë.

21 Qershuer.
Po më cingëron shpirti prej mërzis. Më duket sikur m'a kanë shqitë zemrën nga krahënori duer të hueja. Më gjan sikur m'a vodhën zemrën njerës të pamëshirshëm dhe e çuen tej atyne maleve. Oh fatkeqësi!

25 Qershuer.
Beqir Idrizi nga katundet e Peqinit, i akuzuem për vjedhjen e nji kalit, vdiq sot këtu. Këtij qyqari i pata bamë nji lutje që të lirohesh me dorëzani dhe ajo i u pranue, por mbet në burg për shkak se nuk mundi me gjetë garant. Ishte i pafajshëm i shkreti. Kalin i a kishte pas dhanë vetë i zoti për kundrejt rrogës që i detyroheshka këtij, mbassi ky i paska shërbye nji kohe si shërbëtuer. Me gjith këtë Agai shpirt-lik e padit si kusar dhe e fut në burg, ku e gjet vdekjen. Mjer shoqnia Shqiptare deri sa të shpëtojë nga këta farë Agallarësh.

29 Qershuer.
Unaza asht shenjtnue prej njerësve tue u dhanë si shenjë kujtimi e sidomos në mes të dhandrit e të nuses si peng dashunije e besnikije. Me gjith që ky kuptim i nalt, shpesh herë, asht përçmue prej njerësve ky zakon asht i pëlqyeshëm, mbassi t'a kujton të virtytshmen. Nji ish i burgosun disa kohe ma parë më pat dhanë për kujtim nji unazë të verdhë, nji rreth të hollë si ata që këmbejnë dhandri e nusja. Që t'i a çoj në vend dëshirin dje e vuna në gisht. Me qenë se unaza, mbas mendimit t'em, asht si nji stoli kisha vendosë me e hjekë mbas disa ditësh. E vuna, por a e dini se ç'ngjau? Pa u mbushë as edhe njizet e katër orë ajo u nxi fare. Çudi! Bota kapin gur e u bahet flori kurse mue florini më bahet hekur. Hajde fat hajde! Me gjith këtë ajo nashti më pëlqen ma fort dhe kam vendosë t'a mbaj për gjithmonë. Po.

Do t'a mbaj edhe jashtë - n'u lirofsha - se asht kujtimi i nji jetës së kalueme me vuejtje e brengje dhe mbassi për mue ka me qenë si vathi në vesh të femnës për mos me e harrue két Ferr.

4 Korrik.
Neni 31 i kodit penal muejin e llogarit në tridhetë ditë. Simbas kësajë dispozite nji fajtuer që ndeshkohet, për shembëll, me shtatë muej burgim duhet të vuejë në burg 7 x 30 pa marrë para sysh se njeni muej asht 31 ase tjetri 28 dit. Por kam vue re se nuk veprohet në këtë mënyrë. Prandaj i thashë Prokurorit të shtetit, por ai kundërshtoi e tha se kjo dispozitë merret para sysh vetëm për muejin e fundit të vuejtjes që i ka mbetë të dënuemit. Ky pretendim nuk m'u duk i logjikshëm e i drejtë, sepse s'do t'ishte nevoja të shënohesh në nji nen të veçantë dhe të shprehesh aq kjartazi se mueji asht 30 ditë. Veç kësaj po t'ishte qëllimi i legjislatorit vetëm për muejin e fundit ai nuk do të përtonte me e spjegue, me dy fjalë, e nuk do t'i nepte nji kuptim të përgjithshëm. Kur ishim në burg të vjetër këtë çashtje i a pata thanë Drejtorit të burgut Z. Hamdi Këlliçit dhe ai, mbassi u konsultue me Z. Fehim Qorin, prokuror' i shtetit asokohe, nisi me lirue të dënuem tue i a numërue muejin 30 ditë. Më duket se nuk jam i gabuem në gjykimin t'em dhe besoj të më apin të drejtë juristët t'onë.

7 Korrik.
Në mes të nëpunsave të burgut ndodhet nji gardian që prej vjetësh shërben këtu. E pyeta sot dhe i thashë:
- A të ka qëllue rasa me përcjellë ndonji fajtuer për ke trikambshi?
- Po, shum herë, gjegji.
- A të vinte keq? A ndishe dhimë për ta? pyeta.
- Ndigjo, më tha, kam pyetë dikur nji vorraxhi se ç'farë përshtypje kishte kur vorroste ndonji të vdekun.
- Ç'të tha?
- Më tha se në ditët e para kishte mbetë pa gjumë, pa hangër dhe pa pi.
- Po mbasëndaj?
- Mbasëndaj ishte mësue ma, tha gardiani dhe iku.
U habita nga përgjigja e tij.

10 Korrik.
Më thonë se gjatë këtyne vjetve që un kam qenë i arratisun dhe i burgosun Shqipnia paska përparue aq shum sa qenka bamë... Europë e Tirana... Paris. Për Shqipnin e besoj se asht - jo se asht bamë - Europë, mbassi në kartën gjeografike figuron si nji pjesë e sajë, por kurrë nuk munt të besoj se ajo ka përparue aq tepër sa me u krahasue me Europën plakë. Disa ndryshime, sigurisht, do të jenë bamë, se këta s'kanë ndejtë me duer lidhë de! Por nuk munt t'i cilësoj ata si përparime deri sa nuk i kam pamë që të formoj nji ide.

T'a lamë Shqipnin. Po Tirana? Qenka banun Paris! Për Zotin nuk e besoj dhe s'kam se si t'a besoj, mbassi e dij se ç'asht Parisi dhe m'a merr mendja se ç'munt të jet bamë Tirana mbrenda këtyne vjetve edhe sikur të jenë spenxue miljona. Le të mos e trazojmë këtë pikë dhe le të pranojmë, për nji ças, se me të vërtetë janë bamun përparime të mëdha, por në krahasim me këtë zhvillim konstatoj se morali i popullit asht prishë dhe munt të them se kemi dekadencë morale. Kët besim e kam formue tue i studjue këta typa që janë grumbullue këtu dhe tue vue re se dita ditës vijnë të burgosen njerës me faje të ndryshme që parandej kanë qenë të rralla. Do të pezmatohesha për së tepërmi po të mos më pëlqente të gjykoj se kjo rrokullisje morale asht pjella e natyrshme dhe e zakonshme e nji populli që nis me bamë evolusion. Vetëm kjo më ngushullon disi dhe më mban me shpresë.

14 Korrik.
Shpesh herë baj dyshim prej vetëhes dhe mundohem të baj nji vetëkontrollim, sepse më duket se u bana i egër. Po. E kuptoj se fjala vrasje, plagosje, vjedhje, grabitje, rrëmbim e mashtrim nuk më bajnë përshtypje si parandej. Ka nisë me m'u dukë si nji punë ordinare kur më thotë ndonji i burgosun se asht mbyllë këtu për vrasje ase vjedhje, për plagosje ase mashtrim. Kjo mospërfillje më ban të besoj se u egërsova plotsisht. As nuk më rref zemra ma kur më thot ndokush se asht ndeshkue me vdekje. A thue se u përpanjuen në shpirtin t'em këta vese? Fjalët vrasje e vdekje që e lemerisin edhe nji kafshë mue s'më trondisin fare. Eh si u bana! Vrasje. Vrasje don me thanë rrokullisja për dheu e nji ndërtesës madhështore të Hyut, groposja e nji krijesës fisnike nën palët e zeza të tokës, shdukja e përjetëshme e nji frymori nga mezi i shokve dhe nga fusha e gjanë e aktivitetit, ku munt të tregonte talente të mbrekullueshme në dobi të njerëzimit. Po, vrasje don me thanë ndalimi i përjetshëm i nji antari të shoqnis njerëzore nga gëzimi i jetës dhe nga të kryemit e atij misioni të naltë, për të cilin ka ardhë në këtë botë. E me gjith këtë mue s'më ban zemra as tik, as edhe tak! Çudl! U bana i egër apo jo?

17 Korrik.
Mërzia me nji anë dhe dobësia e shëndetit m'anë tjetër më kanë bamë që të tretem e të zbehem mjaft. Sot e pashë vetëhen në pasqyrë dhe ajo më foli me nji gjuhë të pazashme se jam prishë. Ç'të baj? Kështu e ka kjo jetë. Pasqyra, ky qelq i ngjyem, i ban shum shërbime njeriut: E difton atë që asht. Të difton në je tretë e zbemë, në je majë e ngjallë, në je i shëmtueshëm ase i bukur dhe ma në funt të ndihmon për tualet. Edhe tash, në këta çaste që un po i shkruej këta rrjeshta - asht mbrame - kush e din se sa miljonë njerës kan qëndrue përpara pasqyrës dhe bajnë tualet: Rruhen, përpiqen me i mbyllë rrudhat e zhubrat, mundohen me i nximë thinjat, përpiqen t'i skuqin faqet e buzët, t'a zbardhin fytin, t'i nxijnë e t'i hollojnë vetullat, t'i

nxijnë e t'i spërdredhin qepallet. Me nji fjalë orvaten, me kujdes të math, për me u zbukurue e për me u stolisë. Të gjitha këto bahen për syt e botës, apo jo?

Por sikur të kishim pasë nji pasqyrë që të na e pasqyronte mbrendinën tonë. Oh sa mirë do t'ishte, se kurrkushi nuk do të guxonte me e mashtrue tjetrin me profka. Vepra asht pasqyra e mendjes dhe e ndërgjegjes së njeriut, por asht e vështirë t'i mbushish mendjen tjetrit se vepra e tij asht e keqe. Prandaj do t'ishte shum mirë që të kishim nji pasqyrë për të na diftue se kush jemi e si jemi.

19 Korrik.

Nji polemikë e reptë që munt të përfundojë në nji dërgamë të tmershme ka nisë me u zhvillue këto ditë në mes të burgosunve të Krishtenë e Muslimanë. Vetëm mos pandehet se kjo polemikë bahet me anë të gazetave të Kryeqytetit. Jo. Ajo bahet me të vërtetë me shkrim, por në faqet e mureve të nevojtoreve! Disa bajnë vërejtje t'ashpra për ata që i fëlliqin muret me të bugatë tue i mshims gishtat në ta. Këto vërejtje marrin ngjyrën e nji kritikës përbuzëse kur përmendet se ata që i ndyejnë muret janë... të pafe e... çifutë. Ana tjetër përgjigjet tue shame randë dhe tue thanë se ata që fyejnë, me këtë mënyrë, janë Arapë! Vargu i shkrimeve zgjatet dita ditës dhe un pres të pëlsasi grindja në mes të dy elementeve, ashtu si ngjan në Hind.

21 Korrik.

Për veç njerësve të fisit kurrkush nuk vjen me më pamë. Me nji anë i ndalojnë autoritetet dhe m'anë tjetër edhe vetë nuk dëshirojnë. Natyrisht kanë edhe të drejtë, sepse vizitat që bahen në vorrezë e në burg janë nji lloj dhe të pakandëshme. Nji ftoftësi e mbush zemrën e vizituesit dhe nuk i pëlqen që të vijë edhe nji herë tjetër.

Veç kësaj ata që duhet të vijnë këtu lypset të jenë miq e shokë të vërtetë, kurse mue më mungojnë këta ma. Të pakë dhe fare të pakë janë ata që më duen për shok ase mik. Thonë se e kanë pyetë Lekë Dukagjinin kur ka qenë tue vdekë:

- Si t'u duk jeta?
- Shokë e miq kish kuleta, ka përgjigjë princi Shqiptar.

Un jam nga ata që besojnë se nuk janë lidhë gjith njerzit rreth hunit t'interesit, por ka edhe asish që drejtohen prej nji ndërgjegjes së pastër e prej nji ideali të naltë për me e kapë të virtytshëmen e të vertetën. Me gjith këtë, në rasa të tilla, më vjen të dëshpërohem tue konstatue se numrin ma të math e përbajnë njerzit e interesit e jo ata të ndërgjegjes e t'idealit.

23 Korrik.

Jam mërzitë tepër. Jeta e eme më gjan sikur m'asht errësue fare. Më dukst sikur shof, n'errësinën e pashqyeme, nji vorr, plotsisht, si at t'ushtarit të panjoftun. Shof në nji skutë t'errët vorrin e dashnores s'eme. Ndokush ndoshta kujton se zemra e eme nuk dashunon, mbassi jam si i vdekun, i mbyllun në këtë vorr të math. Por gabohet, se ajo ende s'ka vdekë dhe nuk don me vdekë kurrë.

25 Korrik,
Më bije ndër mend se kam këndue, më duket, në nji revistë se nji Austurjak kishte rritë dy pleshta tue i ushqye me gjakun e llanës së vet dhe i kishte stërvitë të kërcejnë. Këtë lajm revista e nepte si të çuditshëm dhe thoshte se pleshtat ishin të fortë sa me tërhekë mbrapa nji teshë mjaft të randë. Edhe pleshtat e mij janë të mëdhej, sa nji kokër grueni. Edhe këta të mijt kërcejnë fort, se janë llastue tue thithë nga gjaku i em. Tash më mbetet të provoj në munden me tërhekë nji send të randë që t'i çoj mbasandaj me konkurue me ata t'atij Austurjakut.

28 Korrik.
Kam në dorë nji thesar nga ata që na la trashëgimi Leon Tolstoi, shkrimtari ma i math i Rusis dhe nji nga ma të përmendunit ndër ata të botës. Ky thesar Rus asht zbulue prej Tajar Zavalanit, i cili e ka bartë prej andej këtu që t'a gëzojmë e t'a shijojmë na me shpirtin e syt e Shqipes. E kam fjalën për Sonatën e Krutzerit, për veprën monumentale të Tolstoit. Këtë vepër, e cila asht pasqyrë e shoqnis së djeshme e të sotshme dhe barometroja e genis së shkrimtarit Rus, e ka përkthye Tajari në gjuhën Shqipe dhe i a nep popullit t'onë si nji dhanti të kushtueshme. Asht problematike çashtja në do të mundet me e bluejtë truni i popullit t'onë apo jo atë filosofi që shtjellon e zhvillon Tolstoi në veprën e vet, mbassi ai ende asht foshnje në ç'do pikpamje, por sidoqoftë ajo ka për t'a bamë efektin e dëshiruem, të pakën, ndër intelektualët. Sa për popullin e vogël, për të cilin Tajarai e ka përkëthye romanin, nuk besoj t'a shijojë dhe ai, deri sa të mos jet naltësue moralisht, mentarisht e me kulturë, ka me mbetë insensibël. Me gjith këtë s'ka bamë keq Tajari.
Dëshirojsha të them nja dy fjalë për veprën, por Tajari i ka thanë të gjitha në Hyrje dhe s'ka lanë gja për mue. Prandaj do të kapërcej. Vetëm do të baj disa shënime të vogla: Talenti letrar i shkrimtarit asht aq i fortë sa ai që e këndon, edhe sikur të jet plak ase i pamartuem, e ndin vetëhen, pa dashas, në pozitën e Pozdnishefit. E rrëmben vala e nakarit dhe i ngjallet në shpirt nji urrejtje e paçansueshme kundër grues, e cila bahet në imagjinatën e tij trathtore e burrit. Gjith këtë përshtypje, sigurisht, marrin edhe ato gra që e këndojnë, mbassi edhe burri nuk mbetet i pafajshëm. Shkurt ai na ban t'i shofim lakuriq të metat t'ona e veset, me të cilat jemi pajtuem se ashtu na e don interesi, se ashtu na pëlqen, se ashtu përmbahet shoqnia e sotshme. Dy fjalë edhe për nihilizmën: Asht shum me mirë të bajmë sakrifica për me e përmirësue gjindjen jo të pëlqyeshme të njeriut se sa të kërkojmë nji

sosje, nji mos qenëje apo nji shdukje që nuk ka kurrfarë kuptimi.

1 Gusht.

Ata që rrojnë jashtë botës s'onë, ndoshta, pandehin se nuk ekzistojnë klase në mes t'onë dhe se këta shkrihen shduken nën forcën e mërzis e të brengjeve. S'dijnë ata se edhe ne na bezdis antagonizma e klaseve dhe, herë herë, na shtyen edhe në grindje ashtu sikundër ngjan jashtë. Disa herë janë kacafytë e janë kërleshë të burgosunit në mes të tyne si t'ishin dy ushtëri anmike në nji betejë të tmershme. Shum sqena tragjike e të shëmtueshme të këtij typi kanë pamë syt e mij këtu gjatë këtyne vjetve. Edhe këtu s'durohet suprania e nji njeriu ase e nji grupi dhe kërkohet njisia. Që të mos largohemi nga thema vij të përsëris se edhe këtu kemi klase: Klasin aristokrat dhe klasin demokrat. Klasi aristokrat, me gjith që në esencë ash nji, ndahet më dysh për shkak të pozitës gjeografike të burgut e të karakterit t'atyne që e përbajnë. Kemi, pra, klasin aristokrat të politikanve që asht nën pushtetin c Flokë-spërdredhunit dhe klasin aristokrat të ordinerve që kryesohet prej Viganit.

Klasi aristokrat i politikanve banon naltë, në padin e dytë të ndërtesës, dhe gëzon nji varg privilegje. Kryetan i këtij klasi asht, si thashë edhe ma naltë, Flokë-spërdredhuni dhe Nënkryetar asht Bibani, Hindenburgu fatkeq i Shqipnis. Poza madhështore e serjoziteti ashtu edhe dukja e Bibanit të marrin më qafë. Sikur të kisha pasë fat me qenë antar' i këtij klasi, pa u mendue, do të votojsha që ai të bahesh kryetar, por ku të len Flokë-spërdredhuni uzurpator që i a ka marrë padrejtësisht. Asht e vërtetë se Flokë-spërdredhuni nuk denjon me e marrë vetë karriken kur del n'oborr ase me folë me ndonji shërbëtuer, por Bibani nuk ulet me e marrë edhe hundën e vet sikur kjo, gabimisht, t'i bije për dheu! Shtatë a tetë vetë janë antarët e këtij klasi të plotpushtetëshëm mbi shokët e vet demokratë. E këta të gjorë heshtin e nuk bëzajnë fare.

Kryetari i klasit aristokrat t'ordinerve, si thashë edhe ma sipër, asht Vigani. Ky sy zi e shtat gjatë, me gjith q'asht dënue prej gjykatës politike dhe lypsesh të bahet shoku intim i Flokë-spërdredhunit, ka mbajtë m'anën e ordinerve, ku e ka marrë në dorë, natyrisht, me zotësi pushtetin e kryesis. Besa ka punue me mend Vigani, se po të hynte në klasin aristokrat të politikanve do të përfytesh me Flokë-spërdredhunin për postin e kryesis, se mbi nji plehën, sikundër dihet, nuk munt të këndojnë dy kokosha. Veç kësaj me gjith që Vigani asht dënue prej gjykatës politike, faji i tij ka ma fort karakter kriminel se sa politik. Prandaj, sikundër duket, u shtye instinktivisht nga ana e kriminelëve. Me gjith këtë me Flokë-spërdredhunin ka afrim të math dhe pajtohet në ç'do pikpamje. Pikësëpari si Flokë-spërdredhuni ashtu edhe Vigani qenë dënue me vdekje dhe ky dënim u qe falë. Mbasandaj fajet që kryen të dy përputhen pse kanë nji burim, nji drejtim dhe nji qëllim.

Le t'a lamë Flokë-spërdredhunin që të krenohet si lideri i aristokratis politike dhe si heroi i pashok i nasionalizmës Shqiptare. Le të merremi me Viganin. Ky, Vigani, ka nisë me ushtrue këtu nji mjeshtëri dhe me këtë mënyrë u a shkullon xhepat të burgosunve. Ka mësue me shkrue e me këndue deri në shkrojën (p) t'Abetares dhe stërvitjet n'orthografi e kaligrafi i ban në muret e nevojtoreve. Njeri me mend besa! Përse me harxhue letër, kurse ajo e shkreta vjen nga jashtë? Këtu do të tregoj ndër kllapa se edhe Flokë-spërdredhuni nuk ka mbetë mbrapa: Edhe ai ka nisë me e mësue Frengjishten, gjuhën e dipllomatëve dhe bile ka përparue deri n'adjektif! Kthehemi prap ke Vigani. Ky ka nji influencë të konsiderueshme ndër të burgosun. Ka nji autoritet dhe nji autoritet që, disa herë, shtrihet deri ke gardianët. Si antarë të klasit ka nji ari të zi, nji kriminel nga Malësia e Veriut që ka vramë vetëm tre vetë, dhe djaloshin e përkëdhelun të nji Agait nga Shqipnia e Mesme që ka hy në burg disa herë për faje të ndryshme. Mbas këtyne nji varg i gjatë e ndjek Viganin besnikisht e aristokratisht!

Këta, pra, e përbajnë parësin apo elitën e të burgosunve dhe i napin burgut pamjen e nji bote që harbohet nga kapricja e ambicja, që drejtohet me hipokrizi e lakmi, që llustrohet me sedre e madhështi.

Për klasin demokrat nuk po flas fare, mbassi merret me mend se prej cillësh formohet.

3 Gusht.
Më qesëndis Myqerrem Hamzarai e më thot se jam bamë si ato plakat që i a nisin poteres qysh në mëngjes tue i shamë shërbëtoret ase tue u zanë me fqijt, mbassi un qysh në mëngjes za me bërtitë. Plotsisht ka të drejtë të më cilësojë si nji plakë të keqe, mbassi jam nervoz dhe në kohet e funtme jam anormalizue fare. E po edhe top footballi të kisha qenë do t'isha shqyem prej gjith atyne shqelmave që më kanë dhanë bota.

4 Gusht,
Mora vesht se Bibani që fryhet herë mbas here nuk laheshka në banjë me ujë pusi, por me ujë kroni që shitet nji lek teneqja. Ujt e kronit e blejnë të pasunit për me e pimë, por Bibani lahet me të, ashtu si asht lamë në fshat, pse ky qenka ma i... pastër.
Hajde, hajde or Bib Dërvella
Se ç'u hyne punve t'thella.
Ky asht si Arapi që leu vithet kur gjet tëlyen të tepërm. Edhe shërbëtorve të banjës u paguen nga katër a pesë leka kur lahet, kurse na demokratët e gjorë me zi u pagojmë nga nji lek. E don logjika që Bibani aristokrat të jet edhe kavalier dhe jo si ne!

7 Gusht.
Ve re se populli i jonë e ka humbë ndiesin e respektit e të besimit në fe. Kët kuptim e kam nxjerrë prej të burgosunve dhe kam të drejtë të gjykoj

në këtë mënyrë për të gjithë popullin, mbassi këta janë shkëputë nga gjini i tij. Veç kësaj vuejtja e burgut lypsej t'i bante ma fetarë se sa ata që janë jashtë, kurse ngjan e kundërta. I burgosuni, sikundër asht provue në shum rasa, asht besimtar i fortë, sepse i vetmi mjet ngushullimi për të asht feja dhe i vetmi burim i shpresave asht Perëndia. Me gjith këtë më duket se këta janë shkullue fare nga feja. Për shembëll sot erdh nji hoxhë që t'u bante Muslimanve predikime fetare, por vuna re se e përbuzshin hoxhën dhe disa ndër ta e kapërcejshin kufinin tue e ngarkue edhe me faje të randa.

Kleri Katolik e ka regullue kët shërbim. S'ka muej ase festë fetare që të mos duket prifti në kishën e vogël të burgut. Priftnat Katolikë për veç kshillave apo predikimeve fetare u napin besnikëve edhe nga nji grusht lekë, punë kjo që nuk e bajnë hoxhallarët. Edhe priftnat Orthodhokse tepër rrall duken në prakun e portës së burgut. Shkurt zyrtarët e Muhametit e të Krishtit Orthodhoks fare pak interesohen për besnikët e tyne që kanë ramë në kët Ferr.

Kjo mospërfillje ndoshta rrjedh nga arësyeja se në kët vend duhet t'apish dishka e të mos marrish kurrgja.

Të mos largohemi. Beson populli i jonë a po jo? Un kujtoj se jo. Shqiptari ka nisë me u vokë nga feja, e cila nuk e ka ma at pushtet që ka pasë dikur. Un kujtoj se Shqiptari sot nuk nxitet ma nga zani i fetarit. Të pakë janë ata që kanë nji farë konsiderasioni për fen. Shterrja e burimeve fetare nga zemrat e njerësve asht nji fakt i konstatuem gati në të tanë botën dhe kjo u shkaktue nga lufta botnore, e cila e shkallmoi fen dhe e tronditi mjaft edhe idealin të cilin, në pjesën ma të madhe të botës, e ka zavendësue nji materializmë e trashë dhe e pashijëshme. Këto dy forca tash janë kah veniten e kah shuhen. Feja ka mbetë si nji robe e vjetër që s'e mvesh njeri ma; nuk asht e modës dhe e ka humbë vlerën. Por edhe ideali, si thashë edhe ma naltë, asht tronditë mjaft dhe ka ndrrue ngjyrë e trajtë. Me nji fjalë asht konkretizue apo asht materializue, sepse edhe ai tash zhvillohet e vepron mathematikisht. Po të vërejmë me kujdes do të konstatojmë se gjith ata që bajnë sakrifica dhe arrijnë me e përbuzë edhe jetën, kanë për qëllim apo për ideal triumfin e doktrinës së tyne, e cila asht bazue mbi sigurime interesash e jo mbi premtime abstrakte që s'vlejnë ma për njeriun e këtij shekulli.

Ndokund vetëm munt të shifet se kjo materializmë asht tue u zhvillue krahas me idealet humanitare tue i dhanë gjallni frymës fisnike dhe jetë të virtytshmes. Me fjalë të tjera sot njerëzia po e përdor fuqin e vet ma fort për t'a ngopë barkun me bukë se sa për t'a ushqye shpirtin me ambëlsinat e nji kuzinës së padukëshme. Të shofim se ku do t'arrijë njerëzia me kët vrull që ka marrë drejt materializmës. Tue përfundue më takon të them se edhe Shqiptari asht tue kalue përmes kësajë krize shpirtnore.

9 Gusht.
Burgu asht i fortë. Asht nji kështjell i arshitekturës modeme, por nuk asht i përshtatshëm për burg, mbassi s'asht ndertue simbas dispozitave ligjore. Për shembëll këtu rrin fajtori politik bashkë me fajtorin ordiner, vrasësi me vjedhsin, debitori me falsifikatorin dhe plaku me të riun. Për két shkak burgu asht bamë si nji farë shkolle, ku mësohet kriminaliteti e jo nji institut, ku shtypet e shduket ky ves i lik. Nuk do të zgjatem tue i përshkru damet morale e materiale që rrjedhin nga kjo bashkëvuejtje, mbassi ata merren me mend, por do të shfaq mendi min se qeveria do të bante shum mirë sikur t'a korrigjonte két gabim tue bamë nji ndërtesë tjetër për burg dhe tue lanë këtë për shkollë.

12 Gusht.
Ata të burgosun që bajnë këtu detyrën e shërbëtorit kundrejt nji pagese bajnë nji faj: Lëshojnë ashkla (krunde drrasash) nëpër koridoret kinse për pastërtim, por në vend që t'i mshijnë pa u terë ujt e sërkatun, i lanë 24-48 orë pa i mshimë. Pluhni që përbahet prej tyne i ka mveshë muret e tavanet sa u a ka ndrrue edhe ngjyrën. Po të kufizohesh dami me kaq nuk do të shqetsoheshim, por ajri i pluhnuem që thithim na i mbush hundët me llom dhe damtohemi nga shëndeti. Mandej ashklat përhapen e futen ndër kthina e deri ndër shtretën. Veç kësaj sa herë që koridoret janë shtrue me ashkla, shërbëtorët s'kanë kujdes për pastërti dhe kështu ata mbushen me lëvore qepësh, hudhrash, trangujsh, prasësh, pjepnash, shëlqish e tjera. Shpesh herë shkelim mbi to dhe rrëshqesim. Asht rrezik me e thye kambën dhe po e theve mbete për faqe të zezë, se nuk kujdesohet kush me të shërue.

14 Gusht.
Me gjith që neni 17 i kodit penal i premton të dënuemit të përmirësuem lirim kondisional, shpesh, kam vue re se u asht refuzue lutja atyne që e kanë kërkue, për shkak se nuk ka dashtë ana e damtueme. Kështu ngjau edhe sot me nji të dënuem që i kishte vuejtë tri të katërtat e ndeshkimit. Simbas nenit 10 të ligjit mbi aplikimin e kodit penal të damtuemit i asht dhanë e drejta me e pëlqye ase me e refuzue lirimin e damtuesit të dënuem. Kuptohet haptazi, pra, se i dënuemi i përmirësuem që ka arri në gradë me kërkue lirim kondisionel, asht lanë në mëshirën e ankuesit dhe, kur ky refuzon, ai shtrëngohet me e vuejtë krejt dënimin. As observasionet e favorshme të Drejtorit të burgut, as mendimi përkrahës i prokurorit as edhe pëlqimi i trupit gjykues nuk bajnë dobi dhe s'kanë vlerë për me e lirue të denuemin n'asht se nuk don i damtuemi.
Ndoshta legjislatori me këtë të drejtë që i ka dhanë të damtuemit ka pasë për qëllim me e shtrëngue fajtorin që të pajtohet me ankuesin, por kur ai s'don me u pajtue e s'don me e falë? A nuk asht probabël që të ngjasi nji kob i dyte? Kush mundet me na sigurue se gjinia e të dënuemit, të

zemëruem nga refuzimi, nuk kanë me kërkue t'a nxjerrin dufin tue e vramë anmikun që nuk lejoi të lirohet prej burgut biri ase vëllau i tyne?

Prandaj jam i mendimit që e drejta e personit të damtuem t'i nepet shtetit, mbassi ky farë veprimi gjan edhe si nji koncept barbar. Me fjalë të tjera asht si kanuni i Lekë Dukagjinit që i nep të drejtë shpagimi personit te damtuem e jo shtetit.

Kjo asht, simbas mendimit t'em, e vërteta dhe e drejta.

16 Gusht.

Pardje erdhi Z. Emin Meta, prokuror' i shtetit, dhe i kontrolloi llogarit e bukës. Thuhet se nuk i gjet në regull dhe se ka hapë nji ankëtë kundër gardianit që ban detyrën e sekretarit.

19 Gusht.

Gramofoni i nji kafes q'asht për ball burgut, tash në qetësin e natës, ka marrë nji gazel Turqisht. Kjo kangë m'a tërhoq menden kah Orienti dhe më ngjalli fantazina të ndryshme. Zani i ambël e i plotë i kangëtarit m'i kilikosi dejt e zemrës, e cila nisi me shungullue si nji det i qetë që trazohet e valvitet prej ndonji murranit. Nisi me vëlue përmbrenda zemra dhe kërkoi t'a shfrejë gjith at duf q'asht grumbullue në të. Ajo ende don të dashunojë e të shijojë, por nuk asht e mundun se. Sigurisht gjithë ata që dashunojnë janë të marrë, por un do të jem dy herë i marrë që torrullohem e tërhiqem kaq tepër nga ndiesia e dashunis, e cila gati gjithmonë më mban nën thundër. Nuk e kuptoj se pse asht kaq esull zemra e eme për dashuni. Vall a vetëm un jam kaq i unshëm apo gjithkush? Ndoshta të gjithë janë si un, por nuk e thonë të vërtetën. Dashunia, çuditërisht, aty ku len aty zotnon e rrenon. Len në zemër për të dominue mbi të, apo jo? Dashunia asht si nji shtërgatë që të hudh nga kjo botë në nji botë tjetër ideale, në nji botë andrrash, argëtimesh e... shijesh. Ai që dashunon, simbas mendimit t'em, asht në gjindjen e të marrit, por asht edhe i lumtun se gjith fuqit e veta të trupit, të mendjes e të zemrës i ka përqendrue vetëm në nji vend dhe as që don të dije se ç'ngjan jasht atij rrethi.

23 Gusht.

Kësajë jave kam thithë duhan ma fort se kurdoherë. Natyrisht kjo rrjedh prej mërzis e prej mendimeve shemra që më sulmojnë ças e më ças.

27 Gusht.

Besoj se gjith ata që s'kanë kujdes për librat, sigurisht, nuk kanë konsiderasion për shokët. Nji i burgosun më pat marrë nji libër. E mbajti katër muej dhe m'a ktheu sot të grisun, të shqyem e të fëlliqun. M'erdh të qaj për gjindjen e shëmtueshme të librit.

31 Gusht.
Shqetsim i math zotnon sot ndër të burgosun. Fëtyrat e tyne e pasqyrojnë gjindjen shpirtnore të trazueme për arësye se të gjithë shpresojnë të falen nesër me rasën e festës së Nji Shtatorit. Edhe un jam turbull dhe i hutuem fare. Aq fort jam hutue sa shkova n'oborr në vend që të shkojsha në nevojtore, për ku qeshë nisë. Qeshën me mue gjith ata të burgosun që më panë, por un qesha ma fort se ata në vetëhen t'eme.

1 Shtatuer.
Përvjetori i monarkis iku pa u ndi. Kurrkush nuk u fal.

3 Shtatuer.
Burgu ka edhe kasnec. Nji farë Brahim Filja nga Shqipnia e Mesme asht kasneci i burgut. Herë mbas here ndigjohet të thërresi me za të naltë për të lajmue e reklamue se erdh tregtari i burgut, mishtari, kostari e të tjera. Disa herë shifet tue u endë nëpër koridor i ngarkuem me petka, këpucë ase opinga të vjetra, të cilat i shet dhe fiton nji përqindje t'arësyeshme. Dje mbrama kishte' marrë në dorë nji shëlqi dhe, tue e tundë n'ajr, reklamonte se në sqollin e padit të poshtëm kishte shëlqi të mirë e të... lirë.

6 Shtatuer.
Kujdesi i veçantë që tregon për shëndetin t'em Z. Dr. Harxhi ashtu edhe sjellja e tij kordiale meritojnë të shënohen në këto fletë për të mbetë si shfaqja e përzemërt e mirnjoftjes s'eme dhe si peng miqësije.

7 Shtatuer.
Zia Hallulli nga Tirana, ish nëpunës në Ministrin e Financavet, sot duel para gjykatës si i pandehun për abuzimin e bamun n'atë Ministri mbi pullat e shtetit. Ndoshta Ziai asht fajtuer, por un nuk besoj që ai të ket qenë i zoti me përvetue aq qinda mij fr. ari e të konsiderohet si fajtuer kryesuer. Sigurisht do të kenë qenë të tjerë, shum ma të mëdhej se ai, që e kanë marrë pjesën e luanit dhe sot nuk ndihen fare. Ziai ka nji faj që hesht e nuk flet.

10 Shtatuer.
Disa kohe ma parë tue u fjalosë me nji Zotni për nji të burgosun, në bisedim e sipër, më tha se asht immoral. Ndoshta i burgosuni, për të cilin foli ai, asht immoral, por un dij se ky njeri vetë asht fare immoral. Me gjith q'asht i kaluem nga mosha, me gjith që ka djem e vajza të martueme, me gjith që vetë asht martue dy herë, mban nji mantenutë që e ka marrë nga gjini i shtëpis publike. Përveç kësaj përdor alkool, luen bixhoz, dhe po të mundet e zgrep edhe xhepin e tjetrit. Parimet morale këto sjellje i dënojnë dhe ai që i ka këta vese quhet immoral, por ai pandeh se të tjerët janë verbue e nuk i shofin immoralitetet e tij. Prandaj flitte me nji gjuhë t'ashpër,

me gjuhën e atij që asht i dlirët në ç'do pikpamje. Asht për t'u vue re se shumica e njerësve e akuzojnë njeni tjetrin me immoralitet, por në rasa të tilla nuk e shofin vetëhen se në ç'gjindje morale ndodhen. Të gjithë bajnë fjalë mbi moral e mbi nder. Të shumët e këtyne nuk i gëzojnë këta dhe janë zhytë, deri në fyt, në pellgun e turpeve e të veseve. Vetëm këta kanë zotësin me i mshefë prej tjerve immoralitetet e veta dhe kështu mbeten, gjithnji, si voji mbi ujë. Ata natyrisht e njofin vetëhen, por janë të sigurtë se tjerët nuk e njofin mbrendinën e tyne. Sikur të flitte për vetëhe, me dorë në zemër, ky Zotnia kush e din se sa do t'i shtonte vargut t'immoraliteteve të veta dhe do të na harliste tue na rrëfye poshtërsina që as Dreqit nuk i kanë shkue ndër mend. Ai ndoshta munt të na e zbulonte edhe jetën e rinis së vet që për ne asht enigmatike, por kush e ban të flasi se!... Njerëzit e kësaj kategorije kanë nji mendësi që i a spërdredh kryet moralitetit. Kjo mendësi asht si nji motivë për ta dhe munt të përmblidhet kështu: Ban ç'do poshtërsi që të t'a doje qejfi, por bane tinës, se atëhere nuk t'asht cenue nderi e morali!

11 Shtatuer.
Po t'a pyesish ndonji të burgosun se pse asht burgosë e dënue me nji herë, ka me t'u përgjigjë:
- Kot! Më kanë marrë më qafë.
Të gjithë të burgosunit zakonisht këtë përgjigje apin. Vetëm un them se jam ndeshkue plot e me të drejtë.

14 Shtatuer.
Të gjithë ata që burgosen për detë thonë se kanë hy në burg, për shkak se janë zemërue me kreditorin për mungesë kalorësije dhe s'kanë pague nga inati e jo se s'kanë pasë. Me fjalë të tjera të gjithë tregohen kapriciozë e inatçij dhe, bashkë me kët, të pasun. Asndonjeni nuk thot se nuk ka. Nga ndonji herë paraqiten edhe si dorëzanës e jo direkt debitorë.
Eh mendësi e kalbët dhe e vjetërueme prej kohesh! Këta mendje-lehtë më duket sikur rrojnë ende në shekujt e errta, kur ishte turp të jesh i vorfën dhe u gjan se e humbin nderin po të thonë se nuk kanë.
Fjalët nder, moral e mendje janë trazue aq shum me njena tjetrën sa janë degjenerue dhe kanë arri të bahen sinonimet e fjalës pasuni. Mendja e nderi i njeriut sot maten me të hollat që ka në kuletë ase me pasunin që ka regjistrue në zyrën e kadastrës. Ai q'asht i vorfën s'ka as nder, as moral ase edhe mend! Sa immoralë e të marrë kam pamun un në këtë botë që, nëpër mjet të pasunis, kanë arri të përmenden me respekt për moralin e mendjen që kanë. Për shëmbëll kur takon rasa me pyetë për ndonji njeri se cili asht, me nji herë të përgjigjen:
- Kush more? Ai asht X-i. Asht burr' i mentshëm e i... ndershëm: Ka kaq magaza në treg të Tiranës, ka kaq shtëpia me qira në kryeqytet, ka çiflik n'aksh vend dhe thuhet se ka ndamë kaq mij napolona me... kamat.

E kur qëllon që pyet për ndonji të vorfën fatzi të thonë:
- Për cilin po pyet more? A nuk e njef at kopuk? Ai asht nji farë vagabondi që s'i gjindet shoku. Lene pash Zotin.
- Përse or jahu?
- Ç'e don Dreqin? Asht nji i marrë që duhet lidhë me litare! Asht rritë me thërrime; asht nji lakandraq, nji... Dhe vazhdon t'i napi, bujarisht, adjektiva të ndryshëm.
Shkurt po i shkon mendja vërdallë njerëzis nga lakmia e pasunis dhe s'po mundet me i dhanë dum as kuptimit të fjalëve nder, moral, mendje e pasuni, të cilat i ka ngatrrue e i ka bamë lesh e li.

17 Shtatuer.
Nji djalosh nga Malësia e Tiranës prej kohesh dergjet në burg për shkak se e paska vramë të motrën, të cilën ai paska pretendue para gjyqit se e paska vramë për shkak nderi, mbassi e paska zanë në akt flagrant tue u turpnue me nji mashkull. Djaloshi malësuer, që të mos e përlyente nderin e familjes, e lau me gjak dhunën tue e lëshue motrën vdekë për dheu me disa plumba të kobures. Ky akt barbar, i lejuem edhe prej ligjëve të shoqnis sonë, u krye për hir të nderit dhe un, si antar' i kësajë shoqnije, me doemos e aprovoj, por... Por djaloshi që vrau motrën për të ruejtë nderin, më sigurojnë me fjalë të nderit, se tash këtu, në burg, po dhunohet vetë si pederast passif. Më janë betue se ai qenka gati me u futë nën shalët e nji tjetrit për disa pak lekë. Nashti po munde mos plas prej rrebeve që të kapin kur mendon se ky mistrec e vrau motrën e ngratë kinse për të ruejtë nderin dhe vetë dhunohet nëpër skutat e burgut. Motra e tij sigurisht e nxitme prej senceve e ndiu nevojën urdhënuese për me ardhë në kontakt me nji mashkull, por ky turi-dreq ç'farë shije ndin tue u kërrusë ndën nji mashkull? Më vjen të qaj për ate femën fatzezë që u ba viktim prej duerve të nji vëllaut kaq të poshtëm!

Këtu mungojnë faqet 286-298
paqe. E me këtë gjindje shpirtnore të trazueme asht o vështirë me ramë në prehën të Morfeut.
Ora 5, mëngjes.
Vetëm nja dy orë munda me flejtë me ndërpreme të shpeshta tue u zgjue herë mbas here. Ma në funt u ngrita për me e pritë, me nderime e mirnjoftje, agimin e ditës së liris.

***

28 Nanduer. (E Martë, ora 12.30)
Tash u lirova nga burgu apo, ma mirë me thanë, u ringjalla. Vetëm un u fala. Të gjithë të burgosunit u gëzuen jasht masës për lirimin t'em dhe

ndiesit e gëzimit i shprehën tue brohoritë për Mbretin që më fali dhe tue kangëtue qysh nga orët e para të mëngjezit e deri m'at ças që e kapërceva prakun e asajë dere që nuk u hap për mue plot katër vjet e tetë muej e tetë ditë.

Asht për t'u çuditë se ditën e Martë dhe pikërisht m'ora 12.30 (19 Mars 1929) shkela në tokën Shqiptare i dorëzuem prej Sërbëve dhe po të Martën e m'atë orë u lirova nga burgu.

Mbas sodi për mue nis nji jetë e re. Uroj të kem sukses e fatbardhësi. Tash ma kam të drejtë me besue se u ndrydh dhe u përmbys fatkeqësia.

= FUND =

Prap në burg

Sigurisht kurrkuj s'i shkonte ndër mend se do të pësojsha nji rrezik të dytë e do të bijsha në burg mbas asajë vuejtjeje gati pesë vjeçare që pata në thellësit e burgut të Tiranës. Mirë por, për fat të keq, kjo ngjau dhe un prap u rrasa në burg si i pandehun politikisht.

Për arësyena të ndryshme qe vonue botimi i librit t'em "Burgu", që pala shkrue gjatë pesë vjetve në burg, por mu natë kohe që ai ishte dhanë në shtypëshkronjë dhe qenë shtypë disa fashikuj, plasi kryengritja e Fierit, e cila u ba shkak që të më rigrabitet liria. Prandaj i shtova edhe disa fletë këtij libri. Lus që të më ndjekin lexuesat edhe për pak minuta, deri sa të marrin vesht se kësajë radhe qeshë viktim dhe i pafajshëm.

HAKI STËRMILLI
Tiranë, me 14-IX-1935

1935

23 Gusht.

Sot m'ora 11 para dreke m'arrestuen për çashtjen e Lëvizjes së Fierit që ngjau më 14 të këtij mueji. Kësajë radhe e hangra kot, pse as kam pasë dijeni mbi ngjarjen e kobshëme as edhe pata pjesë në të. Shkurt më kapën për... sport. Sigurisht do të dal i pafajshëm.

Un, mbas faljes që m'u akordue më 28 Nanduer 1933, nuk munt të merrsha pjesë ma n'asndonji lëvizje kundër këtij regjimi e sidomos kundër Mbretit t'onë August, pse e quej për turp t'a luftoj At njeri që më fali.

Lëvizja e kobshëme e Fierit që filloi e mbaroi me vdekjen tragjike të gjeneral Gjilardit, pa dyshim, asht nji nga ato ngjarje të shëmtueshme që do të zajë vend ndër fletët e historis s'onë kombëtare. Kjo asht e vërtetë dhe s'ka se si t'evitohet, pse s'e kemi në dorë t'i shqyejmë këto fletë të zeza nga historia as edhe mundemi me i a mbajtë doren historianit. Për kët shkak s'kemi se si të shpëtojmë nga përgjigjësia e historis, e cila ka me na gjykue ndoshta edhe si njerës pa ndërgjegje kombëtare, pa elemente morale dhe pa edukatë politike. Atë përgjigjësi e këto mungesa kombi Shqiptar do t'i kapërdijë pa tjetër, por si do t'a gëlltisi atë turpe që i la vrasja e gjeneral Gjilardit, e atij të huej që njizet vjet rresht i shërbeu Shqipnis me të tana fuqit e tija dhe u vra prej duerve Shqiptare?

Vrasja e kolonel Thomsonit prej rebelve të Rashbullit vue nji njollë të pashlyeshme në historin t'onë, por vrasja e gjeneral Gjilardit i shtoi edhe nji tjetër. Kjo vepër barbare asht në kundërshtim të plotë me zakonet e me burrnin e Shqiptarit që shquhet ma fort me virtytin e hospitalitetit por ajo u krye dhe Shqiptari u fye, u diskreditue dhe u njollos për herën e dytë. Prandaj populli ka të drejtë të bahet nervoz dhe të kërkojë dënimin e fajtorve.

Sa e vogël qe lëvizja e Fierit në pikpamje të forcës e t'aktivitetit përmbysës që zhvilloi, aq e madhe qe në pikpamje morale e politike, sepse jo vetëm që ajo na njollosi, por u ba edhe pikërisht mbas tri ditësh që Sovrani i jonë August denjoi me i bamun deklarata të randësishme e premtime të shkëlqyeshme përfaqesuesve të Djelmënis Shqiptare dhe inspektorave t'arësimit. Këto deklarata me randësi historike, që ishin garancia supreme e nisjes së nji jetës së re për kombin t'onë, duket se i tronditën anmiqt e evolusionit e të përparimit të Shqipnis dhe, me qëllim që t'a pengojnë realizimin e tyne, shpejtuen me e turbullue atmosferën e pastër të vendit t'onë. Por shpejt kanë për t'a kuptue se sikundër dështoi lëvizja e Fierit asht kanë për të mbetë pa efekt planet dhe qëllimet e tyne satanike, sepse kurrgja nuk mundet me e pengue Prisin e këtij kombi në vazhdimin e rrugës së Tij reformatore dhe evolusionare.

Kam konviksion të plotë se ato duer të hueja që e përgatitën kryengritjen e 1914-ës dhe i fryen zjarrit të vëllavrasjes me anë të veglave të tyne të verbta, ato e organizuen edhe lëvizjen e Fierit. Ata qëllime t'errta e shkatrrimtare që patën rebelët e asajë kohe ata patën edhe cubat e Fierit. Nji Musa e nji Jakov e vranë kolonel Thom sonin, nji Musa e nji Çekrez e vranë gjeneral Gjilardin.

Përputhja e plotë e ngjarjeve dhe e qëllimeve formojnë nji argument të vrejshëm për historianin, i cili ka me u shtye, vetvetiut, në kërkime për me i zbulue burimet e këtyne fatkeqësive që i njollosën Shqiptarit historin dy herë me radhë. Jam sigur se, mbas nji studimi serjoz, do t'arijë me i zbulue agjitatorët dhe faktorët e këtyne kobeve.

E atëhere, pa dyshim, do të ndijë dhimë të madhe për kët popull fatkeq që persekutohet prej lakmitarve të huej dhe këto turpe që i atribuohen atij ka me u a flakë në fëtyrë shkaktarve të vërtetë.

Sikur të mundesh me e pamë i ndjeri gjeneral Gjilardi funeralin impozant që i bani populli dhe t'a maste dhimën e madhe që ndiu krejt kombi për humbjen e tij, sigurisht, nuk do t'i vinte aq keq për mbarimin tragjik që pësoi jeta e tij, sepse do të vente re se ata që e ndanë prej nesh muerrën mallkimin e dënimin e merituem.

Jeta e nji ushtarit, përgjithësisht e zakonisht, asht destinue me mbarue prej plumbit. Por i lumtun asht ai që përcillet në banesën e funtme me dhimën, mirnjoftjen dhe adhurimin e nji populli. Shpirti i gjeneral Gjilardit, pa dyshim, do të jet i kënaqun prej shfaqjes së ndesive simpathike të popullit t'onë që din me i çmue miqt e vet dhe që në personin e tij nderonte e dallonte mikun ma të përzëmërt të vendit t'onë.

Tash gjeneral Gjilardi pushon në kështjell të Petrelës, aty ku asht shque trimnia e heroizma e stërgjyshvet t'onë dhe aty ku kalbet kërma e nji trathtarit: e Ballabanit. Kontrast i madh. Me nji anë dergjet kufoma e nji Shqiptarit që e trathtoi Atdheun për interesat e të huajve dhe m'anë tjetër prehet trupi i nji të hueji që luftoi e vdiq për Shqipnin. Ky bashkim i papajtueshëm, pa tjetër, ka me u bamun subjekt i nji mësimi edukatif për brezat e rij që të përpiqen me i shlye njollat dhe t'i shtojnë historis faqe të shkëlqyeshme nderi e lavdërimi.

Në kthinën, ku më kanë mbyllë, gjeta profesor Junuz Blakçorin. Edhe ai akuzohet për këtë çashtje. Blakçori asht mjaft i tronditun dhe i trembun, me gjith që duket kjartazi se asht i pafajshëm.

Edhe un jam mjaft nervoz, pse me nji anë më duket sikur mshifet nji qëllim i lik n'arrestimin t'em mbassi s'kam faj, dhe m'anë tjetër mendoj për gjindjen e pikëllueshme të familjes së ngratë. Me gjith këtë përpiqem me e

mbajtë vetëhen dhe me mos e shfaqë gjindjen t'eme të tronditme.
Aty vonë, kah mbrama, suellën në kthinën t'onë nji të quejtun Qazim Baçe. Two e paskan prue nga Durrësi, ku paska qenë nëpunës në shoqnin Agip. Edhe ky akuzohet si ne.

24 Gusht.
Nuzi - profesor Junuz Blakçori - ende asht i hutuem, me gjith që un e kam sigurue se do të marri pafajsi. Trembet nga shpifjet.
E porosit Qazimin që të mos flasi, të pakën, me za të naltë, se druen mos zemërohen rojet. Un qesh. Ai nxehet ma keq. Me të vërtetë nuk u vjen mirë rojeve kur shofin se na kuvendojmë me njeni tjetrin, por nuk kanë se ç'na bajnë, mbassi vetë na kanë bashkue dhe mbassi - edhe po të duen - s'kanë se ku të na çojnë për me na veçue.
M'ora 4.30 mbas dreke më çuen në gjykatën hetuese. Ishim gjashtë t'arrestuem, lidhë duersh me kllapa hekuri dhe të shoqnuem prej 14-15 ushtarve e dy graduatve. Nji qytetar i urtë, pa dyshim, mnerohet kur e shef vetëhen në mes të këtyne bajonetave.
Nuk dij a e mbani mend, të dashun lexuesa, gjindjen t'uej të turbullt e të hutueshme që keni pasë përpara se të hyni në provim. Zvogëlohuni, ju lutem, për disa çaste dhe bahuni fëmij ase djelm që përgatiten me hy në provimin e mësimeve të marruna gjatë vjetit shkolluer. Po të jeni të zotët me u metamorfozue, sigurisht, keni për t'u shqesue tue kujtue se përnjimend do të provoheni. Tash shtoni këtij farë shqetsimi edhe frigën tronditëse të nji akuz që munt t'ju bahet prej njerësve pa ndërgjegje për me ju ekspozue para botës si trathtarin e Atdheut ase si tentatuesin e vrasjes së Mbretit për me ju a futë kryet në thyesën e litarit të trikambshit. Qeh, në këtë gjindje anormale qeshë kur më çuen në gjykatën hetuese dhe kur po pritsha në koridor që të më thrresin mbrenda për me më pyetë.
Nuk dijsha se ç'do të më pyesin ase ç'farë akuze do të më atribuohesh. Si i pafajshëm ndërgjegjen e kisha të pastër dhe besimin në pafajsi të fortë, por me gjith këtë krymbi i dyshimit më ngacmonte e më brente. Druejsha se mos bahem viktim i shpifjeve të trillueme prej njerësve me ndërgjegje të gjymtueme që veprojnë për qëllime t'errta. Dhe kisha të drejtë të shqetsohem, mbassi isha arrestue kotsisht e pa pasë as ma të voglin faj.
Nësa un po luftojsha me mendime shemra dhe po cingërojsha nën pushtetin e tyne dërmues, u muerrën dhe u pyetën dy t'arrestuem. Ma në funt m'erdh radha dhe më thirrën mbrenda.
Gjykata hetuese formohesh prej Z. Faik Bregut, Major Gjysh Dedës dhe Nëntoger Janaq Andreas. Sa hyna mbrenda nisi operasioni, i cili vazhdoi nja 45 minuta. Më pyetën a kisha dijeni e pjesë në lëvizjen e Fierit. U thashë se nuk kam pasë as dijeni as edhe pjesë tue i spjegue e arsyetue edhe shkaqet, por fola me aq nervozitet sa Z. Bregu shpërtheu në gaz. Ai kishte të drejtë me qeshë, por edhe un kisha të drejtë me u bamun nervoz, mbassi

nuk isha fajtuer.

Ma në funt u kompozue procesi, i cili u nënshkrue prej meje.

I lidhun duersh me kllapa hekuri dhe i përcjellun prej dy ushtarve e nji rreshtari u solla në burg.

25 Gusht.

Sot u liruen, me ndalim gjyqi, nja gjashtë a shtatë vetë. Edhe un shpresoj të lirohem me vendim të gjykatës hetuese.

Mbas dreke m'a ndrruen vendin: më çuen në nji kthinë në padin e dytë, ku kam si shokë vuejtjeje Z. Qazim Domin e Z. Jusuf Borshin.

Në këtë pjesën t'onë të burgut nashti asht tetar' i rojes nji ushtar i quejtun Riza Kasemi nga katundet e Kavajës. Ky djalosh, që ka mveshë petkun e ushtnis dhe që e mban kasqetën pak si mbi sy, vrapon poshtë e përpjetë për t'a krye detyrën sa ma mirë. I asht skuqë fëtyra dhe djersët i shkojnë çurkë. Rrypi i kasqetës që e ka shkue nën gushë - se asht në shërbim - i nep nji dukje serjoze e impozante fëtyrës së tij që shkëlqen nga gjallnia e rinis.

- Si urdhënoni Zotni; po Zotni; nashti Zotni; më thot sa herë që i drejtohem për ndonji punë apo nevojë, por kurrë nuk qesh dhe gjan si i ngrysët. Më mbet merak që t'a shof me buzë në gaz, mbassi nënqeshjet e tyne, për ne, janë si dhantina kënaqësije e ngushullimi. Sajova nji shkak dhe i fola. E pyeta se a do të vinte sot berberi për me na rrue.

- Po Zotni, tha dhe bani me u largue.

- Në mos ardhtë berberi, të lutem, na sjell nji hoxhë që t'a bajmë duan e mjekrës, i thashë me buzë në gaz dhe tue e shique ndër sy me të tanë simpathin e nji mikut.

- Jo Zotni, nashti do t'a sjellim berberin, gjegji me buzë në gaz dhe ky gaz nuk u shue ma.

Ushtarët e gjindarmët ashtu edhe graduatët që janë ngarkue me shërbimin e rojes s'onë, janë skrupulozë në të kryemit e detyrës, por njikohësisht të njerëzueshëm dhe gjentilë. Urdhnat e eprorve i venë në zbatim pikë për pikë dhe detyrën e kryejnë pa as ma të voglën mungesë, por gjithmonë tue mbajtë nji sjellje fisnike kundrejt nesh.

Shqiptari idealist, që ka pasë lakmue nji ushtëri e gjindarmeri t'organizueme e të disiplinueme në vendin t'onë, pa dyshim, kënaqet kur e konstaton këtë skrupulozitet e regull të përsosun, por edhe kushdo tjetër besoj se gëzohet kur shef se rojtësit e Atdheut e të qetësis, të përshëndesin me nji buzë në gaz përpara se me t'i lidhë duert me kllapa hekuri dhe të lypin ndjesë tue të thanë:

- Na falni, Zotni, se e kemi detyrë të veprojmë simbas regullit e ligjit...

Me fjalë të tjera, të kap e të lidh kur akuzohesh si fajtuer por të treton si vëlla të gabuem dhe kurrë nuk të fryen e nuk të prek në sedre.

Sa ndryshim të madh ka në mes të ushtarit e gjindarmit t'onë dhe atij të huejit. Ky sillet si vëlla e si njeri kurse ai si i huej e si anmik. Vuejtja e jote kët t'onin e pezmaton dhe e pikëllon kurse at tjetrin e ngushullon dhe e shijon. Shqiptari i ngratë edhe në vend të vet shum herë ka pasë rasa fatzeze që t'a provojë sjelljen brutale e shnjerzore t'ushtarve e të gjindarmëve të huej. Tash ai i ka provue edhe t'onët. Sigurisht shum kush ka bamë nji farë krahasimi me mend dhe, tue gjykue mbi fakte, asht mundue t'a gjejë shkakun e këtij ndryshimi. Edhe un e bana kët krahasim. Mbassi u mendova nji copë herë u binda se origjina e këtij ndryshimi asht ke gjaku i njejtë që vlon ndër dejt t'onë, ke raca dhe ke dashunia vëllazënore q'eksiston ndërmjet antarve të familjes s'onë kombëtare. Veç kësaj ushtarin e gjindarmin Shqiptar e ka edukue eprori i tij me kujdesin ma të madh, ashtu si e mëson vëllau i madh të voglin, dhe, tue i a spjegue shenjtënin e detyrës dhe tue i a zgjue ndiesit ma të holla njerzore, e ka kshillue që të jet i arësyeshëm, i ndërgjegishëm dhe i dhimshëm kundrejt ç'do njeriu e sidomos kundrejt vëllazënve të tij të gabuem ase fajtorë. Prei këndej, pra, rrjedh ndryshimi i madh që ekziston në mes të sjelljes s'ushtarit e gjindarmit t'onë dhe të të huejit.

Që t'a shfaq kënaqësin t'eme kundrejt gjith ushtëris e gjindarmeris Shqiptare po përmendi këtu vetëm disa prej tyne që ndodhen në rojen t'onë dhe që munda me u a mësue emnat. Me anë të këtyne shfaqjeve simpathike po i përshëndes këta fatosa fisnikë që edhe në rasa të jashtzakonshme si këto e nderojnë kombin e shtetin t'onë. Ata janë: kapter Selim Salih, kapter Ramiz Qazim, kapter Marka Ndreca, kapter Salih Qazim, kapter Uk Sinani dhe rreshtar Bahtiar Sulejmani me këta gjindarmë: Selim Baruti, Kapllan Doçi, Sulejman Zeneli, Dodë Biba, Hasan Mehmeti, Xhemal Mustafa, Gjin Perfroku, Haxhi Jusufi, Olloman Etëhemi, Koço Nota, Bajram Fazli, Ali Elezi, Gjergj Froku, Ibrahim Nasuf, Adem Riza Zaimi dhe Llan Osmani. Toger Z. Ibrahim Dalip Kurti nga Mati me nji togë ushtarë që ka nën komandë e kompleton nevojën e gjindarmeris për sigurimin e rojes. Disa nga ushtarët e tij janë: Riza Kasemi, Selman Lazi, Ramadan Seiti, Tahir Sula, Gjon Lleshi dhe Beqir Hysejni.

Dëshiri i jonë prej naivi na shtyen të kërkojmë me i pamun të shgandrrueme andrrat t'ona në mënyrë që ç'do gja të jet në regull dhe e përsosun idealisht. Ky ideal, për sa i përket ushtëris e gjindarmeris, munt të themi pa u matë se asht arritë, mbassi sot, për fat të mirë, kemi nji ushtëri e nji gjindarmeri t'organizueme aq mirë sa na ban të mburremi e të krenohemi.

Njena nga meritat e shënueshme të këtij regjimi - pjella e vullnetit të Zog I - pa dyshim asht stabilizimi i regullit e i qetësis në vendin t'onë dhe organizimi i kënaqshëm i ushtris e i gjindarmeris.

Le t'a kthejmë veshtrimin t'onë menduer kah e kaluemja për me e kuptue ndryshimin dhe përparimin e madh q'asht bamun n'ushtërin e në gjindarmarin t'onë.

Në ditët e para të rilindjes s'onë si edhe ma vone kemi pasë nji Ministri Lufte, por asnji ushtar... Disa pak oficerë, që kishin mësue e shërbye në shtete të huej, qenë mundue të bajnë dishka, por nuk mundën me krijue e me organizue gja. Edhe organizatorët Hollandezë s'mundën me e arri qëllimin për shkaqe mungesash, vështirësinash dhe trazimesh. Për këtë arsye gjindarmeria që ata u përpoqën t'organizojnë mbet si nji ideal i parealizuem.

Deri në kongres të Lushnjes munt të themi pa hezitue se nuk patëm as ushtëri as edhe gjindarmeri. Gjindarmeria e asajë kohe qe nji turmë Bashi bozuke.

Të gjithë i mbajmë mend gjindarmët t'onë pa disiplinë e pa uniformë. Kuj nuk i kujtohen ata civila me nji sherit kuq e zi në krahë që e mbajshin kësulën mbi sy dhe pushkën në krahë të majtë? Disa prej këtyne kishin pushkë Turqije ase Austrije, disa Sërbije ase Greqije, disa Italije ase Gjermanije... Dikush ishte mveshë me xhokë e me pantallona dhe dikush me xhaketë e me brekushe. Dikush mbathte opinga dhe dikush këpucë ase çizme. Kësulat që mbajshin mbi kokë gjajshin si flamurët e krahinave t'ona, pse dikush kishte kësulë Kosove, dikush Dibre, dikush Tirane dhe dikush Labërije apo kallpak Turqije.

Edukata ushtarake apo disiplina në këta njerës, q'ishin ngarkue me nji mision të naltë si ajo e sigurimit të qetësis dhe e zbatimit të ligjve të shtetit, mungonte kryekëput. Këta gjind t'armatosun jo vetëm që s'kishin as ma të voglin njoftim e kuptim mbi detyrën e vet, por në nji pikpamje formojshin edhe nji farë rreziku për shtetin, sepse në rasa të ndryshme ase kur t'u tekesh i kërcnoheshin qeveris ase bashkoheshin me rebelët. Shkurt këta qenë Jeniçerët e Shqipnis.

Sa për ushtërin e asajë kohe s'kemi shum fjalë: Ajo përbahesh nga turmat e popullit që vihesh nën urdhën të ndonji bajraktarit ase Zotnis me influencë.

Edhe mbas kongresit të Lushnjes e deri më 1924 n'ushtërin e gjindarmerin t'onë s'pat ndonji përmirësim të konsiderueshëm, për shkak se Ministrat e luftës ma fort merreshin me politikë - që të mos themi me intrigë - se sa me organizimin e ushtëris.

Paja dhe mjetet e luftimit mungojshin gati fare.

Mbaj mend se n'operasionet që patëm bamë më 1920 s'kishim veçse nji top me pak predha dhe një mitraloz me disa dyzina fishekë. Edhe këto dy vegla luftimi, që qenë përvetue prej nesh me sakrifica avanturoze, herë mbas here i përdorshim që t'i epshim me kuptue popullit se qeveria disponon mjete luftimi dhe kësisoj asht e... fortë...

Në këtë gjindje të vajtueshme qe dikur ushtëria e gjindarmeria e jonë. E tash? Tash ato kanë ndryshue qind për qind. Tash kemi nji ushtëri e gjindarmeri t'organizueme fare mirë, të pajueme e të ngjeshun me veglat moderne të luftimit sa me mos i pasë lakmi ndokuj.

Ushtëria e jonë tash, për fat të mirë, përfaqëson iden e bashkimit të Shqipnis. Shpirti i sajë asht gatue e përgatitë në mënyrë që në rasa rreziku të zhvillohet me abnegasion, sakrific e heroizmë shembëllore. Ajo tash din me luftue, din me vdekë dhe din pse të vdesi.

Ata që e shofin këtë ushtëri formojnë konviksion të plotë se ajo asht destinue me korrë ngadhnime, me gërshetue kunora fitimi dhe me trajtue epopena të shkëlqyeshme për me e përtri famën e stërgjyshve.

N'ardhtë rasa që t'u a shënojë Zogu I drejtimin ka për të pamë bota mbarë se ç'farë mbrekullinash kanë për të bamun këta kështjej të lëvizshëm të Shqipnis së Re.

Kjo ushtëri asht njena nga kryeveprat e kunorëzueme të Zog I.

26 Gusht.

Tue mendue mbi kotsin e arrestimit t'em më ra ndër mend kjo anekdotë, e cila besoj se i përshtatet, plotsisht, gjindjes s'eme.

Dikur e kishte mbushë kryet me alkool nji djalosh dhe ishte dehjë. Kur i mpihen trut nga forcat dërmuese t'alkoolit e nxjerr koburen dhe shtije disa herë. Gjindarmët që e ndigjojnë krismën e pushkëve vijnë dhe e arrestojnë. Me këtë mënyrë djaloshi e paguen qejfin e rakis fue u dergjë nji kohe në burg. Kur lirohet vendos që të mos e përsërisi ma at faj, por mbas pak kohe, në nji natë të qetë, dikush shtije pushkë dhe gjindarmeria, tue kujtue se ky ishte fajtori, vjen dhe e zen. Kësajë radhe djaloshi rrezikzi vuejti kot në burg dhe nuk u lirue deri sa e gjetën fajtorin e vërtetë. Kur u lirue besoi se mbaroi ma fatkeqësia, por nji natë tjetër prap dikush qiti pushkë. Sa e ndigjoi djali krismën e pushkëve i thirri s'amës:

- Bane gati jorganin nan-o!
- Përse bir-o?
- Sepse do të shkoj në burg.
- Au!... Mos qoftë thanë bir-o! Përse të shkojsh në burg? tha e ama e lemerisun.
- Do të shkoj, nane, se dikush atje tej zbrazi nji pushkë e gjindarmët kanë me ardhë të më kapin.
- E pse të të zanë ty bir-o?'!... Ti s'ke faj.
- Po moj nanë, por ata kanë me më kapë nji herë dhe kanë me më mbajtë në burg deri sa t'a gjejnë fajtorin.

Me të vërtetë e zunë djalin dhe e mbajtën në burg deri sa e gjetën fajtorin e vërtetë.

Edhe un pësova si djaloshi që piu e shtiu nji herë dhe që burgosesh herë mbas here. Me qenë se më 1924 qeshë kundërshtar' i këtij regjimi, sa herë që të ngjajë ndonji trazim, kanë me më kapë dhe kanë me më mbajtë në burg deri sa t'i zbulojnë fajotrët. Edhe un vuejta gati pesë vjet në burg dhe e pagova dhetë fish çmimin e atij alkooli që m'a turbulloi mendjen, por si duket s'qenka mjaft. Me fjalë të tjera lypseshka me ndejtë me jorgan në krahë...

Politika e qeveris, në rasa të tilla, drejt ish kundërshtarve të këtij regjimi, simbas mendimit t'em, nuk asht e arsyeshme, sepse nuk ekziston ma asndonji shkak nga ata që më 1924 na vuenë në radhën e partis kundërshtare. Të pakën kështu asht për mue. Prandaj jam pezmatue për së tepërmi.

27 Gusht.
Jam përpara dritares. Dy fëmij të vegjël kanë qëndrue në kambë m'atë anë të rrugës dhe më shiqojnë si të harlisun e të trembun. Njeni e ka futë në gojë gishtin diftues të dorës së djathtë dhe, me kokën pak si të mjanueme, më veshtron me sy të hapun e të trembun.
Vall ç'mendojnë për ne këta frymorë të padjallëzuem? Kush e din. Ndoshta ata pandehin se të gjithë jemi të liq: Njerës që vrasin, që presin, që therin, që djegin dhe që përmbysin. Kush mundet me e gjetë se ç'bluejnë trut e tyne të njomë? Kush e din se ç'kanë ndigjue për ne prej prindëve të vet? Ndoshta ata kujtojnë se na jemi si ata gogolat që kanë ndigjue ndër prralla dhe që kapërdijnë njerës e sidomos fëmij!...
Nji copë herë më shiquen si të mahnitun e të friksuem por mandej e dalë nga dale u duk sikur nisën me u qetësue e me mos drashtë. Po, u pajtuen me mue: Kur panë se un po i shiqojsha me buzë në gaz dhe me syn e atij që i don fëmijt si engjejt e kësajë bote, u qetsuen fare. E veshtruen njeni tjetrin dhe mandej u kthyen kah un me fëtyrë të çelët e të... qeshun. Mbas pak u larguen, por gjithnji më shiqojshin tue e kthye kryet mbrapa dhe tue nënqeshë engjëllisht. Sa ngushullim pati zemra e eme prej nënqeshjes së këtyne fëmijve të pastër.

28 Gusht.
Sot m'ora 10.30 para dreke më nisën për Fier, ku vepron gjykata politike për gjykimin e fajtorve të lëvizjes. Mbassi po më çojnë në Fier, natyrisht, do të më gjykojnë si fajtuer. Mirë po ç'faj bana? Kurrgja. Atëhere cilat munt të jenë dokumentat ase argumentat e gjykatës politike për me e mbështetë akuzën kundër meje që të mundet me më gjykue? Kjo asht nji enigmë e pazbërthyeme prej meje. Prandaj as që e lodh kokën me e gjetë. Me qenë se jam i drejtë dhe i pafajshëm, s'kam as shkak as edhe arsye që të trembem.
Jemi dymëdhetë t'akuzuem që po na çojnë në Fier. Na kanë lidhë dy nga dy me kllapa hekuri. Mue më kanë lidhë me nji njeri që nuk e njof. Ky asht nji burr' i madh. Ka shtat të naltë e të plotë që gjason me typin Amerikan. Ka nji kokë të regullt, sy të mëdhej, ball të gjanë e të naltë, hundë të drejtë, noflla të plota, buzë të holla, mjekër të regullt dhe nji gojë mesatare. Kryet e ka dac d. m. th. pa flokë. Vetëm për anësh e mbulojnë flokët këtë kokë që un nuk e kam pamun kurrë. Duket i zymtë dhe i ngrysët. Kur i vue syzat e gjelbërta për me u mprojtë nga pluhni u ba ma i zymtë dhe m'a shtiu lëngjyrën. Sa herë që e shof, me bisht të synit, më duket si nji vigan dhe vetja si nji... foshnje e trembun.
Nëntoger Z. Mahmut Banushi nga Mati dhe rreshtar Z. Mexhit Jegeni nga Dibra bashkë me nja dhetë gjindarmë po na përcjellin për në vendin e destinuem. Në nji autobus të madh jemi rrasë të gjithë. U nisëm për Fier,

natyrisht kundër vullnetit t'onë, dhe pa dijtë se a do të kthehemi ma e gjallë në kryeqytet. Kështu asht njeriu kur e humb lirin.

Kur sosëm në Kavajë u ndaluem pak që të marrim benzin. Ndërkohe u grumbullue populli rreth nesh dhe zu me na shique me kuresht si t'ishim arij. Nji berber duel nga dyqani me brisk në dorë dhe po na shiqonte me sy të zgurdulluem. Edhe klienti i tij, i rruem për gjymës, me shkumë sapuni në fëtyrë dhe me përparsen në krahnuer, u hudh jashtë dyqanit që të na shifte ma mirë. Numri i spektatorve shtohesh ças e më ças si në nji cirkus çudinash ase egërsinash! Edhe dy djelmt e vegjël të vëllaut t'em, Rexhepi e Lemiu, ishin përziem në mes të popullit. Kur më panë me nji herë vrulluem kahun, por un u bana shej që të prapsohen e të mos aviten. Mbetën të shtangun.

Edhe në Lushnje u ndaluem nji copë herë përpara komandës së gjindarmeris. Këtu blemë nga pak bukë e djathë dhe hangrëm drekë mbrenda n'autobus. Ishte punë e vështirë me hangër bukë vetëm me nji dorë, mbassi nga nji dorë e kishim të lidhun me kllapa hekuri. Do t'ishte ma mirë sikur t'a kojshim njeni tjetrin se sa e hoqëm gjith atë mundim për me e ngopë barkun tue hangër si... qent.

Mbassi hangrëm bukë dha urdhën për udhtim Nëntogeri. U nisëm për Fier tue kalue përmes fushës së Myzeqes. Kjo fushë, që gati pesë shekuj ma parë ka qenë bamë sqena e tragjedis së pesëmij dëshmorve Shqiptarë, tash asht ndamë më dysh me nji rrugë në vijë të drejtë.

Tue kalue shofim, andej e këndej, fëmij të vegjël që paraqiten me fëtyrë të zbetë dhe me bark të madh. Këto krijesa t'ajthta e të dobta janë bijt e bijat e atyne bujqve të mjerë që prej shekujsh po punojnë n'at vend për kuletën e tjerve që jetojnë zotnisht. Kur i shef njeriu këta te gjorë që e shkrijnë të tanë jetën në vobst e me mundime, i soditen esklavët e Egjyptit të Motshëm që punojshin pa rreshtun për ndertimin e pyramideve të Faraonve dhe, të raskapitun e të dërmuem nga mundimi, plandoseshin të vdekun rranzë tyne.

Regjimi i sotshëm, me anë të reformës agrare, ka bamun dishka në këta vise, por ende nuk ka mundë me e krye krejtësisht projektin, mbassi paraqiten mungesa, pengime dhe vështirësina të ndryshme. Natyrisht mbas pak kohe do t'arrihet qëllimi dhe bulku i ngratë do të shpëtojë nga robnia e vobsia shekullore.

Jam sigur se njena nga pikat kryesore e programit reformator të Mbretit t'onë gjenial asht shlirimi i bulkut Shqiptar nga verigat e robnis dërmuese e faruese të shekujve të kaluem dhe fatbardhësimi i tij tue e bamë zot toke e pasunije. Dëshiri i realizimit të shpejtë të këtij qëllimi duket e provohet me sakrificat e mëdha që janë bamë deri më sot në këtë fushë t'aktivitetit t'onë shoqnuer dhe ekonomik.

Drejtoria e Përgjithshme e Reformës Agrare regullisht e sistematikisht vazhdon n'aktivitetin e saj tue i vendose bujqit proletarë ndër toka të marruna prej pronarësh të mëdhej. Për shembëll vjet, përveç emigrantëve, ka instalue vetëm në rrethin e Fierit ma shum se njimij familje bujqësh. Kur të mbarojë zbatimi i reformës agrare dhe punimi i nisun për thamjen e kënetave e për hapjen e kanaleve, sigurisht, ka me i ndrrue fëtyra Myzeqes dhe Myzeqarit. Ky ndryshim qysh tash ka nisë me u dukë në disa pjesë të këtij rrethi, ku tokët që u janë dhanë bujqve duken të punueme fare mirë, ku arat kanë nji trajtë të regullt metrike dhe ku banesat e katundeve të rij kanë nisë me u ndertue simbas nji plani modern që t'a kënaq syn.

Vonë, aty kah ora katër, sosëm në Fier. Na futën në burgun Nr. 2. Dymëdhetë vetë jemi rrasë në nji kthinë gati katër metro katrore. Të gjithë ata që u suellën nga Tirana dhe që u vendosën në këtë kthinë janë: Ali Shefqet Shkupi, Salim Kokalari, Sadik Duro, Musa Hoxha, Profesor Skender Luarasi, kapter Muharem Sula, rreshtar Xhelal Kurtesi, profesor Junuz Blakçori, kapter Bako Kalo, profesor Mehmet Vokshi, Manush Peshkëpia dhe un.

Edhe këtu, me gjith që në kthinë mbrenda, na lidhën dy nga dy me kllapa hekuri dhe kështu do të qëndrojme gjithnji. Qenka e vështirë me ndejtë me duer lidhun, por ma e vështirë ka me qenë kur të flejmë. Do të na duhet të flejmë në kokër të shpinës e kur të dojë ndonjeni me u kthye në krahë tjetër, ka me i dalë gjumi shokut. Shkurt na kanë bamë si pendë qesh të vuem në zgjedhë!

Ai, me të cilin më kishin lidhë kur erdhëm nga Tirana në Fier, mora vesht se qenka Z. Sadik Duro nga Përmeti, Drejtor' i Postelegrafave në Durrës. Mbas lutjeve që i bamë aspirant Z. Selim Kërlukut dhe ma vonë kapiten Z. Spiro Moisit na i hoqën kllapat e hekurta që na mbajshin të lidhun dy nga dy. Me këtë mënyrë mbaroi ajo robni e dyfishueme që vazhdoi nja dy orë.

30 Gusht.

Këtu, në Fier, ka shum t'arrestuem por na nuk i shofim se janë të veçuem ndër godina të ndryshme. Edhe në këtë ndertesën t'onë munt të ket nja njiqind e pesëdhetë vetë, të vendosun ndër kthina. Na jemi të ndaluem me fjalosë me ta. A thue se janë fajtorë gjith këta njerës që janë grumbullue këtu? S'kujtoj.

Ali Shefqetin e Salim Kokalarin i ndanë prej nesh dhe i çuen gjetiu.

31 Gusht.

Në nji kthinë tjetër ndodhen disa të burgosun katundarë që mbahen lidhë duersh dy nga dy. Shum herë kam pamë se ushtarët, që bajnë roje në koridor, u shërbejnë këtyne fatkeqve. Sot pashë se ushtar Rexhep Jakupi nga Luma po u a lante faqet dyve prej këtyne. Poza e tyne prej të mjerësh që i janë shtru fatit dhe kujdesi i këtij ushtari prej vëllau të dhimshëm, më mallëngjyen tepër. I hodha nji veshtrim admirimi këtij ushtari të virtytshëm që me sjelljen e tij e nderon armën dhe e naltëson kombin. Kur u a rrëfeva shokëve atë që pashë tue kujtue se do t'u bajsha nji surprizë, ata më thanë se kishin pa edhe ma dhe nuk u çuditën fare. Më rrëfyen se kishin pamun ushtarë që u a ndrruekan këmishat të burgosunve, që u a zgidhkan e lidhkan brekët kur shkuekan në nevojtore dhe të tjera.

Më vjen të qaj prej gëzimit kur shof se ushtarët t'onë kane dhimje për vëllaznit e tyne të gabuem dhe sillen fisnikisht e njerëzisht. Këta djelm të mbledhun nga krahinat e ndryshme të Shqipnis, nga ato krahina që dikur të helmuera nga propogandat e hueja kanë qenë në grindje të pandame me njena tjetrën, sot bajnë pjesë në trupin e ushtëris s'onë kombëtare dhe, pa u ndi e pa bamë bujë, bajnë shërbim dhe shërbim të vlershëm. Këta djelmosha që para nesh duken kaq t'ambël, t'urtë, të shkueshëm e të heshtun, kush e din se sa të hidhët, të vrazhdët, t'egër e të tmershëm do të jenë para anmikut kur të dalin në ball të luftës. Këta të rij t'edukuem e të disiplinuem në kazermat t'ona janë nga ata heroj që nuk u ndihet zani veçse në rasa rreziku, janë simbolët e altruizmës e të sakrificit, janë shqipet që ka pjellë Shqipnia e Lirë për me e përtrimun famën e stërgjyshve dhe me i provue botës se, me të vërtetë, jemi të dejë për të qenë sovranë.

Ushtarët Bajram Sulejmani, Rexhep Jakupi, Asllan Rustemi, Elmas Demiri, Thimi Kristaqi dhe Sejdi Hasani që ndodhen në koridor me shërbimin e rojës s'onë janë shembëllura e virtyteve që gëzon ushtëria e jonë. Edhe rreshtari i tyne Rexhep Junuzi asht shok virtytesh me ta.

1 Shtatuer
Jam sëmunë. Kam dhimje koke, fyti dhe dobësi trupi.

2 Shtatuer.
Dje mbas dreke suellën në kthinën t'onë nji të quejtun Subhi Vrioni, por mbas darke e ndrruen at me Mahmut Shehun, i cili ka me qenë shok vuejtjeje me ne.

3 Shtatuer.
Manush Peshkëpia, njeni nga shokët e arrestuem që dergjet në kthinën t'onë, sot u çue para gjykatës hetuese. Kur u kthye na rrëfeu se ç'e kishin pyetë.
- A të lidhën duersh? e pyeti dikush.
- Pooo. Më lidhën me kllapa hekuri dhe më përcuellën katër ushtarë me bajonetat mbi pushkë.
- A u trembe shumë? i tha nji tjetër.
- Jo, por u turbullova pak se tri herë e prisha kambën dhe nuk ecja me hapin e ushtarve.
- Përse paske gabue kaq trashë Manush? verejta un.
- As un s'e dij, gjegji tue i mbledhë krahët.

- E po qenke trembë, i tha nji shok.
- Jo mor për Zotin, por ndoshta u hutova tue fërshëllye kadalë.
- Mos e fërshëllejshe atë kangën që ndigjove në Svicër...
- Po, përgjigji Manushi tue nënqeshë dhe tue i hapë syt, në të cilët më gjajti sikur u pasqyrue malli e dashunia e zemrës së tij për... nji Zanë q'asht lark sysh, por afër zemrës.

Manushi, në kohët e funtme, ka qenë në Svicër për shëti dhe atë ditë q'u kthye, u arrestue dhe u rras në burg. Shija e ambël e Svicrës, pa dyshim, u hidhtue me helmin e burgut. Do t'i pëlqente njeriut që të shkonte nga burgu në Svicër, por kurrë nuk do të pranonte me ikë nga Svicra për me ardhë në Shqipni e me u futë në burg.

- Po a e ndreqe hapin? e pyeta mbas pak.
- Poo, tha me buzëqeshjen e zakonshme.
- Të lumtë, i thashë këtij djaloshi të padjallëzuem q'e kanë bamun shok me ata që bajnë... akrobacina politike!...

Komandanti i gjith burgjeve asht kapiten Z. Spiro Moisi nga Kavaja dhe komandant' i burgut t'onë asht aspirant Z. Selim Kërluku.

Nji i burgosun që shërbente këtu ishte nxjerrë jashtë sot për me mshi përpara ndërtesës. Mbas pak kohe përfiton nga besimi i rojeve dhe arratiset. Lajmi i arratisjessë tij bani përshtypje të keqe ndër ne, sepse druejshim se mos ndeshkohet aspiranti ase ushtarët. Mbas nja dy orësh muerrëm vesht se e kishin zanë në fushë t'arratisunin dhe e kishin sjellë në burg. E kishte kapë vetë aspirant Z. Selim Kërluku. Ma vonë mësuem se kur e kishte zanë aspiranti e kishte lidhë duersh me kllapa hekuri, por mbasandaj i a kishte zgidhë, pse i kishte ardhë keq për të. Veç kësaj e kishte hypë edhe në biçikletën e vet, mbassi e shef se ai kishte qenë lodhë tepër tue ikë. E vetë vjen në kambë. Kur e kishte sjellë në burg i kishte porositë ushtarët që të mos gabojnë me e rrafë ase me e fye. U habitëm nga kalorësia e këtij oficeri, por çudia e jonë u dyfishue kur pamë se ish i arratisuni i burgosun prap ishte nxjerrë në sherbim.

- A ky asht ai i burgosuni që u arratis? e pyeta tetarin e rojës Rexhep Jakupin, kur e pashë të burgosunin që po mshinte në koridor.
- Si urdhënon ky asht, gjegji ushtari me buzë në gaz.
- Ky?!... Edhe prap e keni qitë me shërbye?!...
- Po.
- Si guxuet?
- Na dha urdhën Z. Aspiranti, se i vinte keq për të.
- Pse?
- Sepse ky asht i vorfën e ju i falni nga ndonji gjymës leku në dy tri ditë nji herë, tha ushtari tue e argëtue në sup të burgosunin.

U mahnita e s'dijta me thanë makar nji fjalë.

Sjellja fisnike e këtyne oficerëve dhe e ushtarëve na ban t'a harrojmë mjerimin që na ka kapullue dhe të mos e përfillim tmerin e grushtit

vdekësues që munt të na api gjykata politike.
Herë mbas here vjen Z. Aspiranti dhe, me buzë në gaz, na pyet se a jemi mërzitë, a kemi ndonji nevojë dhe na ngushullon tue na dhanë shpresa lirimi. Njeni prej shokëve, nji ditë, e falenderoi për sjelljen e tij tue i shfaqë ndiesit e simpathis e të mirnjoftjes s'onë.
- E dij se kam nji detyrë zyrtare dhe atë un e kryej plotsisht, por nuk munt të harroj se kam edhe nji detyrë njerëzore e vëllazënore që m'a impozon ndërgjegja me e krye, përgjegji aspiranti.
Ndiesit e adhurimit, të simpathis e të mirnjoftjes, që marrin hof të shfaqen nga zemrat t'ona për këta njerës le t'i masin lexuesat e këtyne fletëve.

4 Shtatuer.
Mbramë na suellën nji të quejtun Meçan Panahori, ish rreshtar n'ushtëri.

5 Shtatuer.
Edhe dy të burgosun tjerë na suellën sot në kthinën t'onë. Këta janë Kujtim Cakrani dhe rreshtar Nevruz Rizai nga Skrapari. Tash u bamë 14 vetë.

6 Shtatuer.
Sot gjeta nji morr të huej mbi petkat. U bana nervoz për së tepërmi, por s'kisha se si të shfrej, mbassi asndo njeni nga shokët nuk ka faj. Në kthinat tjera ka nji grumbull katundarë që nuk kanë sesi të bajnë pastërti. E ky morr sigurisht prej andej na ka ardhë.

7 Shtatuer.
Jam tue pamë andrra të çuditshme. Njena nga këta asht, me të vërtetë, karakteristike. Simbas asajë lirimi em nga burgu asht i sigurtë dhe i shpejtë. Kam besim të patundun se do të vertëtohet paralajmërimi i kësajë andrre, mbassi ajo nuk asht pjella e imagjinatës ase e kujtesës. Ajo nuk u gjason andrrave ordinare që i spjegon shkenca lehtësisht; asht nji shfaqje karakteristike qe nuk ka lidhje me dëshirimet ase paramendimet. Keshtu me ngjau edhe përpara se t'arrestohesha. Më qe paralajmue kobi që do të pësojsha.
Lexuesat e këtij libri kanë vue re se un gjate pesa vietve që u dergja në burg, herë mbas here, jam shfaqë si afetar e atheist. Sa kohe që vuejta në burg asndonji here nuk qeshë trondite shpirtnisht dhe nuk më ndodhi ndonji ngjarje e jashtzakonshme që të më bindte në ekzistencën e nji fuqis së mbinatyrshme. Vetëm kësajë radhe munda me e provue atë Fuqi dhe shpirti i em komunikoi me Të. Vetëm nashti kam formue konviksion se ekziston nji Fuqi që i drejton njerzit dhe i regullon çapet e tyne në rrugën e kësajë jete. Shkurt tash i besoj asajë Fuqije që dikush e quen Zot e dikush Perëndi.

M'a merr mendja se do të më përqeshin dhe ndoshta do të më përbuzin atheistët për këtë besim që formova. Natyrisht nuk duhet t'u zemërohem, mbassi janë të lirë të gjykojnë dhe mbassi ata nuk e kanë pasë fatin t'em për me e provue e konstatue ekzistencën e asajë Fuqije që un tash i falem përvujtnisht.

Ky asht nji besim dhe deri sa ai të mos i kapërcejë caqet e vet sa t'arrijë me i damtue tjerët, lypset të jet i respektueshëm, mbassi kurrkush s'ka të drejtë me i impozue tjetrit nji besim ase mendim tjetër. Un e ndi vetëhen të lirë të shfaqem si jam dhe kurrkush s'duhet të guxojë me m'a grabitë këtë të drejtë. Gjatë pesë vjetve që vuejta në burg u shfaqa haptazi kundër fes e kundër Zotit, por tash po diftohem kundër atij gjykimi e konviksioni që pata atëherë. Me fjalë të tjera, po shfaqem kundër vetëhes, kundër Hakiut të djeshëm. Prandaj s'kanë të drejtë me m'u zemërue as fetarët ase edhe atheistët. Si njeri i lirë kam të drejtë të besoj si mbas konviksionit t'em.

9 Shtatuer.
Përpara se të na sillshin këtu janë dënue me vdekje dhe janë ekzekutue njimëdhetë gjindarmë e graduatë të gjindarmeris. Gjithashtu pak ditë ma parë janë dënue me vdekje edhe katër vetë tjerë, por këta ende nuk janë ekzekutue. Sot u ndeshkuen edhe njizet e tre tjerë me vdekje. Numri i të dënuemve me vdekje, në këtë mënyrë, arrini më njizet e shtatë. Edhe rreshtar Nevruz Rizai, njeni nga shokët e kthinës s'onë, u dënue me vdekje dhe nuk u suell ma këtu.

Të gjithë jemi të shtangun e të tmeruem: Mnera e vdekjes shtrigë gjan sikur asht rrasë ndër zemra; nji murran i egër duket sikur na përplas ndër fëtyra pluhun vorresh; lulet e shpresës së lirimit na gjajnë sikur u vyshkën në ças dhe Dielli i lumnis duket sikur asht zhytë në nji errësinë të... pashqyeshme.

Asndonjeni prej nesh nuk flet. Të gjithë heshtin, mendohen. Fëtyrat pasqyrojnë tristimin e frigën që zotnon, dërmuese, ndër zemra të shtanguna. Tymi i duhanit që pijmë për me i mpimë nervat shkon fqollë dhe e ka mbulue kthinën si nji re e zezë.

Un besoj se do t'u a fali jetën Mbreti këtyne rrezikzijve që u ndeshkuen me vdekje, mbassi Ai sa i rreptë që asht kundër anmikut aq i dhimshëm e i mëshirshëm asht kundrejt vëllazënve të Vet, qofshin ata edhe të gabuem ase fajtorë. Kështu flasin provat e faktet, këtë konviksion e bindje më ka dhanë e kaluemja6.

10 Shtatuer.
Dy shokëve të kthinës, Manush Peshkëpis dhe Mahmut Shehut, u ka ardhë letër rreshtimi. Cilësia e fajit në këta letër rreshtime asht shënue simbas nenit 4 të ligjit për faje politike. Dënimi, në bazë të këtij neni, arrin

---
6 Përveç këtyne njizet e shtatëve edhe denime tjera me vdekje shqiptoi gjykata politike, por Sovrani i meshiroi dhe u a fali jetën të gjithve.

deri në vdekje dhe ky nen asht ma i ashpri ndër të gjith nenet që përmban ligji në fjalë. Shkurt ky asht neni tmerues.

Natyrisht u trembën shokët. Un i ngushullova tue u thanë se karakteri i fajit ka me ndryshue kur të zhvillohej gjyqi dhe me këtë mënyrë neni 4 do të zavendësohet me ndonji tjetër që shënon dënim të lehtë ase pafajsi. Fjalët e mia deri diku e banë efektin e dëshiruem, sepse ata u qetesuen disi.

Mahmut Shehu më ban përshtypjen e nji typit naif që nuk e lodh vetëhen për me i kuptue dinakërit ase djallëzit e njerësve të liq. Kam frigë se mos asht bamë viktim i këtij naiviteti të tepruem dhe munt të dënohet randë. Natyrisht atij i flas me nji gjuhë që t'i shtohet besimi në pafajsin e vet dhe s'i la rasë që t'a mendojë tmerin e dënimit që munt t'i napi gjykata politike. Ç'të baj? E kam detyrë t'a ngushulloj, mbassi edhe ai asht njeri e Shqiptar7.

Fëtyra e Manush Peshkëpis asht pasqyra e gjallë e innocensës që s'të len të dyshojsh n'asndonji mënyrë. Shiqimi i këtij djaloshi asht si i nji foshnjes së padjallëzueme apo si i nji vergjineshës së pezmatueme. Të them të drejtën kurrë s'më mbushet mendja se ky djalosh munt të ket pjesë në këto avantura të rrezikshme të politikës dhe më gjan sikur e ka humbë serjozitetin gjykata politike tue futë në mes t'onë nji djalë që s'kujtoj se preokupohet me tjetër veçse me poezi, me dashuni e... me dëshirime e andrrime të nji lumnis s'ardhëshme që ndoshta beson se do t'i sigurojë ndonji blondinë sy laroshe.

Tash ma, mbas sigurimeve t'ona, ata janë qetësue mjaft dhe Mahmuti ka nisë me folë me atë alegresë që e karakterizon.

- Un kurrë s'kam me e përdorë ma numrin katër, thot Mahmuti.
- Po në qoftë se shkon me flejtë në ndonji hotel e nuk gjen kthinë të zbrazët përveç asajë që përmban numrin katër, si do t'i a bajsh? e pyeta un.
- Në qoftë se nuk gjej vend tjetër do të kërkoj me flejtë në Dy zerot, përgjigji tue qeshë me gjith shkul të zemrës.
- Po aty s'të lanë se...
- Në mos më lançin do të flej jashtë, në shi e në borë, dhe nuk do të flej në numrin katër.
- Çudi! A kaq shum të trembi numri katër?
- Ç'thue mor jahu. S'bëhet shaka me vdekjen. Këtë numër, që më futi tmerin, kurrë s'kam me e përdorë. Për shembëll kafshët e shtëpis, në i paça katër, do t'i baj pesë ase tri; odat me katër metro katrore do t'i këmbej në ma shumë ase ma pak; ditën e katërt të muejit nuk do t'udhtoj kurrë; m'orën katër nuk do të baj kurrfarë veprimi; me katër vetë kurrë nuk do të bashkohem dhe...
- A kaq fatal u ba ky numër?
- Ma fatal se numri 13, pse ky të ndjell vdekjen, tha Mahmuti tue i kafshue

---

7 *Mahmut Shehu u denue me vdekje dhe ma vone i u fal jeta prej Sovranit. Manush Peshkëpia u lirue me ndalim gjyqi. Gjithashtu u liruen me ndalim gjyqi edhe z.Sadik Duro, Kujtim Cakrani, Musa Hoxha, kapter Bako Kalo, rreshtar Xhelal Kurtesi etj.*

buzët si me dashë t'a kapërdije tmerin e mordjes.

Manushi i hap syt e mëdhej e të zij dhe shiqon me buzë në gaz, por ky gaz asht fals dhe nuk u gjason ma atyne të përparshëmve që e bajshin të shkëlqejë fëtyrën e tij të pastër.

11 Shtatuer.
Më thonë se njimëdhetë gjindarmët dhe graduatët e gjindarmeris që u pushkatuen disa ditë ma parë, në çastin e fundit të jetës së tyne, paskan brohoritë për shëndet të Mbretit. Në qoftë se nuk asht i trilluem ky lajm, na del përpara nji pikëçuditje e pikëpyetje e madhe, sepse nuk mbetet ma as ma i vogli dyshim se lëvizja nuk qenka kundër Sovranit.
Atëhere ç'kërkojshin këta njerës?
Sigurisht me kohe do të merret vesht, mbassi kurrgja nuk mbetet e mshefët, sidomos në Shqipnin t'onë të vogël.

* * *

Ora 9 mbas dreke:
Tash më njoftuen se mora ndalim gjyqi. Këtë fat patën edhe tre profesorët: Luarasi, Vokshi, e Blakçori. Na çuen ke kapiten Z. Spiro Moisi për me na paraqitë ke komandanti i operasionit Nënkolonel Z. Ali Riza, i cili asht edhe kryetar' i gjykatës politike. Zotni kapiteni na njoftoi se lirimi i jonë ishte lanë për nesër, për shkak se nuk do mundeshim me gjetë vend për të bujtë sonte, mbassi të gjitha ndërtesat janë zanë prej ushtëris e zyrave të ndryshme.
A thue mos u penduen? Sigurisht jo.
U kthyem në burg. Tash kjo ndërtesë na gjan si nji hotel.

12 Shtatuer.
Gati gjith natën nuk flejtëm na të katër që na u dha sihariqi i lirimit nga burgu. M'ora 8 para dreke na çuen para komandantit t'operasionit Nënkolonel Z. Ali Rizait, i cili na dha nji farë satisfaksioni dhe na uroi që duelëm faqebardhë. Përveç nesh edhe nja 16-17 tjerë ishin lirue nga burgjet tjerë. Në mes të këtyne fëtyrave të panjoftuna prej meje ndodhesh edhe Mazëhar Këlliçi, Vasil Xhaçka e Adush Kastrati, që kishin qenë ndër burgje tjerë.
Të gjithë të liruemit lavdëroheshin nga sjellja njerëzore e ushtarve dhe e eprorve të tyne.
Sa u lirova shkova në zyrë telegrafike për me e lajmue familjen me nji telegram përgëzimi. Kur po kthehesha, pa vue re, kisha shkue bri nji ndërtesës që qenka burg dhe e kisha kapërcye zonën e ndalueme, e cila kufizohesh me nji vizë të bardhë rreth godinës.
- Ndal! thirri nji za i fortë, të cilin e pasoi nji kërçëllimë arme.
I shtangun qëndrova në vend. Vuna re se kët urdhën m'a epte njeni nga

ushtarët që bajshin roje rreth ndërtesës.

- Prapsohu! thirri ushtari tue m'i ngulë syt me nji farë zemërimi. E kisha kuptue gabimin ma. Me nji herë u largova.

Mbas nja dy orësh, kur po baheshim gati me hypë n'automobil, erdh e kaloi para nesh nji veturë, në të cilën ishte Ministri i P. të Mbrendëshme Z. Musa Juka dhe komandant i Përgjithshëm i gjindarmeris Nënkolonel Z. Shefki Shatku. Automobili, tue mos e mjanue rrugën dhe tue mos e vue re vijën e bardhë, u fut mbrenda rrethit të ndaluem dhe desh t'a vazhdonte udhtimin, por nji ushtar në roje ndal! i thirrri tue i a kthye pushkën. Ndal! i thirri nji ushtar i dytë, i cili tue i u kërcnue me pushkë i duel përpara. Po të mos arrinte në ças tetar' i rojës dhe po të gabonte shoferi me mos e ndalue automobilin, sigurisht do të kryhesh tragjedia, e cila kishte për të mbarue me vdekjen e Ministrit e të komandantit.

Un, që po e ndiqsha ngjarjen me sy të turbulluem, mbeta i shtangun në kambë dhe gati me... i mbyllë syt që të mos e shof zbrazjen e armëve. Tetari i rojës e ndaloi rrezikun dhe automobili u lejue të niset mbassi duel jasht rrethit të ndaluem.

Natyrisht shoku i këtyne ishte ai ushtari që më ndaloi mue disa orë ma parë. Këta ushtarë, që për të respektue urdhnin e eprorit e për të zbatue ligjin nuk shtëmangen me vramë edhe nji Ministër e nji komandant, s'ka dyshim se kur të dalin para anmikut në kufi do të jenë ma skrupulozë, ma rigorozë, ma të hidhët, ma t'ashpër dhe të papërkulshëm deri në vdekje. Shkurt do të jenë heroj të shkambëzuem në kufi për mos me e lanë anmikun që të kapërcejë në këtë anë. E nji shtet që disponon nji ushtëri të tillë asht i sigurtë nga ç'do kërcnim eventual dhe s'ka pse të drojë prej anmiqve të vet.

Mbas pak u nisëm për Tiranë tue e ndjekë po atë rrugë që kishim bamun disa kohë ma parë të lidhun duersh dhe të shqetsuem për fatin t'onë.

Uroj që të mos shkel edhe nji herë si fajtuer në prakun e portës së burgut mizuer.

=FUNT=